Arquitetura e Judaísmo:
Mendelsohn

Coleção Estudos
Dirigida por J. Guinsburg

Equipe de realização – Tradução e notas: Anat Falbel; Revisão de provas: Juliana Simionato; Índice remissivo: Anat Falbel; Sobrecapa: Sergio Kon; Produção: Ricardo Neves, Heda Maria Lopes e Raquel Fernandes Abranches.

Bruno Zevi

**ARQUITETURA E JUDAÍSMO:
MENDELSOHN**

EDITORA PERSPECTIVA

Copyright © Bruno Zevi, 1988

Direitos reservados em língua portuguesa
EDITORA PERSPECTIVA S.A.
Av. Brigadeiro Luís Antônio, 3025
01401-000 – São Paulo – SP – Brasil
Telefax: (0--11) 3885-8388
www.editoraperspectiva.com.br
2002

Sumário

Introdução – Anat Falbel IX

Parte I: Judaísmo e Arquitetura 5

1. O Judaísmo e a Concepção Espaço-Temporal da Arte 7
2. Marxismo e Judaísmo 27
3. Sobre Qual Terreno: A Arte nos Campos
   de Extermínio 41
4. Assassinada Outra Criança Judia 51
5. As Três Culturas da Diáspora e a Perspectiva
   de uma Quarta 57
6. A Influência Judaica na Arquitetura Contemporânea 63
7. Roma. Um Pontífice Declara: "Quero Entrar na Sinagoga" .. 73
8. Espaço e Não-Espaço Judaicos 77

Parte II: Erich Mendelsohn Expressionista 91

1. Expressionista por Indução 99
2. Da Imagem à Realidade Arquitetônica 145
3. Do Expressionismo Funcional ao
   Funcionalismo Expressionista 153

VIII   ARQUITETURA E JUDAÍSMO: MENDELSOHN

3.1. Da Capela de Allenstein ao Einsteinturm 157

3.2. Do Berliner Tageblatt aos Magazines Schocken de Stuttgart 161

3.3. Do Cinema Universum à Columbushaus 180

3.4. A Atividade Anglo-palestinense 183

3.5. A Atividade Americana 209

4. O Ostracismo Crítico 217

5. A Herança Mendelsohniana 237

ÍNDICE REMISSIVO 247

Introdução

*Não sejamos os orfãos de Zevi, ao contrário esforcemo-
nos para que possamos compreender a sua herança e
aplicá-la a partir de novas perspectivas de pesquisa.*

ALESSANDRA MUNTONI

A história da arquitetura moderna se fez como uma reflexão crítica sobre dois aspectos fundamentais da arte em nosso século, a saber: as profundas mudanças no conceito de estética e a transformação radical do espaço urbano. A importância da contribuição de Bruno Zevi para a historiografia é reconhecida pelos estudiosos da arquitetura pela sua visão pessoal do processo de gestação da nova estética como fruto de revoluções pontuais, em especial, nas disciplinas da física, com o surgimento da teoria da relatividade de Einstein; da psicologia, com a análise do inconsciente de Freud; e da música, pela emancipação da dissonância de Schoenberg. Para Zevi, a interpretação do conceito einsteniano de espaço-tempo, em relação aos nossos edifícios, cidades e paisagens, constituiria a chave para o desenvolvimento da nova arquitetura[1].

Personalidade de ampla e profunda formação humanista, Bruno Zevi pertenceu à geração dos intelectuais que, de um modo ou de outro, sobreviveram à Segunda Guerra Mundial. Uma geração que estudou e conviveu com os grandes mestres da filosofia, artes e arquitetura, amadurecendo entre os embates ideológicos que impregnaram o período do entre-guerras e os questionamentos provocados pela barbárie que prevaleceu sobre o terreno do humanismo cristão,

---

1. Bruno Zevi, "Pensiero Einsteiniano e Architettura", *Pretesti di Critica Architettonica,* Turim, Einaudi, 1983, pp. 315-325.

X ARQUITETURA E JUDAÍSMO: MENDELSOHN

da cultura renascentista e do racionalismo clássico[2]. Nesse sentido, foram responsáveis pela abertura de novos horizontes para o conhecimento da vida social, num tempo em que o engajamento ideológico era um imperativo pessoal.

Bruno Zevi nasceu em Roma, em 1918, oriundo de uma família judaica tradicional cujos membros destacaram-se na vida da cidade. Seu avô paterno, Benedetto Zevi, foi médico-cirurgião, capitão-médico da Guarda Nacional, agraciado pelo papa Pio IX, autor de numerosos estudos sobre prevenção na área de saúde, além de professor do Real Instituto Superior Feminino de Roma. O avô materno, da família Bondì, era proprietário do maior estabelecimento comercial da época. Seu pai, Guido Zevi, engenheiro de obras públicas importantes, trabalhou na administração da cidade de Roma, ocupando o posto de engenheiro-chefe logo após a Primeira Guerra Mundial até o advento do fascismo, quando se demite por discordar da nova orientação política. Em sua autobiografia, Zevi refere-se ao pai como uma figura oitocentista, imune a quaisquer compromissos excusos, e de radical intransigência moral[3]. Se por um lado Guido Zevi era ativo na ampla sociedade italiana, ao mesmo tempo orgulhava-se de sua herança judaica, ocupando cargos de responsabilidade na comunidade e aderindo ao sionismo com a ascensão do nazismo na Alemanha e sua contaminação no fascismo italiano. Em 1940, ele transfere-se com a esposa e a filha para Israel, onde veio a falecer em 1975.

Por conta da herança paterna, a obra de Zevi encontra-se impregnada do orgulho de pertencimento ao povo judeu, e em particular da rica e vigorosa presença secular desse judaísmo na Itália, identificando-se ele próprio como um romano de dois mil anos[4].

Apesar de suas origens distintas, o judaísmo italiano remonta ao Império Romano, quando os exilados da Jerusalém conquistada no ano de 70 d.C., cativos de Tito, foram levados a Roma, como descreve, em 1054, o primeiro historiador dos judeus na Itália, o cronista Ahimaaz de Oria[5]. No século XIV, a comunidade judaica italiana

---

2. Cf. George Steiner em *Linguagem e Silêncio*. Ao longo dos textos dessa antologia podemos identificar a forte impressão causada por esse pensador judeu anglo-americano sobre Zevi, que como ele busca compreender o homem judeu contemporâneo como indivíduo, inteiramente implicado no mundo sociocultural do Ocidente esclarecido, participando de seus problemas e aspirações, e da mesma forma que Steiner, acreditando que o judaísmo seria responsável pela presença judaica na vanguarda dos combates pelos valores e pelo progresso da humanidade, seja no campo social, moral ou intelectual.

3. Bruno Zevi, *Zevi su Zevi, Architettura come Profezia*, Veneza, Marsilio, 1993, p. 17.

4. "Lo Scandalo dell'Ora di Religione",in Bruno Zevi, *op. cit.*, p. 193.

5. "Eu irei descrever as tradições de meus antepassados, que foram trazidos em um navio, da outra margem do Pishon, o primeiro rio do Eden, com os cativos que Tito retirou da Cidade Santa, coroada com beleza. Eles vieram para Oria, estabeleceram-se ali e pros-

INTRODUÇÃO   XI

recebe os judeus ashkenazitas[6], oriundos da Alemanha, e os judeus
franceses. Mais tarde, entre o fim do século XV e por todo o século
XVI, é a vez dos judeus sefaraditas, bem como o retorno dos marranos
de origem espanhola ao judaísmo, além daqueles oriundos dos países
muçulmanos que, a partir da metade do século XVI, foram atraídos
pelas atividades do porto de Livorno. As diferentes origens refleti-
ram-se nos rituais preservados pelas três distintas sinagogas que po-
diam ser encontradas na maioria das cidades italianas: *la scuola
italiana, la scuola tedesca* e *la scuola spagnola*, sendo que em Roma
ainda podia-se encontrar a *scuola catalano-aragonense*. A história
deste judaísmo se confunde, portanto, apesar dos períodos de maior
ou menor tolerância, com a história italiana[7]. Porém, a partir do ano
de 1848[8] e da unificação, o judaísmo italiano transforma-se em uma
notável simbiose cultural alimentada pelos sentimentos de liberdade
de culto e bem-estar político-social. Arnaldo Momigliano, o importante historiador do mundo clássico, ele próprio oriundo de uma tradicional família judaica italiana, descreve a grande participação dos
judeus na vida política e cultural do país, justificada pelo patriotismo,
ou o sentimento de devoção à nova Itália do Risorgimento, o que
explicaria o importante papel dos judeus na administração do Estado
como funcionários civis, juízes e soldados[9], bem como o fato de terem sido judeus os três professores universitários italianos que caí-
ram nos campos de batalha durante a Primeira Grande Guerra, dois
deles voluntários, enquanto o reconhecido herói dessa guerra foi o
jovem soldado de dezoito anos, Roberto Sarfatti, filho de Margherita
Sarfatti, futura companheira e biógrafa de Mussolini.

peraram. [...] cresceram em número e força e continuaram a florescer [...]". Arnaldo
Momigliano, "The Jews of Italy", em *Jews and Christians*, Middletown, Wesleyan
University Press, 1987, p. 252.

6. A denominação ashkenazitas refere-se aos judeus oriundos da Europa Oriental e
Central, enquanto a de sefaraditas refere-se aos oriundos da península Ibérica.

7. A tolerância em relação aos judeus era própria de cada cidade ou estado italiano.
Assim, enquanto os papas permitiram, os judeus se estabeleceram em Roma e Ancona, e
em cidades como Mantua, Pádua , Trieste, Gorizia e Veneza, especialmente sob o domínio
austríaco. No entanto, quando floresceram as tradicionais comunidades judaicas na cidade
de Bolonha os judeus foram expulsos, em 1593, o que também ocorreu no sul da Itália e
Sicília, com o domínio espanhol, a partir do século XVI.

8. Em 1848 o rei de Piemonte e Sardenha fornece aos judeus a igualdade de direitos, que mais tarde seria estendida às outras regiões da Itália, acompanhando a unificação
do país, num processo que durou mais de vinte anos.

9. Ao contrário do resto da Europa, na Itália os judeus foram bem aceitos tanto no
exército como na marinha, onde chegaram a alcançar importantes posições – como foi o
caso do General Giuseppe Piedmontese, ministro da Guerra no começo do século; General
Roberto Segre, grande estrategista em 1918; ou o General Umberto Pugliese, arquiteto
naval que havia reconstruído a frota italiana após a Primeira Guerra, expulso do exército
em 1939 juntamente com os demais judeus, e novamente chamado para reconstruir a frota
destruída pelos ingleses em 1940.

XII ARQUITETURA E JUDAÍSMO: MENDELSOHN

Momigliano também aponta para a continuidade de uma instrução judaica tradicional rabínica para uma cultura secular baseada numa formação científica e humanista, praticada principalmente nas cidades sob domínio austríaco, como fator de renovação da cultura judaica italiana, responsável pelo número de intelectuais, escritores, poetas e professores universitários descendentes de importantes linhagens rabínicas, mesmo se por vezes essas origens fossem relutantemente reconhecidas. Da mesma forma, pode-se compreender a receptividade do socialismo entre os judeus italianos, assim como no resto do mundo, tendo em vista a tradição messiânica do judaísmo, da maneira como foi analisado por Michael Lowy[10], como a garantia de uma crença alternativa. Entre os primeiros socialistas judeus temos os nomes de Emanuele Modigliani (irmão do pintor Amadeo Modigliani), Claudio Treves e Rodolfo Mondolfo. Se o nacionalismo aproximou os judeus do fascismo num primeiro momento, as suas tradições liberais e socialistas os afastaram e uma geração perdeu seus melhores membros entre o movimento de resistência e os mortos dos campos de concentração nazi-fascistas[11].Entre eles, vale mencionar os irmãos Carlo e Nello Rosselli, assassinados por ordem de Mussolini, e a quem Zevi faz referência em sua biografia, assim como no texto "As Três Culturas da Diáspora e a Perspectiva de Uma Quarta", que segue nesta coletânea.

Portanto, podemos compreender, tendo como fundo a história mais recente do judaísmo italiano, a perspectiva intelectual de Zevi identificada com o conceito da liberdade acompanhado pela dissonância, que "possibilita as alternativas lingüísticas, e por conseqüência a integração dos judeus na comunidade dos povos". Estes conceitos se transformaram nos grandes temas zevinianos e têm origem nas primeiras impressões de menino, a partir do número 27 da Via Napoli, onde nasceu. Zevi relembra a vizinha Igreja protestante, construída pelo arquiteto inglês George Edmund Street, tendo como consultor William Morris – um gesto de ruptura com a rotineira assimetria de seu bairro – e a onipresença da Igreja católica.

Adolescente inquieto, ingressou no Liceu Tasso, uma escola da elite burguesa de Roma, aproximando-se desde então, junto a amigos como Ruggero Zangrandi, Mario Alicata e Paolo Alatri, de grupos de tendências antifascistas, como documentado no texto de Ruggero Zangrandi "Il Lungo Viaggio Attraverso il Fascismo", e em sua autobiografia[12]. Já na Faculdade de Arquitetura de Roma, então dirigida pelo arquiteto Marcello Piacentini, Zevi se debate contra a perspectiva da arquitetura monumental e megalômana que, naquele momento,

10. Michael Lowy, "O Messianismo Judeu e as Ideologias Políticas Modernas", *A Paixão de Ser*, Porto Alegre, Artes e Ofícios, 1998, pp. 151-168.

11. A. Momigliano, *op. cit.*, p. 251.

12. B. Zevi, *op. cit.*, pp. 24-31.

INTRODUÇÃO   XIII

refletia o próprio regime[13]. Suas reflexões a este respeito fazem parte
do discurso apresentado em 1938, nos *littoriali,* cujo tema principal
era o caráter de uma arte fascista a partir dos motivos e essência da
grande tradição italiana[14]. Zevi, contra a corrente, substitui o adjetivo
fascista por moderno, e justifica que a arquitetura italiana autenticamente moderna deveria ter como fonte de inspiração a arquitetura
medieval, livre das ordens, cânones e dogmas sintáticos, com suas
respectivas simetrias e proporções. Como afirma em sua autobiografia, a sua formação antifascista e a de seu grupo, desde o Liceu, pode
ser atribuída ao estudo da filosofia no âmbito da estética de Benedetto
Croce (a quem Zevi dedica um capítulo), pois para ele, a reivindicação da autonomia da arte implicava a luta contra a pseudocultura
fascista, que instrumentalizava qualquer atividade criativa[15].

Em 1939, devido às leis raciais (cujas primeiras medidas datam
de 1937), Zevi é aconselhado a partir, e o faz seguindo em direção a
Londres, onde freqüenta alguns cursos da Architectural Association
School of Architecture, mantendo sempre contato com compatriotas
também exilados do regime e aproximando-se do movimento Giustizia
e Libertá[16], para o qual dirige os *Quaderni Italiani.* Depois de alguns
meses, em fevereiro de 1940, segue para os Estados Unidos para obter
o título de Mestre com Gropius e sua equipe, na Harvard University.
De espírito irrequieto e polêmico, Zevi recebe seu diploma em meio a
grande atividade política pela liberação italiana, mas não sem antes
publicar um texto de protesto, "An Opinion on Architecture", no qual
critica o pragmatismo da didática do *team work* idealizado por Gropius,
defendendo em contraposição a obra de Frank Lloyd Wright. Será ainda
no início de sua estação americana que Zevi redigirá, na biblioteca da
Faculdade de Arquitetura da Universidade de Columbia, de Nova York,
um primeiro texto sobre Erich Mendelsohn, cuja obra e personalidade
o marcarão profundamente, resultando alguns anos mais tarde, em

---

13. Sobre Marcello Piacentini e a questão da monumentalidade da arquitetura fascista
ver o texto de Marcos Tognon: "Marcello Piacentini e a Cultura Italiana nos Anos 30", em
Arquitetura Italiana no Brasil, a Obra de Marcello Piacentini, Campinas, Unicamp,
1999, pp. 25-40.

14. A concepção de uma arquitetura fascista que fosse representativa do regime e
pudesse recuperar a herança do passado romano é bem exemplificada pela citação de
Tognon, referente a um dos artigos do edital do concurso para o Palácio Litorio, em 1934,
e que reproduzimos a seguir: "[...] a concepção arquitetônica deve ser tal que corresponda
à grandeza e à potência assumidas pelo fascismo, na renovação da vida nacional, na continuidade da tradição de Roma. O Grande edifício deverá ser digno para transmitir à poste-
ridade, com um caráter duradouro e universal, a época mussoliniana", *idem,* p. 34.

15. B. Zevi, *op. cit.,* p. 26.

16. Dentro de movimento Giustizia e Libertà havia um grupo de jovens de origem
judaica, entre os quais citamos Carlo Rosselli, exilado na França, o escritor, pintor e ativista
político Carlo Levi, chefe do movimento no Piemonte, e Leone Ginzburg.

XIV ARQUITETURA E JUDAÍSMO: MENDELSOHN

1970, na publicação de *Erich Mendelsohn: Opera Completa*[17], cujo estudo introdutório acompanha esta coletânea. Em junho de 1943, inicia o retorno à Itália, participando da luta pelo Partito d'Azione, e um ano depois, em junho de 1944 encontra-se novamente em Roma, emocionado, com uma lista telefônica nas mãos procurando em vão notícias de sua família; as leis raciais, que o tinham levado ao exílio, arrastando comunidades inteiras aos campos alemães e provocando uma profunda ruptura no judaísmo italiano, também haviam imposto a retirada dos nomes judaicos das listas telefônicas[18], uma planejada obliteração da memória judaica.

Em 1945 Zevi publica seu primeiro livro, *Verso un'Architettura Organica*, promovendo também a Associazione per l'Architettura Organica (Apao) e a revista *Metron-architettura*. Em 1948 publica *Saper Vedere l'Architettura* e em 1950 *Storia dell'Architettura Moderna*, sendo que a partir de 1955 dirige a revista *L'Architettura – Cronache e Storia*, que continua após a sua morte, dirigida por seus filhos Adachiara e Luca, e ainda uma coluna semanal no *L'Expresso*. As três primeiras publicações de Zevi representam, conforme Manfredo Tafuri[19], uma ruptura na historiografia da arquitetura italiana em favor de uma visão mais ampla na qual a história da arte, a história da arquitetura, a sociedade, a projetação, a chamada disciplina do projeto, e conseqüentemente os projetos para uma nova cidade e sociedade, constituiriam uma só unidade. A própria Apao, cujos membros vinham, em grande parte, do movimento d'Azione e do Giustizia e Libertà, propunha através de seus manifestos um verdadeiro programa político social que previa a nacionalização de uma série de indústrias de base e a expropriação de solos públicos. Portanto, a arquitetura democrática tinha como fundamento reformas de base significativas.

Como professor, leciona história da arquitetura em Veneza e Roma até 1979, quando se demite da universidade após uma clamorosa denúncia, que pode ser acompanhada em sua autobiografia, sem, no entanto, deixar de lado sua intensa participação nos órgãos e

---

17. Bruno Zevi, *Erich Mendelsohn: Opera Completa,* Turim, Texto & Immagine. A primeira edição, de 1970, foi publicada pela Eta/Kompas.

18. B. Zevi, *op. cit.*, p. 45.

19. "Per una storia storica. Pietro Corsi intervista Manfredo Tafuri", em *Casabella*, vol. 619-620, fev. 1995, pp. 144-150. Na mesma entrevista Tafuri define Zevi como um grande historiador "mas um general historiador [...] uma história feita com erudição, mas brandindo a pena como uma espada [...]" que Tafuri reconhece como um gesto pela superação de tudo o que havia ocorrido nos anos vinte e trinta e na luta por uma sociedade democrática, porém ainda assim, um crítico operativo, assim como Argan. A este respeito ver Manfredo Tafuri, *Teorias e História da Arquitetura*, Lisboa, Editorial Presença/Livraria Martins Fontes, 1979.

INTRODUÇÃO   XV

comitês internacionais relativos à arquitetura e sua crítica, tais como a UIA (União Internacional dos Arquitetos) e a Cica (Comitê Internacional da Crítica Arquitetônica), conforme descreve seu amigo pessoal e também arquiteto atuante, ex-editor da revista *L'Architecture d'aujourd'hui*, Pierre Vago, em sua própria autobiografia[20].

Os diversos textos que se seguem nesta coletânea denominada *Judaísmo e Arquitetura: Mendelsohn* foram escritos entre os anos de 1974 e 1998. Todos eles apresentam os conceitos e proposições que coerentemente permeiam toda a obra teórica de Bruno Zevi, cujo objeto primeiro é o entendimento da arquitetura sob uma dimensão ética, como instrumento para a liberdade. Paradigmáticas, portanto, são as duas citações registradas no início desta coletânea. A primeira delas é da obra de Dante Lattes, intelectual e um dos líderes da comunidade judaica italiana, que também foi obrigado a deixar a Itália entre os anos de 1939 e 1946, estabelecendo-se em Israel. No texto citado por Zevi, "Apologia do Judaísmo" (1923), Lattes considera o judaísmo como o húmus no qual a humanidade lançou as sementes de suas bases morais. A religião, para ele, não é considerada como um princípio ético, mas um ato ético, ou seja, uma ética ativa através da qual o homem se redime com suas próprias forças, despojando-se de suas dissidências interiores e reconstruindo a unidade do seu ser, a unidade dos homens e do mundo. Portanto, o homem é chamado a concretizar a espiritualidade do mundo com sua obra, não como algo acabado, mas como algo que deve ser conquistado. É como dizer-se que o homem conhece a Deus trabalhando ou que a ação é a verdadeira manifestação da fé; que o filósofo Abraham I. Heschel também chamara de teologia da ação comum, e cujas origens encontram-se na obra filosófica do também italiano, de Trieste, Schmuel David Luzzatto (1800-1865), que não podemos deixar de mencionar[21].

A formulação de Lattes, de que os dirigentes espirituais não seriam os sacerdotes que preservam as formas concretas da fé, mas os profetas que constroem a nacionalidade espiritual e a religião universal, fazendo da fé uma causa de inquietude e desejo de ação perfeita, tanto na vida como na sociedade e no mundo, nos remete a Giulio Carlo Argan, cuja personalidade Zevi relembra entre os textos desta coletânea, bem como o seu entendimento da arquitetura como a determina-

---

20. Pierre Vago, *Une vie intense*, Bruxelas, AAM, 2000.

21. O texto de Luzzatto: *Iessodei há-Tora* (Fundamentos da Tora), parece ter servido como inspiração para a obra de Dante Lattes no que se refere à peculiaridade do judaísmo como doutrina ética oposta ao racionalismo, na qual o homem é julgado por seus atos e não pela sua fé, pois que o fundamento da fé encontra-se nos sentimentos sobre os quais não se pode mandar. Sobre este tema ver o texto de Avraham Schaanan, *A Moderna Literatura Hebraica e suas Correntes*, São Paulo, FFLCH-USP/Centro de Estudos Judaicos, 1980, pp. 172-176.

ção do espaço plasmado sobre os atos e motivações de nossa existência cotidiana – ou seja, o oposto a qualquer representação ou concepção apriorística do mundo, produto da invenção e da mimese, mas sim o espaço, e portanto a arquitetura, como fruto de uma atividade vital e essencialmente crítica[22]. Ambas as posturas, uma relativa ao judaísmo e a outra relativa à arquitetura, seguidas da perspectiva de Edoardo Pérsico, do destino da arquitetura moderna como profecia, como um gesto pela reivindicação da fundamental liberdade do espírito, sintetizam-se na obra intelectual de Bruno Zevi, um grande leitor: Desafiando preconceitos e dogmas, profetas e arquitetos tornam-se companheiros na busca pela construção de uma nova sociedade.

A metáfora "arquitetura como profecia" era na verdade o título original do discurso proferido por Persico[23], em Turim, ainda em 1935, e foi de tal forma incorporada ao discurso zeviniano que se encontra presente no subtítulo de sua própria autobiografia: *Zevi su Zevi, Architettura come Profezia*. Nada podemos afirmar sobre a repercussão do discurso de Persico sobre Zevi, então ainda um estudante de liceu. Porém, vale lembrar que este discurso de moto crociano, pela sua pregação, estrutura-se sobre temas que alguns anos depois se tornarão fundamentais para Zevi, a saber: o arquiteto Erich Mendelsohn, Frank Lloyd Wright, como percursor da arquitetura moderna, e a proposição de uma historiografia crítica da arquitetura moderna, que Zevi publicará efetivamente em 1950[24]. Por outro lado, não podemos deixar de lembrar que Wright, essa figura tão essencial na obra de Zevi, também se refere, em seus textos, ao arquiteto como o profeta que presta seus serviços à sociedade[25], inspirador e condutor dos seres humanos livres, colocando a arquitetura a serviço da liberação da humanidade[26].

A presente coletânea compõe-se de nove textos, seis dos quais fazem parte da publicação original, *Ebraismo e Architettura*, publicada em 1993; o sétimo texto, "Roma. Um Pontífice Declara: 'Quero Entrar na Sinagoga'" a trfanscrição de uma entrevista radiofônica feita

---

22. Giulio Carlo Argan, "Introducción al Concepto del Espacio" em *El Concepto del Spacio Arquitectónico*, Buenos Aires, Nueva Visión, 1966, pp. 13-23.

23. Edoardo Persico, "La Profezia dell'Architettura" em *Scritti d'Architettura (1927/1935), A Cura de Giulia Veronesi*, Vallechi, 1968, pp. 117-125.

24. *Storia dell'Architettura*, cuja edição em língua portuguesa foi publicada em Lisboa pela Editora Arcádia em 1972 (1 vol.) e 1973 (2 vols.).

25. "[...] nós necessitamos do profeta que sempre nos faça abstrações [...] este é, em grande parte, o serviço que o arquiteto criador presta à sociedade [...]", Frank Lloyd Wright, *Testamento*, Buenos Aires, Compañia Fabril, p. 35.

26. "[...] os arquitetos entre nós deveriam capacitar-se e inspirar-se a serem livres condutores de seres humanos livres, em nosso novo país livre. Todos os edifícios construídos deveríam servir para a liberação da humanidade, liberando as vidas dos indivíduos [...]", F. L. Wright, *op. cit.*, p. 18.

INTRODUÇÃO XVII

pela RAI; o oitavo, "Espaço e Não-Espaço Judaicos", é uma sugestão de Zevi para a edição brasileira, pois havia acabado de redigi-lo para uma conferência, e o último, um ensaio sobre Erich Mendelsohn. O primeiro dos textos, "Judaísmo e Concepção Espaço-Tempo na Arte", já havia sido publicado anteriormente[27], e nele Zevi pretende uma análise da produção de intelectuais e artistas judeus, a partir da obra de Lattes e Heschel, entendendo o judaísmo como uma concepção de tempo, intrinsecamente iconoclasta, subentendida como antiespacial, na qual se contrapõem o olhar grego da *physis* e o olhar judaico do *chronos*, que poderíamos chamar de olhar do tempo – tempo que cria o espaço mas sem sujeitar-se a ele, como o Deus de Israel que cria o universo mas é transcendente a ele[28]; o Deus do *Zachor*, ou da memória, como encontramos no Velho Testamento, que atua no tempo e recorda os eventos decisivos na memória coletiva de Israel, assim como na consciência do judeu como ser individual, tal qual é questionado por Zevi: "[...] O que significa esta ânsia do tempo, esta angústia existencial, este escavar na memória sepulta ou removida para o inconsciente [...]". Para Zevi, a obra dos intelectuais e artistas judeus encontra-se permeada por este sentimento de angústia atávica, resultado de sua condição secular de desarraigamento.

No campo da arquitetura, no qual a presença judaica somente se faz sentir a partir da segunda metade do século passado, a análise é feita sob a perspectiva da influência do pensamento judaico sobre a construção do espaço arquitetônico, pelo uso do "princípio do espaço temporalizado", uma das invariantes ou anti-regras, instrumentos que Zevi desenvolve e que permitem[29] decodificar a arquitetura moderna e "por contraste dialético" também a antiga. Se os percursos pluridimensionais das catacumbas cristãs, derivadas de suas predecessoras hebraicas, implicam uma experiência temporalizada sem antecedentes, Frank Lloyd Wright será responsável, conforme Zevi, por potencializar o conceito ao máximo, encarnando o pensamento judaico na arquitetura. Infelizmente, a citação do texto de Thorlief Boman, "Hebrew Thought Compared with Greek", intermediada pela tese de Norris K. Smith sobre Wright, faz com que Zevi perca novamente a oportunidade de mencionar a obra *Derech Eretz o Atecismus (Moral ou Ateísmo)*, de seu conterrâneo Luzzato, em que este contrapõe o judaísmo, como teoria do senti-

---

27. Bruno Zevi, *Pretesti di Critica Architettonica*, pp. 299-313.

28. Entre os nomes de Deus, encontramos também *Ha-Makom*, o lugar, justificado na exegese judaica: "pois ele é o lugar de seu mundo, mas seu mundo não é seu [único] lugar", explicando assim o conceito da transcendência divina. Em *Encyclopaedia Judaica*, Jerusalém, Keter, 1971, vol. 7, p. 683.

29. Bruno Zevi, "Periodizzazioni, Termini e Criteri Storiografici", em *Controstoria e Storia dell'Architettura*, Roma, Newton & Compton, 1998, vol. I, pp. 42-43.

XVIII ARQUITETURA E JUDAÍSMO: MENDELSOHN

mento baseada na compaixão, ao helenismo, como teoria da *ratio* que corrompe a humanidade permitindo o desenvolvimento da barbárie, tema que Zevi retoma em diversos momentos. Novamente vale comparar, no âmbito da linguagem, as concepções contrastantes do mundo grego e judaico como o fez Emmanel Levinas[30]: se no mundo clássico, ou então inferindo, no espaço clássico o homem tem a escolha de não participar ou traçar seu próprio percurso, isto é, pode silenciar e ficar ausente do discurso, a arquitetura anticlássica, permeada pelo monoteísmo, iconoclasta, convida o homem, conforme Zevi, a fazer seu próprio trajeto, ou seja, simbolicamente, a proferir seu discurso. Se no mundo grego o homem pode silenciar, no monoteísmo o Deus judaico pode fazê-lo, mas nunca o ser humano[31].

O segundo texto, "Marxismo e Judaísmo", que se inicia com um relato dramático do período da Segunda Guerra, é uma elaboração comovida que Zevi apresenta na comemoração dos 33 anos da deportação dos primeiros 1259 judeus romanos. Discurso emocionado, porém contundente, pois logo em seu início Zevi apresenta o mote de sua atuação como historiador e crítico da arquitetura. A convergência entre a luta partisana e a luta pela arte e arquitetura moderna representam para Zevi o mesmo compromisso que a construção de uma sociedade democrática, como já havia exposto através da Apao, a Associação para a Arquitetura Orgânica.

O texto, apesar de escrito em 1976, é atualíssimo em vista dos últimos acontecimentos mundiais, pretendendo enfocar o anti-semitismo a partir de três aspectos cujas conseqüências já se faziam sentir entre as comunidades judaicas da Gola, ou Diáspora, mas principalmente sobre a comunidade judaica italiana. Primeiramente, as conseqüências da política israelense num momento em que a questão palestina começava a ser debatida internacionalmente. Em se-

30. Emmanoel Levinas, "Monothéisme et language", em *Difficile liberté*, Paris, Albin Michel, 1997, p. 250: "[...] E Platão, no início de *A República*, nos diz que nenhum homem poderá obrigar outro a entrar em um discurso e Aristóteles nos diz que o homem que se cala poderá se recusar infinitamente à lógica da não contradição. O monoteísmo, a palavra de Deus Uno, é precisamente a palavra à qual não se pode deixar de ouvir, à qual não se pode deixar de responder. Ela constitui a palavra que obriga entrar no discurso. Graças aos monoteístas, que fizeram o mundo ouvir a palavra de Deus, o universalismo grego pôde operar na humanidade trazendo lentamente a união. Somos nós os monoteístas que suscitamos essa humanidade homogênea que se constitui pouco a pouco sob nossos olhos em temor e angústia, mas que já é solidária através de uma colaboração econômica! Não é o jogo das forças econômicas que criou a solidariedade de fato, unindo pelo planeta as raças e os Estados, o correto é o inverso: o poder monoteísta de tornar o homem suportável ao outro homem e levar o outro homem a responder, *tornou possível* toda essa economia de solidariedade [...]".

31. Também conforme Levinas no texto "Aimer la Thora plus que Dieu", pp. 201-206.

INTRODUÇÃO

guida, a postura da Igreja Católica Romana em relação aos judeus e ao Estado de Israel após o II Concílio do Vaticano (1965), que revisou as posições tradicionais da Igreja em relação ao deicídio e o reconhecimento da ligação umbilical do cristianismo com sua matriz judaica. Para Zevi, naquele momento, o Concílio constituiu apenas um primeiro passo, fazendo-se necessária uma mudança da mentalidade antijudaica, acumulada durante séculos, o que exigiria um esforço educacional e cultural que permitisse ao mesmo tempo a equiparação dos direitos civis das minorias religiosas residentes em países católicos, incluindo a própria Itália. De fato, a postura da Igreja Católica em relação ao sionismo já estava delineada, conforme o belo estudo de Daniel Carpi[32], desde 1904, na audiência de T. Herzl com o papa Pio X, apesar do fato de que este mantivesse, ele próprio, boas relações com os judeus. Porém, a partir da Declaração Balfour, o anti-sionismo do Vaticano torna-se claro e evidente. Durante os anos que se seguiram, as contínuas pressões exercidas pelo Vaticano sobre as autoridades fascistas, no sentido de impedir o avanço do movimento sionista, acabaram ressoando em meio à opinião pública italiana de forma bastante intensa. A Concordata de 1929 entre Mussolini e o papa Pio XI, que prestigiando o governo fascista, ao mesmo tempo garantia ao Vaticano o reconhecimento da religião católica como a religião oficial, contribuiu para a deterioração das relações entre o governo e as minorias religiosas, e entre elas os judeus. Em 1933 o então futuro papa Pio XII, cardeal Pacelli, assina com o governo nazista uma concordata, definindo a posição da Igreja Católica na Alemanha. Esta posição será revista, pouco tempo depois, em função das posturas anticatólicas do racismo nazista, porém o anti-semitismo católico continuará, identificando os judeus com o comunismo.

O terceiro aspecto abordado é a necessidade de revisão da posição da esquerda européia em relação à questão judaica e às comunidades judaicas da Diáspora, a partir da anulação da influência do pernicioso primeiro escrito de Marx, *Die Judenfrage* (1843)[33], que levou à cristalização de uma postura errônea em relação ao judaísmo, e cujas repercussões se fizeram sentir no movimento de esquerda até os nossos dias.

O terceiro texto, "O Olhar sobre a Arte nos Campos de Extermínio", constituiu o discurso proferido por ocasião da exposição de parte do acervo do museu israelense do Kibutz Lochamei Haguetaot,

---

32. Daniel Carpi, "The Catholic Church and Italian Jewry under the Fascists (To the Death of Pius XI)", em *Yad Washem Studies on the European Jewish Catastrophe and Resistence IV*, Jerusalém, 1960, pp. 43-56.

33. Karl Marx, *A Questão Judaica*, trad. de Wladimir Gomide, Rio de Janeiro, Laemmert, 1969.

em Roma. Zevi, como homem de cultura que escapou "por acaso" da experiência do inarrável, busca um modo de percorrer as imagens da mostra, refletindo sobre a formulação de Theodor Adorno de que após Auschwitz não se pode mais escrever poesia. Porém, as imagens a serem percorridas são a prova de que a dor e o sofrimento encontram sua própria forma de expressão nas circunstâncias em que vive o artista, mesmo em se tratando de um campo de extermínio. Para aqueles que ao entrarem nos *Lager* perderam seu nome como parte do processo de desumanização imposto pela máquina nazista, a arte, como os depoimentos do pós-guerra mostrarão[34], será o instrumento de resistência espiritual pela afirmação da própria identidade, bem como uma declaração da individualidade expressa no ato da criação, momento único no qual o artista prisioneiro, que perdeu o domínio sobre sua vida, pode decidir, recuperando assim sua memória de imagens, sobre o material, a temática, o tratamento e a composição de sua obra. Será também através da arte que o artista poderá defender sua própria identidade para o futuro, lidando com a esperança e o desejo de liberdade que preservam sua humanidade. Porém, como afirma Zevi – e a grande maioria dos trabalhos produzidos nos campos atestam –, a arte será principalmente o instrumento do testemunho e o artista, a câmera, como sugere Ziva Amishai-Maisels referindo-se ao realismo da maioria das imagens produzidas. Este é o mesmo realismo que espanta Zevi, por constituir uma exceção na produção artística judaica, mas que constitui, naquelas condições, uma escolha estilística e iconográfica muito clara para seus criadores, muitos deles artistas ou estudantes de artes antes da guerra, que fazem uso da linguagem expressionista somente em circunstâncias específicas – como nas obras concebidas no campo de Theresienstadt e logo após a libertação, numa produção de intenção eminentemente catártica. Zevi também recoloca a questão já levantada por Adorno e Sartre, de como esta arte despida de retóricas, tão verdadeira, espantosa mesmo, ressoará como expressão de cultura entre aqueles que não vivenciaram seu trágico terreno.

O quarto texto, "Assassinada Outra Criança Judia", é o retrato raro do homem combativo e corajoso que não se calava nos momentos em que tantos outros se calavam e outros ainda se calam. O texto foi escrito em 1982 por ocasião de um novo atentado à Sinagoga de Roma[35], em que uma criança é morta, e nele Zevi se remete ao texto "Marxis-

---

34. A este respeito verificar o trabalho de Ziva Amishai-Maisels, *Depiction and Interpretation*, Oxford, Pergamon, 1993.

35. O atentado à sinagoga de Roma também é descrito no estudo sobre o judeus da Itália de Arnaldo Momigliano, numa nota pessimista em relação ao futuro do judaísmo e da cultura judaica. A. Momigliano, *op. cit.*, p. 252.

INTRODUÇÃO XXI

mo e Judaísmo", escrito seis anos antes, no qual já havia previsto as conseqüências do anti-semitismo que renascia, camuflado sob a bandeira do anti-sionismo. Nesse sentido, procura demonstrar a indissolubilidade entre os judeus da Diáspora e os judeus de Israel, condenando os esforços de uma política antiisraelense agressiva até o paroxismo da definição do sionismo como racismo. Em sua condição de judeu, antifascista, democrata e homem de esquerda, Zevi alerta, mais uma vez, para o anti-semitismo como sismógrafo da civilidade de um país e sinal inequívoco da corrosão democrática.

O texto seguinte, "As Três Culturas da Diáspora e a Perspectiva de uma Quarta", é elaborado em torno da perspectiva de uma nova cultura judaica, considerando que sua diversidade, elaborada num diálogo secular com outras culturas e como resultado de uma Diáspora espalhada pelos quatro continentes, já foi incorporada pela cultura ocidental. Mas, apesar desta grande diversidade, há mais unicidade em seu conteúdo que diversidade propriamente dita. Porém, a questão maior é o novo judaísmo que surge com o retorno do povo judeu à Terra de Israel e o remanescente das comunidades judias espalhadas pelo mundo. Na visão de Zevi, a cultura judaica apresenta atualmente três correntes principais: aquela dos piedosos (chassidim), mística e poética, impregnada de religiosidade; a israelense, pragmática e apta a construir uma nova sociedade; e aquela da Diáspora européia e americana, problemática e intelectualística. A verdade é que essas três correntes estão presentes tanto entre as comunidades judaicas da Diáspora como na sociedade israelense, com todas as suas nuances e matizes. Para Zevi, o desafio estaria num esforço de renovação do judaísmo através da postura herética e contestatória que sempre o caracterizou em relação às outras culturas.

Até a segunda metade do XIX, a profissão de engenheiro ou arquiteto era proibida aos judeus. No texto "A Incidência Judaica na Arquitetura", Zevi questiona em que medida o pensamento judaico, e nesse aspecto o conceito de espaço-tempo sobre o qual já havia se debruçado no primeiro texto desta coletânea, bem como o conceito de diferente, pode ser inferido da produção dos arquitetos judeus. Para tanto, Zevi inicia sua reflexão com cinco arquitetos: Richard Meier, Peter Eisenman, Daniel Libeskind, Zvi Hecker e Frank O. Gehry. Os dois primeiros, participantes do grupo dos Five Architects que Zevi já havia qualificado de maneiristas[36], entendendo maneirismo como uma linguagem herética e dessacralizante que, apesar de adotar um instrumental de projeto clássico, pretende a popularização, em larga escala, dos ensinamentos dos grandes mestres como Le Corbusier, Gropius, Neutra, Schindler e Terragni pela contaminação de suas matrizes. Os

---

36. Bruno Zevi, "Manierismo o Linguaggio Moderno", em *Editoriali di Architettura*, Turim, Giulio Einaudi, 1979, pp. 289-291.

XXII   ARQUITETURA E JUDAÍSMO: MENDELSOHN

três últimos estarão entre os Action Architects, termo emprestado da pintura[37], que Zevi considera como sucessores dos arquitetos expressionistas[38], e, portanto, merecendo um apêndice na nova edição de *Erich Mendelsohn: Opera Completa*, de 1997[39]. Mais tarde eles serão todos agrupados em torno da terceira vanguarda[40], ou do desconstrutivismo, cunhado por Derrida, que abriu a possibilidade de uma análise multifacetada, capaz de revelar diversos aspectos, traços ou sinais, excluindo assim a hipótese da obra como uma expressão pura e original, finda em sua própria unidade. Esta perspectiva já se fazia presente nas formulações de Zevi, e nele encontra imediatamente um grande defensor[41], pois será através da linguagem desconstrutivista que Zevi consegue validar a operacionalidade de suas sete invariantes como instrumental analítico da arquitetura moderna[42].

No mesmo texto, Zevi também se remete à arquitetura racionalista, que reformulou a paisagem israelense a partir dos anos

37. Zevi referencia-se à definição de Clement Greenberg sobre a pintura de ação, da qual Pollock pode ser considerado dos mais importantes representantes: "[...] os artistas individualmente procedem a manifestações que não são manifestos [...] Pollock recolhe elementos de Picasso, Miró, Siqueiros, Orozco e Hofman para criar um vocabulário alusivo e original de formas não usuais com as quais distorce o espaço cubista para fazê-lo manifestar-se com veemência [...]", Bruno Zevi, *Erich Mendelsohn: Opera Completa*, Turim, Texto & Immagine, 1997, p. 409.

38. "[...] A expressão não morreu em 24. Talvez estivesse hibernando, porém o evento inesperado, assombroso, tem lugar nos anos noventa com a Action Architecture, que leva a uma revolução lingüística [...]. Para defini-la devemos partir do eterno dilema ético e lingüístico: aquele entre o findo, a entidade perfeitamente completada, à qual nada pode ser acrescentado ou subtraído e o 'não findo', em contínuo crescimento e transformação [...]", cf. Zevi , citado por Gabriele de Giorgi em *La Terza Avanguardia in Architettura*, Roma, Diagonale, 1998, p. 31.

39. B. Zevi, *op. cit.*, pp. 409-424.

40. Conforme definição de Gabriele de Giorgi, discípulo de Zevi, em *La Terza Avanguardia in Architettura*, que alerta para o fato de que o termo não pode ser interpretado como uma fórmula rígida, mas sim como um sistema de balizamentos e explorações que compartilham diversos princípios e objetivos, ou seja, um esforço teórico contra qualquer interpretação uniforme e restritiva do espaço arquitetônico, reconhecendo as influências da realidade contemporânea e eliminando as utopias da cidade ideal; trata-se de uma perspectiva ampla em relação ao projeto, considerando as contribuições da filosofia (Derrida, Morin , Lyotard), matemática, ciências, literatura e cinema, assim como da sociologia, e de soluções projetuais abertas em relação ao futuro.

41. Entre os artigos de Zevi em defesa do desconstrutivismo vide "L'Effervescenza Eversiva del Decostruttivismo" e "Chi Há Paura del Decostruttivismo", em Bruno Zevi, *Sterzate Architettoniche, Conflitti e Polemiche Degli Anni Settanta-Novanta*, Bari, Dedalo, 1992, pp. 191-197.

42. As sete invariantes elencadas por Zevi como método de leitura da arquitetura moderna podem ser resumidas como: o elenco de conteúdos e funções ou aderência entre formas e objetivos do projeto que Zevi atribui à herança de William Morris; a assimetria e a dissonância consideradas heranças da Art Nouveau e da Bauhaus; a tridimensionalidade antiperspectiva conforme a mobilidade do ponto de vista do espectador, legado do expressionismo; a síntese da decomposição quadrimensional, conseqüência das elaborações gra-

INTRODUÇÃO   XXIII

vinte. O vocabulário moderno em Israel apresentava como primeira
referência a sua matriz alemã e os desenvolvimentos da Escola da
Bauhaus, seguido pelos formalismos lingüísticos de Le Corbusier e
Erich Mendelsohn[43], cujo empenho por uma linguagem moderna,
que ao mesmo tempo envolvesse e fosse envolvida pela paisagem
mediterrânea, foi compreendido somente muito mais tarde. Durante
os anos trinta, quarenta e cinqüenta, as cidades novas, como foi o
caso de Tel Aviv, Beersheva etc., assim como as cooperativas agrícolas, os kibutzim e moshavim, foram projetados seguindo os princípios
racionalistas das zonas funcionais[44].

Encerra o primeira parte do livro, "Espaço e Não-Espaço Judaico", escrito para ser apresentado como discurso na Jornada de Estudos
da Comunidade Judaica de Veneza, em novembro 1998, como escre-
vemos acima, foi incorporado à edição brasileira por sugestão do próprio Bruno Zevi. O arquiteto, então com oitenta anos, apresentava um
discurso emocionado com algumas passagens de caráter confessional,
que a nosso ver poderiam ser consideradas como um testamento literário, no qual seus grandes temas são sutilmente introduzidos.

Inicialmente, o conceito do espaço interior, "o espaço que nos
rodeia e nos inclui [...] que constitui o "sim" e o "não" de todas as
sentenças estéticas sobre a arquitetura [...] porque arquitetura não é
apenas arte, nem só imagem de vida histórica ou de vida vivida [...]
é também, e sobretudo, [...] a cena onde decorre a nossa vida"[45]. O
espaço interior, ou vazio, que Zevi desenvolve a partir da definição,
nascida no último século, de arquitetura como arte do espaço, apresenta-se em seu discurso como se fora parte de uma parábola judaica.
Neste caso, o visitante do Museu Judaico de Berlim, recém-inaugu-
rado e ainda vazio de coleções, que penetra em suas cavidades e
deixa-se absorver, imerso em um cosmos que se fará sentir através

maticais e sintáticas derivadas das pesquisas de Theo van Doesburg e do movimento De
Sijl; a estrutura projetada, tensões estruturais e membranas, resultantes da fusão da engenharia com a arquitetura; os espaços temporalizados de Frank Lloyd Wright, sobre os
quais já nos referimos anteriormente; e a reintegração edifício-cidade-território que tem
origem no paisagismo. Em março de 2000, com Zevi já falecido, a revista até então por ele
dirigida, *L'Architettura Cronache e Storia*, publica seu último editorial, *Quando un Post-
moderno si Rincretinisce*, uma resposta à crítica de Paolo Portoghesi sobre a obra de
Frank O. Gehry, na qual o autor se refere a Zevi. O texto merece ser lido pois nele Zevi, aos
82 anos, sempre ferino e combativo, reafirma todos os seus princípios, incluso as sete
invariantes, a cidadania dos templos gregos na história da arquitetura que ele descarta,
acreditando que estes constituem esculturas excepcionais, porém não arquitetura, e ainda a
defesa incondicional da obra de Gehry.

43. Michel Levin, *White City International Style Architecture in Israel*, Tel Aviv,
Tel Aviv Museum, 1984.

44. A. Sharon, *Kibbutz + Bauhaus*, Tel Aviv, Karl Kramer Verlag Stuttgart/Massada,
1976, p. 62.

45. Bruno Zevi, *Saber Ver a Arquitetura*, São Paulo, Martins Fontes, 1978, p. 28.

de infinitas coordenadas e pela permanência de seu ritmo contínuo[46], será o responsável pela comprovação da especificidade do conceito de espaço arquitetônico em relação à espacialidade da arte e dos conceitos operatórios introduzidos por Zevi nos anos cinqüenta. O discurso continua tomando como roteiro o texto "Judaísmo e Concepção Espaço-Tempo na Arte", o mesmo que inicia esta coletânea e com o qual, como afirmou, identificava-se plenamente. Por este motivo, tomamos a liberdade de recortar os parágrafos nos quais Zevi procedia à revisão dos principais temas do texto de referência, visto que, por um lado, este último estaria presente na coletânea e, por outro lado, esses recortes não causariam maiores prejuízos à leitura e ao seu entendimento. Assim, os parágrafos se seguem constituindo uma reflexão acerca dos caminhos da arquitetura, com ênfase no expressionismo e na arquitetura orgânica e seu futuro. Para Zevi, a herança deixada pelo movimento moderno para o século XXI deve ser reconhecida através de cinco valores[47]: a herança wrightiana; uma visão territorial e urbana não mais racionalista e eurocêntrica; um campo de pesquisa projetual livre dos tabus, ídolos e mitos acadêmicos; a aspiração a uma escrita de grau zero[48], anti-retórica e antiautoritária, popular sem ser vernacular; e, finalmente, a consciência de que a modernidade criativa, aquela que transforma crises em valor, sinônimo de postura ética e civil, só pode ser alcançada em arquitetura, termômetro da justiça e da liberdade, num ambiente democrático e liberal socialista. Entre estes valores, Zevi insere a produção dos arquitetos desconstrutivistas, que para ele constituem o futuro da arquitetura, herança do movimento moderno após 150 anos de batalha.

O discurso termina propondo o iídiche, a língua formada no caldeirão das culturas da Diáspora judaica, como uma nova representação lingüística, exemplificada na figura de Uri Caine, o músico que absorve todos os sons, investiga, pesquisa, menciona e apresenta uma nova linguagem musical. Ora, o músico nada mais é do que a metáfora da personalidade do próprio autor, Zevi, um grande leitor e

---

46. Bruno Zevi, "Definición de la Arquitectura", em *Arquitetura in Nuce*, Madri, Aguilar, 1969, p. 54.

47. Bruno Zevi, "Schegge Architettoniche per il Terzo Millenio", em *Controstoria e Storia dell'Architettura*, vol. III: *Dialetti Architettonici, Architettura della Modernità*, Roma, Newton & Compton, 1998, pp. 137-138.

48. Zevi utiliza a expressão linguagem ou escrita de grau zero para referir-se ao primitivismo, ou à dissolução dos aparatos gramaticais e sintáticos, bem como à desintegração dos códices, fenômenos sintomáticos recorrentes em certos períodos, nos quais prevalece o formalismo, fazendo-se urgente a necessidade de reconquista da especificidade semântica. A expressão e sua formulação são emprestados de Roland Barthes, *O Grau Zero da Escrita*, São Paulo, Martins Fontes, 2000, e sua transposição para a arquitetura é explicitada no ensaio "Il 'Grado Zero' della Architettura Scrittura Architettonica", publicado na coletânea *Pretesti di Critica Architettonica, op. cit.*, pp. 273-279.

INTRODUÇÃO   XXV

observador, que do mesmo modo absorveu, investigou, citando e mencionando ao longo de toda a sua obra criando uma linguagem que se tornou singular.

Ao longo do processo de edição, optamos por acrescentar ainda um novo texto à coletânea. Trata-se do último ensaio, "Erich Mendelsohn Expressionista", presente na coletânea *Bruno Zevi, Pretesti di Critica Architettonica*, cuja publicação original se deu em 1970 na forma de um estudo introdutório ao volume *Erich Mendelsohn: Opera Completa*. Por que incluir um ensaio sobre Mendelsohn em uma coletânea intitulada *Judaísmo e Arquitetura*? Mendelsohn foi o primeiro arquiteto judeu a alcançar renome internacional na Europa do entre-guerras. Nascido a 21 de março de 1887, em Allenstein, na Prússia, recebeu uma educação judaica com ênfase na Bíblia e no hebraico, filiando-se ainda jovem, por influência de Kurt Blumenfeld[49] ao movimento sionista. No final da década de vinte, Mendelsohn fez parte do grupo de intelectuais de Weimar que, conforme Gay[50], ressentia-se do estado de espírito de um ceticismo e desespero beirando ao cinismo, conseqüência do aprofundamento das divisões políticas, e dos debates feios e grosseiros que culminaram na violência e na perda dos direitos de cidadãos dos judeus que, apenas catorze anos antes, haviam servido sua pátria no primeiro conflito mundial. Como judeu identificado, desacreditando da possibilidade da coexistência judaica em meio a uma nova ordem ariana, ele publica o ensaio: "O Nacional-Socialismo Alemão e os Judeus", reeditado anos mais tarde na monografia de Whittick[51]. Entretanto, apenas a sua identidade judaica não justificaria nossa escolha. Mesmo a importância de sua passagem por Israel[52] durante a década de trinta, devida primeiramente ao forte impacto emocional, resultante do confronto entre suas impressões como arquiteto e judeu[53], e a sua habilidade em referenciar

---

49. Kurt Blumenfeld tornar-se-ia anos mais tarde líder sionista na Alemanha, amigo de Hannah Arendt e, conforme Elisabeth Young Bruehl em *Hannah Arendt – For Love of the World,* Yale University, 1982, p. 85, seu mentor em política. Do mesmo círculo participava Salman Schoken, o editor e empresário sionista, um dos maiores patronos de Mendelsohn, tanto na Alemanha como em Israel.

50. Peter Gay, *A Cultura de Weimar*, Rio de Janeiro, Paz e Terra, 1968, p. 155.

51. Arnold Whittick, *Erich Mendelsohn*, apêndice l, Londres, Leonard Hill, 1956, p. 198.

52. A estada israelense de Mendelsohn começou a ser estudada a partir da metade dos anos oitenta por diversos pesquisadores alemães e israelenses, entre os quais devemos citar Ita Heinze Muhleib com o livro *Erich Mendelsohn. Bauten und Projekte in Palestina (1934-1941)*, Munique, Scaneg, 1986, e Gilbert Herbert e Silvina Sosnovsky com *Bauhaus on the Carmel and the Crossroads of Empire*, Jerusalém, Yad Itzchak Ben Tzvi, 1993.

53. O forte impacto da primeira viagem a Israel feita em 1923, acompanhado de sua esposa Louise e Theo Wijdeveld, o arquiteto holandês, é descrito por Mendelsohn em sua correspondência: "Sangue e, portanto raça, e tridimensionalidade [...] o destino de encontrar-se entre dois ciclos emocionais, um oriental atávico, e o outro ocidental, que é o pre-

os elementos estruturais da arquitetura mediterrânea em sua forma mais pura, traduzindo-os de modo diferenciado e sem pudores numa nova linguagem, que concebe ainda em 1923, na tentativa de definir uma arquitetura nacional judaica como uma Arquitetura Semita[54], bem como sua importância em face dos questionamentos da arquitetura israelense de nossos dias, ainda não seriam suficientes. Mesmo a criação de um novo partido arquitetônico a partir dos centros comunitários judaico-americanos na segunda metade da década de quarenta, cuja influência alcançou inclusive o Brasil, através do projeto de Henrique Mindlin para a sinagoga da Congregação Israelita Paulista[55] – clara referência ao projeto do centro comunitário B'nei Emuna, de St. Louis – também não justificariam por completo a sua inserção.

O fato é que a obra de Mendelsohn é fruto, como propõe Roggero[56], da coexistência de uma dupla natureza: o caráter germânico, evidenciado através do sentido do majestoso, do monumental e da explosão tumultuosa e romântica do trato com o desenho, e a componente mediterrânea, atávica, para a qual a tendenciosidade de qualquer movimento não apresenta significado se não for apoiada sobre uma base filosófica e espiritual sistematicamente irrepreensível; ora, o cerne, assim como o conceito de "diverso na diáspora", das investigações de Zevi em sua coletânea original, na qual é pioneiro na abordagem das obras de arquitetos a partir de suas experiências judaicas[57], justificam, portanto, a inserção deste novo texto e o título da presente edição: *Arquitetura e Judaísmo: Mendelsohn.*

---

sente, não pode ser experimentado a não ser na Palestina. Nenhum judeu capaz de entender suas emoções pode percorrer a Palestina sem o toque trágico de seu próprio passado e sem a humilde esperança de seu renascer [...]", em G. Herbert & S. Sosnovsky, *op. cit.*, p. 106.

54. O sionismo de Erich Mendelsohn deve ser compreendido sob a perspectiva do chamado sionismo cultural, difundido por personalidades como Achad Haam e Martin Buber, que mais que uma solução para a questão judaica consideravam o sionismo como a oportunidade de um renascimento cultural, ou seja, a descoberta da verdadeira identidade judaica e suas origens. Nesse sentido também devemos entender a sua postura frente a uma síntese entre o conhecimento da cultura ocidental e a sabedoria da cultura oriental como base desse renascimento nacional judaico-semítico, conceitos que chega a publicar em 1940 em um panfleto intitulado *A Palestina e o Mundo do Amanhã*, e sobre os quais Ita Heinze-Greenberg desenvolve seu belíssimo texto sobre a arquitetura mendelsohniana na Palestina entre 1934 e 1941, "Eric Mendelsohn", em *Architecture in Palestine 1934-1941*, Nova York, Monaccelli, 1999, pp. 204-241.

55. Anat Falbel, "Dois Momentos de Arquitetura Sinagogal em São Paulo", em *Anais do V Seminário da Cidade e do Urbanismo*, Campinas, PUC, 1998.

56. M. F. Roggero, *Il Contributo di Mendelsohn alla Evoluzione dell'Architettura*, Milão, Politecnica Tamburini, 1952, p.16.

57. No Brasil, devemos citar a recente publicação do livro de Moacir Amâncio, *Dois Palhaços e uma Alcachofra*, São Paulo, Nankim Editorial, 2001, na qual o autor investiga os aspectos da experiência judaica contemporânea na expressão artística, utilizando para tal o romance *A Ressureição de Adam Stein*, do autor israelense Yoram Kaniuk, e a obra do arquiteto canadense-americano, Frank O. Gehry, que o autor, influenciado pela

INTRODUÇÃO   XXVII

Com exceção da *Opera Completa* de Zevi, publicada pela primeira vez em 1970, podemos perceber, entre os anos cinqüenta e a segunda metade dos oitenta, um hiato nos estudos acadêmicos relacionados tanto à arquitetura do expressionismo alemão, quanto ao próprio Mendelsohn. Contudo, desde então, felizmente, na Alemanha e em outros países da Europa, como a Itália e a Inglaterra, novos trabalhos estão sendo elaborados pelo levantamento da documentação inédita encontrada em arquivos espalhados pelo mundo, seja sobre a arquitetura alemã do entre-guerras, seja sobre o movimento expressionista marginalizado por décadas pela crítica historiográfica seduzida pelo racionalismo. Desse modo, recupera-se a história dos personagens que tiveram seu papel em todas as manifestações artísticas do movimento, da arquitetura à dança[58]. Entre essas diversas pesquisas, vemos ressurgir um novo interesse pela obra de Erich Mendelsohn[59], que se traduz na grande exposição organizada pela IFA, o instituto de intercâmbio cultural da Alemanha que neste momento percorre a Europa, bem como no encontro organizado em Tel Aviv, em novembro de 2000, a respeito do arquiteto.

Entre nós, no Brasil, a figura e a obra de Mendelsohn ainda é pouco conhecida, apesar da influência que sua obra exerceu sobre pelo menos duas gerações de arquitetos atuantes de nossa história. A primeira delas, cujo período de formação se deu entre os anos vinte e trinta, acompanhou sua trajetória ainda na Alemanha, passando pela Inglaterra e a então Palestina através de publicações tais como a italiana *Casabella*, dirigida até 1936 por Persico, ou a *L'Architecture d'Aujourd'Hui*. Este é o caso do arquiteto Rino Levi, cujos desenhos da década de trinta, assim como as primeiras obras desse período, carregam consigo as marcas do expressionismo alemão, em especial

---

leitura dos filósofos do chamado pós-modernismo, acaba por identificar também como um arquiteto pós-modernista, denominação que Zevi consideraria heresia como vimos acima em seu editorial-resposta a Paolo Portoghesi, este sim um arquiteto ao qual se aplicaria a definição de Habermas citada por Amâncio (p. 203), produtor de uma arquitetura que não passa de simulacro historicista. Para Zevi, Gehry é um desconstrutivista ou pertencente aos *action architects*.

58. Nesse sentido, lembramos do texto de Maria Bottero, *Frederick Kiesler, Arte Architettura Ambiente*, Milão, Electa, 1995; a publicação da tese excepcional de S. Anderson, *Peter Behrens and a New Architecture for the Twentieth Century*, Cambridge, MIT, 2000, e o livro sobre um dos pais da dança moderna, o bailarino e coreógrafo alemão Rudolf Laban, figura de posturas polêmicas e controvertidas, mas que também pertenceu ao círculo de Rudolf Steiner, escrito por sua aluna Valerie Preston-Dunlop, *Rudolf Laban, An Extraordinary Life*, Londres, Dance Books, 1998.

59. Entre os novos trabalhos surgidos na Alemanha, podemos destacar o texto de Tilo Richter, *Erich Mendelsohns Kaufhaus Schocken, Jüdische Kulturgeschichte in Chemnitz*, Leipzig, Passage-Verlag, 1998, trazendo uma importante e atualizada bibliografia sobre o arquiteto, e a bela coletânea editada por Regina Stephan, curadora da exposição da IFA, *Éric Mendelsohn, op. cit.*

XXVIII ARQUITETURA E JUDAÍSMO: MENDELSOHN

da arquitetura de Mendelsohn[60]. A partir da segunda metade dos anos quarenta, a obra americana de Mendelsohn, em especial seus centros comunitários, passa a ser publicada em revistas americanas tais como a *Architectural Review*, influenciando arquitetos mais atentos como Helio Duarte[61] e Henrique Mindlin, conforme vimos acima, lembrando que este último era o representante do Brasil na UIA desde 1950. Contudo, a arquitetura moderna no país encontrava-se imersa no clima dos debates ideológicos, de forma que mesmo a hipótese

60. As influências expressionistas de Rino Levi em seus projetos desenvolvidos na década de trinta podem ser verificadas em especial no caso dos cinemas, edifícios estes estudados por Renato Anelli, como por exemplo no Cine UFA Palace, cujo desenho de perspectiva já é um exercício expressionista, ou no cine Universo, ambos de 1936, em cujas fachadas o arquiteto utiliza recursos horizontais, efeitos luminosos e transparências características das obras de Mendelsohn da década de vinte, sendo que um estudo mais detalhado dos interiores dos grandes magazines, como o Herpich de Berlim ou o Schoken de Stuttgart, também nos revelará uma nova chave para o entendimento dos interiores dos cinemas de Rino Levi. A pesquisa mendelsohniana do uso da iluminação como elemento de atração mercadológica pode ser verificada no letreiro do cinema Universo. O Cine Art Palácio, de 1938, de Recife, apesar de seu volume mais acachapado, por conta da altura do primeiro pavimento em relação ao térreo, e que acaba prejudicando a horizontalidade do conjunto, lembra no nível da primeira laje os jogos das faixas horizontais de Mendelsohn, devendo-se observar também que seu teto luminoso, seja no *foyer*, seja na sala de projeção, repete a solução das faixas luminosas e telhado envidraçado do Cine Universum de Mendelsohn, de 1926-1928. Mesmo no Teatro de Cultura Artística, de 1943, Rino Levi faz uso dos deslocamentos e da curvatura dos planos da fachada com claras referências à volumetria do Cine Universum. Como ele próprio havia afirmado em carta dirigida ao prof. Paulo F. dos Santos em 1964, suas referências vinham de vários setores, e sendo Levi um leitor atento, não duvidamos que o expressionismo alemão o tenha alcançado por intermédio das obras de Mendelsohn, o único arquiteto representante do movimento alemão com um número significativo de obras concretizadas. Portanto, mais que um "expressionismo contido", como o definiu Nestor Goulart dos Reis em seu importante e pioneiro texto introdutório ao livro *Rino Levi*, Milão, Edizioni di Comunità, 1974, p. 13, talvez pudéssemos defini-lo como um expressionismo de matriz mendelsohniana, mais evidenciado ainda pelo projeto de uma residência para a família Porta, publicado novamente por Renato Anelli, na mais recente e completa edição a respeito do arquiteto, *Rino Levi, Arquitetura e Cidade*, São Paulo, Romano Guerra, 2001, na qual as bandas horizontais da fachada cilíndrica, bem como a integração edifício-paisagem realizada mediante o uso de marquises cilíndricas e pérgulas que finalizam em terraços semicilíndricos, apresentam claras referências às obras do período alemão de Mendelsohn e às experiências formais da Palestina.

61. Os conjuntos escolares do sistema escola/parque do arquiteto Helio de Queiroz Duarte, projetados segundo a filosofia educacional proposta por Anísio Teixeira e publicados ainda em 1951 na revista *Habitat* evocam os centros comunitários americanos tanto sob a perspectiva de seus programas, que deveriam atender um grande número de atividades distintas, como sob a perspectiva de suas plantas baixas, nas quais o ginásio, um espaço de grande flexibilidade fazendo às vezes de espaço esportivo, teatro ou local de reuniões, encontra seu paralelo no espaço flexível, especialmente projetado e definido por Mendelsohn para alocar a sinagoga. Exemplos como o conjunto do Alto da Mooca, da Vila Jabaquara ou da Vila Madalena, constituem claras referências à absorção e adaptação dos modelos mendelsohnianos. O mesmo conceito de flexibilidade será apropriado pelo arquiteto Roberto J. G. Tibau, companheiro de Helio Duarte nos projetos escolares, em tese orientada por este último, desta vez a fim de justificar o uso da pré-fabricação.

INTRODUÇÃO   XXIX

sugerida por Gillo Dorfles em sua primeira edição da *L'Architettura Moderna*[62], em 1954, inserindo a arquitetura de Mendelsohn como precursora da corrente neobarroca presente na arquitetura brasileira da época, não foi suficiente, e nem poderia ser naqueles anos, para trazer tanto o expressionismo como a arquitetura mendelsohniana à tona.

Zevi nos propõe a reavaliação do movimento expressionista e dos modelos estruturais autogenéticos de Mendelsohn através de um texto de profunda erudição e riqueza de imagens. O roteiro escolhido parte de um levantamento do movimento expressionista através de seus teóricos e mais destacados participantes, no esforço de situar a figura do arquiteto como um partícipe mesmo que um tanto esquivo do movimento. A seguir, uma análise de suas obras, a relação com a crítica e sua herança. A "Arquitetura Ativa", como Zevi a denominou, apresenta-se como testemunho de que em nossos dias as exigências da técnica e da tecnologia resultam em produtos que não podem ser integrados nas poéticas derivadas do cubismo, e nesse sentido, obras que parecem ter criado vida a partir de esboços mendelsohnianos, como é o caso do projeto de Frank Owen Gehry para o Museu Gughenheim de Bilbao[63], ou aqui no Brasil, a Torre do Anhangabaú, projetada entre 1991 e 1992 por Fabio Penteado e equipe[64], confir-mam a importância e a atualidade do texto de Zevi.

A história desta tradução faz parte de uma teia de relações inesperadas e inesquecíveis, e como tal não podemos identificar início ou fim, somente os encontros e os momentos que possibilitaram o seu vir-a-ser. O arquiteto Abrahão Sanovicz, que nos deixou cedo demais, e que acreditava na arquitetura como busca da liberdade, é nó desta teia, porque foi ele quem nos apresentou o livro. Marcos Tognon, sempre amigo, naquela época morando em Pisa, mandou o pequeno volume pelo correio, um presente. E foi Jacó Guinsburg quem se entusiasmou pelo pequeno volume propondo a sua publica-ção. O professor Zevi foi generoso, sugerindo acrescentar ainda um novo texto que havia acabado de redigir. Luciano Migliaccio, queri-do amigo, participou do projeto desde os primeiros contatos com Zevi, até sua tradução, envolvendo-nos naturalmente com a perspec-

---

62. Gillo Dorfles, *L'Architettura Moderna*, 6. ed., Milão, Garzanti, 1989, p. 47.

63. Em uma entrevista publicada no editorial da revista dirigida por Zevi, *L'Architettura Cronache e Storia*, n. 532, fev. 2000, Frank O. Gehry reconhece sua herança expressionista: "acredito que um edifício deve ter alguma paixão para exprimir algo. Então talvez eu sou um expressionista. Sei que alguns dos arquitetos suíços são antiexpressionistas, eles são minimalistas e eu amo o minimalismo, mas acredito que o novo minimalismo é um minimalismo condicionado. Gosto de lidar com a realidade do edifício, ele apresenta pele, carne e ossos".

64. Fabio Penteado, *Fabio Penteado: Ensaios de Arquitetura*, São Paulo, Empresa das Artes, 1998, pp. 106-111

tiva da cultura italiana. Também lembramos Maurício Fridman, que se dispôs a ler a tradução e acabou emocionado e emocionando. E os amigos que contribuíram para o enriquecimento desta edição: Cláudia Valladão de Mattos, que nos apresentou o trabalho de Ziva Amishai-Maisels; Marcio Seligmann, que inesperadamente surgiu com a preciosa edição de Giacomo Debenedetti; Avraham Milgram, que nos enviou material do Museu do Holocausto e nos guiou pela biblioteca da Universidade Hebraica, onde encontramos o volume original, e ainda por cima autografado em caprichosos caracteres hebraicos por Dante Lattes; prof. Eviatar Friesel da Universidade Hebraica, que também se entusiasmou com Mendelsohn e, afora a pequena Torre de Potsdam, também nos enviou a bela edição de Tilo Richter sobre o Edifício Schoken, de Chemnitz; o prof. Paulo Bruna, que nos alertou para a leitura de Rino Levi; e, finalmente, Nachman Falbel, meu pai, pelo acesso irrestrito e incondicional a sua preciosa biblioteca. Também não podemos deixar de agradecer à amiga Solange Fonzar que foi nossa "consultora técnica" durante a coleta das imagens e ao arquiteto Sergio Kon, que envolvido pela temática zeviniana e com sua infinita paciência deu forma a todo esse material. E agradeço a Regina Stephan pela cessão dos direitos de reprodução das imagens de sua obra *Erich Mendelsohn* (Nova Yorque, The Monacelli Press, 1999).

Em janeiro de 2000, enquanto lidávamos com este texto, nos veio a notícia de que Zevi havia falecido por conta de uma pneumonia que se alastrou pela Itália. A sensação de perda e vazio é imensa, porque acima do arquiteto e intelectual realizador havia um homem de caráter singular, combativo e fiel, como poucos, às suas próprias idéias, um homem de cultura que abertamente declarava:

[...] meu ser orgulhosamente judeu e apaixonadamente sionista, coincide com a luta antifascista da 'Justiça e Liberdade' e do Partido d'Azione, que qualificou toda a minha vida, e a batalha cotidiana pela arquitetura orgânica, por um ambiente próprio para promover a felicidade humana.

Anat Falbel

Entre Dante Lattes e Edoardo Persico percebem-se algumas analogias. Para Lattes, " o homem é chamado a concretizar a espiritualidade do mundo por meio de sua obra, como algo que deva ser conquistado. O homem realiza a idéia quando a executa na sociedade. Os dirigentes não são os sacerdotes que protegem as formas da fé, mas os profetas que fazem da fé uma causa de inquietude e desejo [...]".

DANTE LATTES, *Apologia do Judaísmo*[*]

Segundo Persico, "a arte estabelece uma nova ordem criativa identificando-se com a realidade viva. É a profecia da arquitetura. Escrever sobre arquitetura é invocar a liberdade do espírito humano. Uma história da arquitetura pode coincidir com a própria história do homem moderno [...]".

EDOARDO PERSICO, *Profecia da Arquitetura*[**]

*.   Na edição espanhola a que tivemos acesso, *Apologia del Hebraísmo*, trad. de Matilde Bonaventura, Madri, Espanõlas, 1926, autografada pelo autor para a Biblioteca da Universidade Hebraica, as citações escolhidas por Zevi encontram-se distribuídas entre as páginas 34 e 40, do primeiro capítulo intitulado "O Ideal: Deus". Dante Lattes (1876-1965), escritor, jornalista e educador, exerceu, como um dos sionistas italianos da velha geração, um importante papel na liderança da comunidade judaica. Desde 1896, quando se inicia no jornal *Corriere Israelitico* em Trieste, trabalhou e fundou diversos periódicos, até a *Rassegna Mensile di Israel*, criada em 1922, a qual dirigiu até seu falecimento. Lattes, professor de literatura e língua hebraica do Instituto de Línguas Orientais de Roma, também traduziu para o italiano muitos dos pensadores e escritores do revivalismo nacional judaico, como Ahad-Ha-Am, Aron Pinsker, Martin Buber e o poeta Chaim N. Bialik.

**.   O texto "Profecia da Arquitetura", do qual Zevi extraiu a citação, era, em realidade, uma conferência proferida em 1935, na Sociedade Pró Cultura Feminina do Instituto Fascista de Cultura, em Turim, na qual Persico questiona a historiografia que considera a arte e a arquitetura somente como consequências de ações e reações, ao contrário de um movimento de consciência coletiva. O texto foi publicado pouco depois da morte do autor pela revista *Casabella* (n.102-103, jun.-jul. 1936), podendo ser encontrado na coletânea dirigida por Giulia Veronesi, *Edoardo Persico Scritti d'architettura (1927/1935)*, Florença, Vallecchi, 1968, pp. 117-125. Edoardo Persico (1900-1936), crítico de arte italiano, iniciou-se como redator da revista *Casabella* em 1930 e, a partir de 1933, assumiu a diretoria da revista juntamente com Giuseppe Pagano. A revista tornou-se centro de uma cultura alternativa à oficial, reivindicando para a arquitetura italiana a nova funcionalidade e racionalismo que se desenvolviam no restante da Europa.

Parte I:
Judaísmo e Arquitetura

1. O Judaísmo e a Concepção Espaço-Temporal da Arte[1]

Foi dito que o judaísmo é uma concepção do tempo; que enquanto as divindades de outros povos eram associadas a lugares e coisas, o Deus de Israel é o Deus dos eventos; que a vida judaica medida pelos versos do Livro é permeada pela história, ou de uma consciência temporalizada dos feitos humanos.

Na realidade, o pensamento judaico, dialogando, ao longo dos séculos, com os direcionamentos filosóficos emergentes nos múltiplos e contraditórios contextos socioculturais, rejeitou qualquer dogma e fetiche, inclusive aquele do tempo. A prova mais coerente e cruel é o suicídio de Carlo Michelstaedter[2] em Florença, em 17 de outubro de 1910, com apenas vinte e três anos, após a entrega de sua tese de láurea em filosofia. Ele argumenta que se a vida histórica é alienação, se o tempo é ilusão à espera da única certeza, a morte no futuro, é covardia acomodar-se na persuasão e na retórica: a libertação do engano encontra-se na negação do tempo, isto é, na escolha da morte no presente. A angústia metafísica do absoluto existencial desemboca em Michelstaedter na autodestruição da existência. Uma

---

1. Congresso da União da Comunidade Israelita Italiana, Roma, Campidoglio, 9 de junho de 1974.

2. Sobre o artista, filósofo e poeta Carlo Michaelstaedter (1887-1910), ver o estudo de Thomas Harrison, *1910: The Emancipation of Dissonance*, Califórnia, University of California, 1996, que trata do grupo de artistas e intelectuais, a maioria de origem judaica e cidadãos do Império Austro-Húngaro, que compartilharam nesses anos o niilismo como filosofia e o expressionismo no campo das artes.

prova *ad absurdum*, paga pessoalmente a sangue frio, racionalmente, por um jovem filósofo judeu; ou como foi escrito: "uma esplêndida heresia pelo anacronismo num mundo que se fez inferior às potencialidades da própria heresia".

Por outro lado, bem antes do caso limite de Michelstaedter, três grandes pensadores – Filon, Maimônides e Spinoza – propuseram mediações sincréticas entre ontologismo e relatividade. Porém, a concepção temporal sempre prevaleceu, pois o judaísmo não é redutível, sob nenhum ponto de vista, a uma concepção espacial. A própria idéia judaica de Deus a nega radicalmente.

O modo como Deus se auto-identifica no primeiro mandamento constitui uma fonte de perene maravilha e perturbação. Entre os inúmeros títulos que se poderia atribuir, Deus escolhe aquele de um cometimento liberador. Não proclama: "Eu sou o senhor teu Deus que criou o universo, o mundo, o homem", mas apresenta-se como o faria o líder de um movimento revolucionário, o chefe de uma brigada partisana que se livrou do cerco de criminosos fascistas. Afirma: "Eu sou o Senhor teu Deus, que te tirou da terra do Egito", de uma condição de escravidão. O passaporte exibido por Deus a Moisés no Sinai é autenticado por um evento histórico preciso: não através de decretos, mas por uma ação; não por um milagre, mas através de um compromisso de luta contra a repressão e o obscurantismo, compromisso temporalizado não somente no sentido cronológico, mas também no dinamismo de seu desdobramento, na revolta contra a injustiça, no caminho íngreme que leva à conquista de um hábito de liberdade.

Suponhamos, todavia, por um instante, que Deus não tivesse sido assim modesto, e tivesse reivindicado, naquele primeiro mandamento, o *copyright* da criação do mundo. Não deixaríamos de nos admirar, pois a própria criação do mundo não constitui uma ação, mas um processo temporal. Por qual razão Deus levou seis dias na criação do mundo e no sétimo repousou? Não estava sujeito a um trabalho por empreitada, poderia fazê-lo com calma, levar quem sabe quinze dias, o que talvez não teria sido de todo inútil, para acrescentar alguns retoques na alma do homem e da mulher. Ou então talvez, visto que no fundo não era somente *um* pai eterno, mas *o* Pai Eterno, poderia ter criado o mundo, senão em vinte e quatro horas, digamos em cinco dias e depois emendado o *weekend*. Apesar disso, fez uso do tempo, não completou sua criação em um só golpe, empenhando-se com esforço, pois de outra forma não teria sentido a necessidade de repousar. Elaborou a obra por etapas sucessivas, isto é, sem partir de um *a priori*, de uma idéia preconcebida e cristalizada. Iniciou-a empiricamente, sem saber exatamente como a terminaria, esboçando-a em seis dias, e em seguida, ao se deter e avaliá-la, possivelmente não estava muito satisfeito. Então, por que não recomeçou desde o iní-

O JUDAÍSMO E A CONCEPÇÃO ESPAÇO-TEMPORAL DA ARTE

cio? Seis dias são insuficientes para reformar o mundo, imagine para criá-lo: por que essa urgência?

Deus, como tal, poderia ter plasmado um mundo perfeito, nítido, incorrupto e incorruptível, onde o homem, condenado ao êxtase, teria bocejado até a náusea, sentindo-se um ser fútil e decorativo, um espectador passivo, inclinado a aplaudir sempre a mesma récita. Ao contrário, Deus agiu como um artista de vanguarda: pintou o quadro pela metade, escreveu metade da partitura, ou se preferirem, três quartos, deixando ao fruidor a tarefa de integrar sua obra, de cooperar com Ele, talvez praguejando quando não consegue captar o desenho, ou desesperando-se ao constatar a sua polivalência e ambigüidade.

Comprometido com uma responsabilidade criativa, e não apenas com a mera contemplação da criação, o modo de vida dos judeus segue o ritmo do tempo. Suas solenidades festivas são marcadas, em grande parte, pelas estações e pelas próprias memórias. Os religiosos identificam no sábado a santificação do tempo, de Deus, da própria existência. "Os sábados são nossas grandes catedrais", afirma Heschel[3], comentando: "o ritual judaico pode ser qualificado como a arte das formas significativas no tempo, como 'arquitetura do tempo'[...] A essência do sábado é absolutamente desvinculada do espaço. Durante os seis dias da semana vivemos sob a tirania das coisas do espaço, o sábado nos coloca em sintonia com a santidade do tempo". "Do mundo da criação", se passa "à criação do mundo". Traduzindo em termos laicos, privilegia-se o crescimento e a transformação em relação ao ser, e a formação em relação à forma como entidade conclusa.

Quanto à história judaica, é supérfluo observar: é antiestética e antiespacial sem termos de comparação. Inicia-se por uma diáspora, o exílio no Egito, e uma imigração em direção à Palestina. A diáspora se repete após a destruição do segundo templo, e continua, ao longo dos séculos, com êxodos dramáticos e sistemáticas tentativas de retorno. Nômades em seus primórdios, e errantes até a realização do sonho de Theodor Herzl[4], no exílio, conforme assinala Nahum

---

3. Abraham Joshua Heschel (1907-1972) é considerado um dos mais importantes teólogos e filósofos americanos modernos. Estudou em Berlim, onde obteve seu doutorado dedicado à "consciência profética", e a partir de 1945, nos EUA, como professor de ética judaica e misticismo no Seminário Teológico Judaico Heschel, dedicou-se ao estudo do pensamento judaico medieval, cabala e hassidismo. As citações feitas por Zevi podem ser encontradas no livro *Les batisseurs du temps*, Paris, Les Éditions de Minuit, 1957, pp. 105-109. Sobre Heschel, podemos encontrar em língua portuguesa o estudo de Emilio Baccarini, "O Homem e o Pathos de Deus", na coletânea organizada por G. Penzo e R. Gibellini, *Deus na Filosofia do Século XX*, São Paulo, Loyola, 1998, pp. 435-445.

4. Theodor Herzl (1860-1904), advogado e jornalista húngaro, considerado fundador do movimento sionista político. Entre seus textos temos *O Estado Judeu*, publicado em 1896 e a novela utópica *Altneuland*, de 1902.

10 ARQUITETURA E JUDAÍSMO: MENDELSOHN

Goldmann[5], "exprime-se, por mais paradoxal que pareça, o caráter específico de nossa história".

É lógico que esta concepção de tempo, assim experimentada e sofrida, tenha tido repercussões determinantes em todas as áreas investigadas por judeus, da matemática até as artes. A consciência do espaço alimenta a idolatria. Aquela do tempo sinaliza a heresia. Os judeus, como tal, rejeitam a estaticidade das coisas e das idéias, e acreditam na transformação e na redenção.

Na arte do mundo antigo a postura iconoclasta é um fato herético: não depende somente da vontade de não reduzir um princípio que não seja representável em seu conteúdo, mas também do juízo sobre a inadequação da forma representativa. As imagens do mundo antigo, especialmente as egípcias, são estáticas. O ideal grego representa o ser de modo absoluto, para além da história, atemporal – não o homem na dinâmica do cotidiano, mas o tipo, ou antes disso, o protótipo humano. Esta arte não era adequada para comunicar a mensagem judaica.

Na arte, o judaísmo opõe-se a três concepções: a) ao classicismo; b) ao iluminismo; e c) ao cubismo analítico.

"Não" ao classicismo porque aposta numa ordem *a priori*.

"Não" ao iluminismo porque propugna concepções universais absolutas e absolutistas.

"Não" ao cubismo porque abstrai-se da matéria, decompõe, sobrepõe e encaixa as formas num processo dinâmico apenas na aparência, pois não diz respeito à gênese própria da forma, mas à montagem de formas.

Ao contrário, o judaísmo na arte aposta no anticlássico, na desestruturação expressionista da forma, rejeita os fetiches ideológicos da proporção áurea e celebra a relatividade; desmente as leis autoritárias do belo e opta pela ilegalidade e pela falta de regras existente na realidade.

Como conseqüência, para o judaísmo a arte não é catártica, no sentido mítico ou evasivo. Ao contrário, como a ciência, é avessa aos mitos de qualquer natureza, transcendentes ou imanentes. Em níveis diversos, Einstein e Freud são dessacralizadores de mitos. Também Schönberg é dessacralizador da oitava, formulando a dodecafonia para, em seguida, também relativizá-la. No campo literário, Kafka; no visual Soutine ou Mendelsohn, desenvolvem substancialmente o mesmo esforço dessacralizador e laico, antimítico, antiidolátrico. O ídolo é o bezerro de ouro, a imensa, interminável, continuamente renovável série de dogmas, axiomas, verdades reveladas, heróis de mármore e retórica, frente aos quais a história judaica é um plebiscito

---

5. Nahum Goldmann, *O Paradoxo Judeu*, São Paulo, B'nai Brith, 1984, p. 15. Goldmann (1895-1982) teve um papel importante na criação do Estado de Israel.

O JUDAÍSMO E A CONCEPÇÃO ESPAÇO-TEMPORAL DA ARTE

de NÃO reiterado com legendário rigor, com incrível tenacidade crítica e, acima de tudo, autocrítica: um sacerdócio do tempo e do desenvolvimento, do comportamento cotidiano, prosaico. "A lição do judaísmo" – disse Heschel num comentário verdadeiramente memorável – "consiste na teologia da ação comum. A Bíblia ressalta que o interesse de Deus é pela existência de cada dia, pelos hábitos da vida cotidiana. O desafio não se encontra na organização de grandes sistemas demonstrativos, mas no modo como utilizamos o espaço comum". Por isto, nosso santuário pode ser uma tenda sob a abóbada celeste, uma arca-"móvel" que segue nosso itinerário: é um templo que se chama *scuola*[6], pois ali se ensina a história, e que pode ser a escola peripatética do nosso errar, enquanto a história se encontra no Livro que está em nós.

Naturalmente, entre religião e arte deve-se colocar uma distância. Para um rabino como Alexandre Safran[7], "o tempo judaico é um tempo sabático", e o judeu "não deve computá-lo como os outros homens, mas de modo diverso, para não cair, devido a um cálculo banal, ou pela falta de cálculo, no desenfreado desejo de viver ou na angústia da morte, ou ainda no descuido ao qual nos induz a apatia da existência [...]". Para o artista é algo distinto. A sua heresia é plena de angústias existenciais, o tempo é uma condição fugidia e consuptível, por vezes um pertencer ao passado e ao futuro sem conseguir ancorar-se no presente. O tempo para o artista não é o tempo sabático, mas aquele da angústia senão da morte, com certeza da própria vida. Para o rabino Simeone[8], "a eternidade era conquistada por aqueles que trocam o espaço pelo tempo" e que, "antes de preencher o espaço com construções, pontes e estradas" entendem que "a solução do problema, mais que na geometria e na engenharia" encontra-se "no estudo e na oração". Para o artista, é completamente distinto: ele não substitui o espaço pelo tempo, mas temporaliza o espaço. Nesse sentido, o artista é mais judeu que o rabino: assemelha-se a Deus, que dividindo o tempo da criação em sete dias o colocou em "íntima relação com o espaço". O bezerro de ouro encontra-se em toda parte, até mesmo no tempo abstrato. Porém o artista, efetivando-o na experiência espacial, o torna concreto e humano.

---

6.   Preferimos deixar o termo na língua original porque a referência neste trecho pode ser tanto em relação ao *Beit Hamidrash*, a casa de estudos, anexa ao Templo, como ao edifício da sinagoga, que na Itália recebe a denominação de *Scuola*.

7.   Alexandre Safran (1910), rabino de Genebra, é professor de filosofia judaica na Universidade de Genebra, autor entre outros textos de *La Cabala*, publicado em espanhol pela Martinez Roca, Barcelona, 1976.

8.   A citação foi retirada por Zevi do texto acima citado de Heschel, p. 147, sendo que o rabino Simeone ao qual o autor faz referência é o rabino Shimon Ben Johai, que viveu na metade do século II na Palestina.

ARQUITETURA E JUDAÍSMO: MENDELSOHN

Alguns exemplos, entre os inúmeros que poderíamos citar. O mais simples e conhecido: o encontro dos dois jovens judeus em *O Jardim dos Finzi Contini*[9]. Os dois jovens se amam virtualmente, mas não chegam a concretizar seu amor, a vivê-lo no espaço. A imaginação tanto do "antes", como do "depois", os impede. Diz o jovem[10]: "Para mim, como para ela, mais que a posse das coisas importavam as memórias, as memórias frente às quais qualquer possessão em si mostra-se ilusória, banal, insuficiente [...]. A minha angústia de que o presente se tornasse 'repentinamente' passado para que pudesse amá-la e admirá-la com vagar, também era a sua. Era este o 'nosso' vício [...]". Isto não ocorre somente na atmosfera crepuscular de um amor juvenil. Até mesmo na relação com o pai se verifica o mesmo fenômeno[11] : "[...] falava como se eu e ele estivéssemos já mortos, e agora, de um ponto fora do espaço e do tempo, discorrêssemos juntos sobre a vida, sobre tudo aquilo que no curso de nossas respectivas vidas poderia ter sido e não foi [...]".

Qual é o "vício" destes judeus que mantêm uma atitude judaica, porém não mais iluminada pela religião? A teologia do cotidiano é travada, as ações tornam-se desvinculadas de um ritual, perdem significado e tensão; reduzidas a pretextos de uma futura evocação, se esvaziam e se paralisam. O espaço não é anulado, mas se torna irreal, suspenso entre um passado não vivido e o pressentimento da morte.

No contexto de Ferrara e, em geral, no italiano[12], não se toca na tragédia. A irrealidade dos vultos alongados de Modigliani não é comparável com a atormentada deformação daqueles de Soutine. Assim, a irrealidade dos personagens de Bassani parece tênue e elegíaca frente àquela dos personagens de Kafka.

Em Kafka explode o contraste entre o condicionamento espacial do homem e o tempo de sua alma alienada. A barreira é insuperável, leva ao monstruoso, ao absurdo, a uma negatividade mais desoladora ainda, pois o judeu, não possuindo o prazer e a condescendência romântica, não pode, sob o aspecto antropológico e intelectual, resignar-se a aceitá-la. Muitos contos de Kafka iniciam por um despertar. Um despertar de sonhos inquietantes, que não significa o embate com a realidade, mas ao contrário é um confronto espantosamente glacial com a irrealidade da condição humana. Apenas desperto, o homem já se encontra sob acusação, processado não se sabe

---

9. Bruno Bassani, *O Jardim dos Finzi Contini*, trad. Sandra Lazzarini, São Paulo, Reara, 1980.

10. *Idem*, p. 167.

11. *Idem*, p. 211.

12. Sobre os autores judeus italianos citados por Zevi, tais como Bassani, Svevo, Saba, Debenedetti, assim como Primo Levi, Natalia Ginzburg, e sua obra frente a sua experiência judaica, ver o livro de H. Stuart Hughes, *Prisoners of Hope: The Silver Age of the Italian Jews 1924-1974*, Harvard, Harvard University, 1996.

O JUDAÍSMO E A CONCEPÇÃO ESPAÇO-TEMPORAL DA ARTE 13

por quais culpas, à espera de uma condenação promulgada não se sabe por qual juiz, num palácio desconhecido e por uma justiça ignorada. Uma completa cilada, um mundo incompreensível, insensato, mas cruelmente organizado segundo engrenagens eficientes, frente às quais nos encontramos desarmados e desumanizados, caminhamos como autômatos remidos apenas por uma ânsia indescritível, alucinante. Se nos conformamos, se esta angústia nos abandona, a metamorfose se faz, o espaço vence o tempo, o homem parasita se transforma verdadeiramente em um inseto repelente e imundo; o processo finda somente porque o acusado foi aniquilado.

Portanto, um despertar doloroso e estéril porque não conseguimos nos reconhecer no espaço e nas coisas. Kafka, por exemplo, visita o gueto saneado, olhando-o sem percebê-lo, uma vez que sobre a nova configuração espacial sobrepõe-se o tempo da memória: "Dentro de nós vivem ainda as esquinas escuras, as passagens misteriosas, as janelas cegas, os pátios imundos, as tabernas ruidosas e as hospedarias fechadas. Hoje passeamos pelas largas ruas da cidade reconstruída, mas nossos passos e olhares são incertos, ainda estremecemos interiormente como nas velhas estradas da miséria. Nosso coração nada sabe ainda da reconstrução efetuada. Dentro de nós, o bairro judeu, velho e insalubre, é mais real que a nova e higiênica cidade ao nosso redor. Despertos, caminhamos em um sonho: fantasmas nós mesmos de tempos passados"[13].

O mundo de Chagall apenas na aparência é oposto ao de Kafka. De fato, é o mesmo mundo onde, não obstante, o absurdo se transmuta em fábula. Também para Chagall o homem vive entre dois sonhos igualmente intoleráveis: aquele do espaço, da aldeia judaica dos casebres, dos *pogroms*, do isolamento e do ódio; e aquele do tempo, dos céus revoltos e desastrosos. O homem não pode viver nem na terra nem no céu, porém com a fantasia dos *chassidim*[14] ele pode provisoriamente ocupar uma zona intermediária, seja acima das tristes choupanas, seja logo abaixo do céu tempestuoso. Nessa zona imaginária e neutra, para além da gravidade da terra e do peso do céu, tudo se encontra em harmonia porque ali se realiza o absurdo: ali estão os burros e os violinos, os relógios de pêndulo e os noivos levantam vôo arrastados pelo vento, sombras já alheias à vida e à morte. Se esta zona intermediária, na qual se inserem os sonhos contrários, chega a falhar, isto é, se acordarmos, então havemos de nos deparar com o quadro *As Portas do Cemitério* [1917], em que o tremor do céu se funde com o da terra. Se lhe falta a transposição para a fábula, o

---

13. A citação pode ser encontrada no livro de Gustav Janouch, *Conversas com Kafka*, trad. de Celina Luz, Rio de Janeiro, Nova Fronteira, 1983, pp. 96-97.
14. Piedosos.

14 ARQUITETURA E JUDAÍSMO: MENDELSOHN

intervalo de Chagall torna-se aquele kafkiano, entre a imputação e a sentença ou a condenação e a execução.

Da mesma forma mas sob outra chave, Saul Bellow, em *O Planeta do Sr. Sammler*[15], não chega nunca a sincronizar-se com este planeta. É um planeta *autre*: mesmo quando Sammler vai a Israel, seu tempo não é absorvido e aplacado no espaço. Acorrendo instintivamente à pátria de seus ancestrais, ali onde se realizou o sonho milenar do retorno, não a reconhece, quase como se fosse tarde demais para as almas feridas dos "justos". Diz Sammler: "As muitas impressões e experiências da vida não pareciam mais colocar-se cada uma em seu devido espaço, numa seqüência, cada uma com sua própria, e reconhecível importância religiosa e estética, mas os seres humanos sofriam"; "sofriam": também Sammler fala do homem de hoje usando o verbo passado, como se fosse um fato transcorrido; "as humilhações da incongruência, dos estilos confusos, de uma longa vida que encerrava diferentes vidas isoladas. De fato, atualmente, qualquer vida singular vem obliterada pelo aluvião da inteira experiência do gênero humano, tornando todas as épocas da história simultâneas, forçando o indivíduo fragilizado a receber, registrar, privando-o com este volume, com esta massa, do poder de imprimir seu próprio desígnio".

O que significam os personagens de Bassani, Kafka, Bellow e os infinitos outros de Werfel, Zweig, Saba, Svevo, Malamud, Salinger e Roth, Babel e Agnon, para não citar Proust e Pasternak? O que significa esta ânsia do tempo, esta angústia existencial, este escavar na memória sepulta ou removida para o inconsciente, que de fato vem a ser aquilo que move a psicanálise freudiana? É de uma evidência elementar: a angústia emana da incerteza, da insegurança. O fator tempo prevalece sobre o espaço porque o homem é um ser desarraigado. Nenhum lugar da terra é imune ao anti-semitismo, nenhum lugar é seguro, nem mesmo a terra de Israel. Talvez por isso, o termo "lugar" [*Ha-Makom*][16], em hebraico, é freqüentemente atribuído a Deus, o que na filosofia grega seria inconcebível.

Atordoado entre duas irrealidades, oscilando entre os fantasmas do sonho e os pesadelos cruéis de uma realidade ainda mais indecifrável e estranha, o artista judeu atormenta-se na própria solidão, lacerando a matéria e as ideologias. Somente em circunstâncias excepcionais, quando a tragédia judaica cruza-se com a da humanidade, o seu brado reprimido pode explodir nas praças. Acontece com Zadkine no *Monumento ao Martírio da Cidade Destruída*, em Rotterdam, um grito de horror frente às atrocidades perpetradas pelos carrascos nazistas, injúria espasmódica contra o céu. Somente

15. Saul Bellow, *Mr. Sammler's Planet*, Penguin, 1996.
16. Ver nota na introdução.

O JUDAÍSMO E A CONCEPÇÃO ESPAÇO-TEMPORAL DA ARTE

nesses raros momentos, durante a Resistência e nos movimentos revolucionários, quando se partem os mitos e da opressão brota a revolta, os judeus são como os outros: somente nas emergências, quando desastres imensos desalojam a humanidade dos refúgios da vilania e da hipocrisia.

Por outro lado, o intelectual, e mais ainda o artista judeu, vive num estado de incomunicabilidade, sofrendo todas as conseqüências interiores. Não pode se iludir, não pode acreditar nos mitos, nem mesmo naqueles mais hipnóticos e fúlgidos, nem mesmo no iluminismo, e o que é mais grave, nem mesmo na cultura. Não se pode compreender a contribuição do judaísmo na arte prescindindo-se de tal contexto.

O iluminismo, a idéia universal da igualdade, da paridade dos direitos, da liberdade, não deveria ter dado segurança aos judeus? Quantos deles a abraçaram, quantos judeus combateram por esta idéia! Foram necessários os campos de extermínio para que Adorno especificasse como o iluminismo pode desembocar logicamente no nazismo. "Não existe nenhuma diferença entre o animal totêmico e a idéia absoluta [...] o mito já é iluminismo e o iluminismo volta a reverter-se como mitologia [...]. O iluminismo remete às coisas, como o ditador aos homens: reconhecendo-os enquanto se encontra em condição de manipulá-los. A abstração, instrumento do iluminismo, opera com seus subordinados como o destino do qual elimina o conceito: para liquidá-los [...]. A imanência positivista pura, seu produto final, não é mais que um tabu por assim dizer universal: nada mais pode existir além dele, pois a mera idéia de um além é fonte de angústia" diz Adorno[17]. Ora, os judeus, sobretudo os artistas judeus, encontram-se sempre "além", papel de tornasol, testemunhas de como as piores iniqüidades podem mascarar-se em abstrações ideológicas. Como acreditar nos aclamados princípios da justiça e da democracia quando eles se vêem suprimidos à primeira chantagem do petróleo? Como acreditar nos mitos da esquerda, no *pas d'ennemis à gauche*, frente ao espetáculo do anti-semitismo na União Soviética? Nem mesmo na autonomia da cultura pode-se acreditar, tendo-a visto humilhada e submetida ao poder.

Nenhum artista judeu, na realidade nenhum artista, judeu ou não, todavia investido da mensagem judaica, pode esquecer aquilo que escreveu George Steiner em *Linguagem e Silêncio*[18], a propósito da cultura alemã durante o regime hitlerista:

17. T. W. Adorno & M. Horkheimer, *Dialética do Esclarecimento: Fragmentos Filosóficos*, trad. de Guido Antonio de Almeida, Rio de Janeiro, Jorge Zahar, 1997, pp. 27-29.

18. George Steiner, *Linguagem e Silêncio*, trad. de Gilda Stuart e Felipe Rajabally, São Paulo, Companhia das Letras, 1988.

16 ARQUITETURA E JUDAÍSMO: MENDELSOHN

O grito da gente assassinada era audível desde a Universidade, o sadismo descia pelas ruas, saindo dos teatros e dos museus [...]. As idéias de evolução cultural e de racionalidade intrínseca, sustentadas desde os tempos da Grécia antiga e ainda intensamente válidas no historicismo de Marx e no autoritarismo estóico de Freud (dois comentaristas tardios da civilização greco-romana), não podem mais serem sustentadas com segurança [...].Agora sabemos que um homem pode ler Goethe ou Rilke à tarde, pode tocar Bach e Schubert e depois, na manhã seguinte, retornar ao seu trabalho em Auschwitz [...]. De que modo este conhecimento pesa sobre a esperança de que a cultura seja uma força humanizadora, que as energias do espírito sejam transferíveis àquelas do comportamento? Não se trata somente do fato de que os instrumentos tradicionais da civilização – universidade, arte, livros – não conseguiram opor uma resistência adequada à bestialidade política: muitas vezes eles foram levados a acolhê-la, a celebrá-la.

Não devemos nos espantar se, neste panorama, o judaísmo tenha se manifestado na arte preferencialmente pelo veio expressionista. O expressionismo era o único movimento com a intenção de demolir todos os tabus estéticos e lingüísticos sem imeditamente reconstruir outros, capaz de zerar, cônscio de uma operação aparentemente negativa e demolidora, e efetivamente demolidora, de ídolos e bezerros de ouro; porém foi o único movimento que teve a coragem de desestruturar sem reestruturar, de temporalizar não com a finalidade de alcançar uma visão espacial alternativa, mas excluindo qualquer uma delas.

Confirmam isso as pinceladas inflamadas de Chaim Soutine. "Ele pinta por instinto sem se preocupar com correntes artísticas [...]" escreve Mario De Micheli[19].

É obsessivo em relação às imagens nas quais derrama convulsivamente suas fantasias, seus presságios de destruição. O vermelho domina suas telas, um vermelho quente, denso como sangue venoso, um vermelho púrpura que arde como uma febre. E junto com o vermelho, o verde ora de mofo e ora de luxuriante florescência vegetal. E entre os vermelhos e verdes, às vezes, um branco deslumbrante, um amarelo, um azul. Ele pinta as carnes esquartejadas dependuradas nos ganchos dos açougues, os frangos depenados em sua nudez um tanto obscena que contempla por sobre os mármores das vendas. Esta carne esquartejada, estes pobres, indefesos, impudicos animais, abatidos e colocados à mostra, adquirem um valor emblemático. Há neles como que uma remota recordação das matanças perpetradas nos guetos, da mísera gente sacrificada. Como em Segal[20] [Segall], também em Soutine aflora a tristeza secular do próprio povo perseguido. Assim, nos jovens que pinta, nos coroinhas, nos rapazolas de hotéis, encontra-se a ternura infinita, lancinante, pela frágil inocência exposta aos golpes do destino.

O movimento da matéria e a contorção das faces em semblantes atormentados, certamente não são mais que o fruto da condição e da ética do desarraigamento. E não se dá somente no terreno do conteúdo psicológico e formal, mas na própria base comunicativa, isto é, na linguagem.

19. Mario De Micheli, *As Vanguardas Artísticas*, trad. de Pier Luigi Cabra, São Paulo, Martins Fontes, 1991, p. 122.

O JUDAÍSMO E A CONCEPÇÃO ESPAÇO-TEMPORAL DA ARTE   17

Sob essa perspectiva, é sintomática a observação de Kafka a propósito do iídiche[21], pelo qual se exprime grande parte do teatro, da melodia, do humor e da auto-ironia da arte judaica. Ele nota que

(o iídiche) não chegou a formar ainda estruturas lingüísticas precisas como seriam necessárias. As suas expressões são breves e nervosas. Não há gramática. Alguns amadores tentam escrever gramáticas, mas o iídiche vem sendo falado sem interrupção, eternamente irrequieto. O povo não cede aos gramáticos.

O discurso de Kafka poderia estender-se à toda a arte judaica:

O iídiche se compõe somente de palavras estrangeiras. Estas, porém, não se acomodam em seu seio, mas conservam a urgência e a vivacidade com as quais foram acolhidas. O iídiche é percorrido de um extremo a outro pelas migrações dos povos. Tudo aquilo, alemão, judaico, francês, inglês, eslavo, holandês, romeno e até latino [...] é preciso uma certa energia para manter unidas várias línguas dessa forma [...]. E assim, nessas estruturas lingüísticas, empastadas pelo arbítrio e por normas fixas, afluem ainda os dialetos, pois o iídiche não é composto senão por dialetos, incluindo-se a língua escrita[22].

Na mesma clave, poder-se-ia conduzir uma análise da música de Gustav Mahler, grandiosa antologia de fragmentos, magma de contaminações lingüísticas, de cantos populares e comentários eruditos, de etimologias turvas e espúrias, sátiras, gracejos, marchas fúnebres, sons da natureza, um conjunto de tesselas – mosaicos – que eludem a visão de qualquer desenho, feito de empréstimos, anacronismos e invenções, arte aristocrática e *kitsch*, em uma montagem aleatória, irredutível a estruturas sintáticas e gramaticais. Uma *bricolage* por demais composta, na qual se encontram todos os temas exceto o dos heróis nibelungos, substituído pelo tema da morte das crianças.

Arnold Schönberg representa o judaísmo na arte mais do que Mahler e Bloch, talvez mais ainda do que qualquer outro espírito criativo em qualquer outro campo da arte. Aquilo que denominou "emancipação da dissonância" permanece como sua contribuição fundamental, uma descoberta de incalculável importância que se

---

20. No texto original de Zevi, o nome de Lasar Segall (1891-1957) está notado com um único "l", porém, como se trata de uma citação de De Micheli, achamos por bem acrescentar o "l" que estava faltando ao nome desse pintor de origem russa, radicado no Brasil.

21. O iídiche é o dialeto utilizado pelos judeus originários da Europa Oriental.

22. O texto acima pode ser encontrado no trabalho de Giuliano Baioni, *Kafka Letteratura ed Hebraismo*, Torino, Giulio Einauidi, 1984, p. 55, e faz parte do "Rede über die jidische Sprache" (Discurso sobre a Língua Iídiche), que Kafka preparou como introdução ao recital de seu amigo, o ator Itzchak Löwy, em fevereiro de 1912, na sede da comunidade judaica de Praga. Conforme Baioni, o texto apresenta como referência o estudo de Meyer Isser Pines, *Histoire de la littérature judéo-allemande*, além das leituras em iídiche feitas juntamente com Löwy.

encontra na base de qualquer pesquisa artística moderna, para além de qualquer manifestação atual e ampla de pensamento e atuação. Emancipar a dissonância significa eliminar as últimas escórias do iluminismo e do neoclassicismo e, portanto, libertar-se não somente dos gigantescos aparatos sinfônicos e operísticos, da *grande maniera* do romantismo tardio orquestral, mas também da tonalidade, de tudo que esta pressupõe de hierárquico e autoritário em relação ao "antes" e ao "depois". Não é necessário uma interpretação simbolista para se compreender que a emancipação da dissonância coincide com a emancipação do povo judeu, o elemento dissonante mais hostilizado, odiado, escarnecido e lesado da cultura humana. No momento em que Schönberg demonstra que "uma música sem constante referência a uma tônica" é compreensível e encontra-se "em condições de produzir sentimentos e estados de ânimo, de provocar emoções, e não é despojada de alegria e humor"; no momento em que as dissonâncias não são mais exceções ou "condimentos picantes" da consonância mas oferecem um organismo lingüístico alternativo, autônomo e vital, ele realiza uma revolução de estatura mosaica.

Ele a conduz com extrema coerência, melhor que Kafka, Soutine e Chagall, melhor que Einstein e Freud, pois não se limita a constatar as duas irrealidades que tornam impossível a vida humana, visto que não busca um compromisso plausível, mas, a partir de um estado estrutural de contradições, demonstra a absoluta legitimidade e, mais ainda, a sua validade comunicativa. Idealmente, a emancipação da dissonância reintegra os judeus na comunidade dos povos, uma vez que destrói as incrustações acadêmicas e formalistas que os haviam excluído até esse momento. Efetua-se a níveis múltiplos, do atonalismo alucinado, do "registro sismográfico dos choques traumáticos", como disse Adorno, ao rigor serial, despido de qualquer sensualismo sonoro, dos timbres mais exasperados e martelados àqueles pálidos e breves; do espaço sonoro "multidimensional" à "música radical".

Deveríamos citar Segal [Segall], Werfel, Brod e Zweig e muitos outros artistas, o folclore e a dança judaica e israelense; e ao menos indicar os conceitos einstenianos da "extensão espacial" e do "campo", bem como o conceito freudiano da coexistência das sucessivas fases da evolução psíquica. Mas sondemos uma área mais complexa e desconhecida: a arquitetura.

O tema "Judaísmo e Concepção Espaço-Temporal na Arquitetura" é particularmente interessante, pois induz a desmentir qualquer outro equívoco de ordem étnica e antropológica, para não dizer racial. Por outro lado, este ensaio não se intitula "Os Judeus e a Concepção Espaço-Temporal na Arte", mas "Judaísmo e Concepção Espaço-Temporal", sublinhando assim que o judaísmo, especialmente

O JUDAÍSMO E A CONCEPÇÃO ESPAÇO-TEMPORAL DA ARTE   19

na arte, extrapola o âmbito do povo judeu. A mensagem judaica influencia muitos artistas que não são judeus: isto se evidencia na arquitetura, sendo pouquíssimos os arquitetos judeus na história.

O problema espaço-tempo é mais dificultoso em arquitetura[23], visto que por milênios o homem sentiu pavor não somente do tempo, mas também do espaço, do vazio, da cavidade, ou seja, do elemento específico representativo da arquitetura. Por milênios, desde a préhistória até o Pantheon, o espaço foi sentido como negatividade, e o homem construiu monumentos e templos neles privilegiando o aspecto plástico, escultórico, de grandes dimensões, e descuidando ou reprimindo o conteúdo. A consciência espacial nasce com extremo atraso na história e na experiência humana: ainda hoje a maior parte das pessoas, mesmo as cultas, não tem nenhuma sensibilidade espacial, detendo-se no invólucro, na caixa construída, sem "ver" o espaço.

Quando, com o Pantheon, o espaço finalmente conquista um reconhecimento artístico, trata-se de um espaço estático, esférico, fechado, imóvel, que se fecha em relação a qualquer contato com o externo, de modo que é iluminado somente por um óculo no alto. O fator tempo é totalmente ignorado. O tempo começa a influir na arquitetura no período romano tardio, quando a arte não é mais monopolizada pela plástica helênica, acolhendo as maneiras orientais da "narração contínua". As narrativas "filmadas" das colunas de Trajano e Antonino as consagram na escultura.

Como ocorre este retorno na arte romana tardia? Quais as fontes orientais que a determinaram? Eis aqui uma questão ainda em aberto. É certo que as pinturas e os mosaicos judaicos descobertos nos últimos decênios são concebidos como seqüência, transpasse imediato, entrelaçamentos entre uma forma e outra, isto é, como uma narração contínua, cinética, temporalizada. São atribuídos à metade do século III, mas demonstram uma tal perícia e maturidade de linguagem que tornam plenamente legítima a hipótese de ciclos precedentes como fontes de inspiração para o romano tardio. De qualquer modo, indicam a escolha judaica; não à imagem imóvel, estática, clássica, pro-

---

23. Os parágrafos que se seguem são exemplares quanto ao procedimento crítico de Zevi como historiador da arquitetura, podendo ser aprofundados pela leitura do texto "Periodizzazioni, Termini e Criteri Storiografici", parte integrante da coleção *Controstoria e Storia dell'Architettura*, vol. I, Roma, Newton & Compton, 1998, pp. 18-43, no qual Zevi propõe um método de leitura arquitetônica, desde o paleolítico até o movimento moderno, a partir de sete princípios, ou anti-regras, cuja simples nominação, nos permite reconhecê-los não somente como instrumental, mas como parte do próprio universo temático zeviniano, como é o caso do princípio do espaço temporalizado, da assimetria e da dissonância, da tridimensionalidade antiperspectiva que leva ao estudo da obra expressionista de Erich Mendelsohn ou Hans Scharoun, ou da decomposição quadridimensional exemplificada pela obra de Mies van der Rohe, assim como o princípio da continuidade entre edifício, cidade, paisagem e território.

20 ARQUITETURA E JUDAÍSMO: MENDELSOHN

porcionada e naturalística; sim à narrativa histórica, expressionista e dinâmica.

Em arquitetura, uma concepção temporalizada, não espacial num nível metafísico, atua em um único período: nos tempos das catacumbas judaicas e cristãs. Naquele tempo, percursos subterrâneos ao longo de dezenas de quilômetros, sobrepostos e entrelaçados sem qualquer desenho geométrico, corriam minando as próprias bases da cidade romana que ficava acima, toda ela monumental, espacial e estática. A cidade divina, do tempo, torna-se subterrânea para fazer sobressair aquela terrestre. A arquitetura deixa de ser espaço: torna-se viático, itinerário, caminho sem destino.

Assim que a Igreja triunfa, incumbindo-se da herança das instituições romanas, realiza-se o compromisso entre a componente hebraica e o mundo greco-romano. A basílica cristã, em antítese à romana, organiza seus elementos em função do percurso do homem, isto é, revoluciona o espaço estático romano, mas limitadamente, pois o movimento é unidirecionado desde a entrada ao altar e todas as estruturas arquitetônicas nas laterais desse eixo são substancialmente clássicas, espaciais.

Desde aqueles séculos em diante, a história arquitetônica é a história da luta em torno da liberação do espaço de sua estaticidade a fim de temporalizá-lo. Como é sabido, são etapas fundamentais dessa luta o espaço dilatado do mundo bizantino, os contrastes direcionais da catedral gótica, as envasaduras assimétricas, os circuitos, a simbiose entre os edifícios, praças e ruas da civilização medieval, a dinâmica urbana e os espaços comprimidos ou dilatados do período barroco.

O conflito entre tempo e espaço é o conflito entre liberdade e constrição, entre inventividade e academia; em termos lingüísticos entre *paroles* (palavras) e *langue* (língua); em termos psicanalíticos, entre o ego e o superego, e em termos sociais entre estrutura e superestrutura. Os bezerros de ouro reaparecem continuamente; as ideologias espaciais retornam com o Renascimento e são combatidas pelo maneirismo, sobretudo por Michelangelo, quando na colina do Capitólio teve a incrível coragem de conceber uma praça trapezoidal, em antítese à perspectiva, comprimindo e achatando o espaço, sugando-o como redomoinho a fim de energizá-lo. Os bezerros de ouro reaparecem após Michelangelo e são vencidos por Borromini, retornam com o neoclássicismo e são queimados pelo movimento moderno. O expressionismo arquitetônico encontra seu maior expoente em Erich Mendelsohn, cujos edifícios e visões parecem desprender-se de um movimento telúrico como matéria em ebulição, vulcânica, que brota da terra elevando-se com força própria, surpreendida no instante da sua dramática autocriação. Nesse momento, o judaísmo encontra um arquiteto judeu. Todavia, a maior parte dos arquitetos judeus não segue de maneira alguma a concepção tempo-

O JUDAÍSMO E A CONCEPÇÃO ESPAÇO-TEMPORAL DA ARTE 21

ral, as cidades israelenses são quase todas racionalistas, enquanto a mensagem judaica atinge seu ápice na obra do gênio máximo da história arquitetônica, o não judeu: Frank Lloyd Wright.

Um historiador da arte americana, Norris Kelly Smith[24], procurou explicar a natureza do gênio de Wright com base no confronto entre o pensamento hebraico e o pensamento grego. Basicamente, Smith adapta à arquitetura as questões colocadas por Thorlief Boman no seu livro, *Hebrew Thought Compared with Greek*. Duas visões de mundo e comportamento: o israelita, afirma Boman, "dinâmico, vigoroso, apaixonado e freqüentemente explosivo", e o helênico "estático, pacífico, moderado e harmonioso".

Sob a ótica grega, o mundo israelita é "exagerado, descomedido, discordante e de mau gosto"; sob a ótica israelita, o mundo helênico parece abstrato e alienante, impessoal, pretensiosamente analítico, lógico e racional em tudo, a não ser no mais importante, isto é, na raiz dos problemas, os assuntos das inferências. Para a mentalidade grega importa o ser como conceito, mesmo que fixo e imóvel. Para a mentalidade israelita, um tal ser não é uma "não entidade", pois um ser sem movimento não existe. Do mesmo modo, a casa ou o templo: para os gregos significa o objeto-casa ou o objeto-templo, o edifício; para os judeus significa o objeto fruído, o morar ou o lugar de reuniões. Como conseqüência, a arquitetura inspirada no pensamento helênico baseia-se nas ordens das colunas, nas proporções, nos entablamentos, em uma visão compositiva segundo a qual nada se pode acrescentar ou subtrair, definitiva; enquanto uma arquitetura baseada no pensamento judaico é exatamente o oposto, é uma arquitetura orgânica, viva, modulada segundo as necessidades dos usuários; capaz de crescer e se desenvolver, livre de qualquer tabu formal, da simetria, dos alinhamentos, das relações entre cheios e vazios, das regras perspectivas, enfim, uma arquitetura cuja única lei, cuja única ordem é aquela da transformação.

Boman, analisando as passagens da Bíblia dedicadas às edificações, observa que ali não se encontra uma única descrição com uma aparência, por assim dizer, "fotográfica" do objeto acabado. A arca de Noé é documentada em cada etapa e a cada detalhe de sua construção, porém, nem uma só palavra sobre sua imagem visual como um todo. A arquitetura apresenta uma importância não pela sua imagem, mas por conta de seu uso. Um espaço não utilizado pela comunidade, como encontramos nos templos egípcios e na cela do templo grego, é inconcebível para os judeus. De fato, quando o pensamento judaico ou bíblico influencia a arquite-

---

24. Norris Kelly Smith, *Frank Lloyd Wright. A Study in Architectural Content*, New Jersey, Prentice-Hall, 1966, pp. 36-44.

tura nos primeiros séculos do cristianismo, ocorre uma operação revolucionária: a cela secreta reservada às estátuas dos deuses e sacerdotes, não usufruída pelo público, é escancarada. As colunas que cingiam, que encerravam os templos helênico-romanos, são reconduzidas ao interno e acompanham o percurso humano. O espaço não somente domina o invólucro plástico, induzindo-o à sua própria conformação: esse espaço é temporalizado.

Wright, como sabido, detestava a arquitetura grega nos seus conteúdos e formas. Vislumbrava suas deletérias conseqüências na retórica neoclássica importada pela Escola de Belas Artes de Paris, na qual foram formados os grandes arquitetos americanos. Protestante de seita unitária, filho de um sacerdote, tinha um profundo conhecimento da Bíblia. Refutando qualquer comércio, qualquer intercâmbio dialético com a academia, "é o primeiro", disse Smith, que investe o campo arquitetônico do pensamento judaico, condicionado por "dois mil anos de pensamento grego romano". Contra uma concepção do ser imperturbável e superestrutural, ele contrapõe uma consciência da vida plena de riscos, psicologicamente engajada, exultante, uma consciência que privilegia o homem sobre as coisas. A célebre "casa da cascata" e a helicoidal expandida do Museu Guggenheim de Nova York representam a vitória do tempo sobre o espaço, isto é, a encarnação arquitetônica do pensamento judaico, tanto mais significativa porque foi realizada por um não judeu.

Como a música de Schönberg, a arquitetura de Wright baseia-se na polaridade lingüística, na dissonância emancipada, na contradição, ao mesmo tempo expressionista e rigorosa, que sublinha o conceito de Einstein de "campo"; ela é multidimensional, celebra o espaço demolindo seu fetiche e seus tabus, isto é, fluidificando-o, articulando-o segundo os percursos humanos, tecendo um contínuo entre edifício e paisagem. No terreno lingüístico ela completa a desestruturação da forma, a negação de qualquer a priori filosófico e de qualquer monumentalidade repressiva: arquitetura de ação, destinada a sempre conquistar maiores âmbitos de liberdade na conduta humana.

Heschel reconhecia que "viver com retidão é como uma obra de arte, o produto de uma visão e de uma luta com as situações concretas". A arte não é mais do que a vida em extrema tensão; Max Brod dizia: viver só é "possível graças a uma tensão quase sobre humana". O judaísmo depura esta tensão de qualquer conotação idolátrica e falso heroísmo, conformando-a ao cotidiano. Porém o cotidiano exige uma vigilância contínua e uma constante renovação, enfim, uma consciência temporalizada da história e dos costumes.Escreve Einstein: "O conhecimento somente da verdade não basta [...]. É como uma estátua de mármore que se ergue no deserto estando sob a contínua ameaça de ser sepultada pela areia. Os operários de plantão devem estar sempre alertas para que a estátua possa resplandecer ao sol para sempre [...]". É estranho que um cientista judeu compare a verdade a uma estátua e não a um livro. Mas é o que ocorre. Também o Livro se encontra sob a contínua ameaça de ser sepultado pela areia da idolatria. Por isso somos os operários de plantão.

Fig. 1. Chaim Soutine, *Carcassa de Boi* 1926).

Fig. 2. Ossip Zadkine: Monumento à Cidade Destruída, Roterdam (1940-1943).

Fig. 3. Marc Chagall: *À Rússia, aos Asnos e aos Outros* (1911).

2. Marxismo e Judaísmo

Comemoração do dia 16 de outubro de 1943. Discurso
pronunciado no Campidoglio, em 18 de outubro de 1976.

Em 17 de março de 1944, quase seis meses após a data que comemoramos, e dezessete dias antes da matança nas Fossas Ardeatinas, um estudante de arquitetura, Giorgio Labò, foi trucidado pela SS alemã, no Forte Bravetta. Responsável pela fabricação de explosivos dos Gap, descoberto enquanto, juntamente com seu companheiro, Gianfranco Mattei, fabricava explosivos para a resistência romana em um laboratório improvisado na rua Giulia 43-A, foi levado para a prisão da rua Tasso, cela número 31, no quinto andar. Durante o trajeto, avistando casualmente pela rua um amigo, ele gritou: "Telefona para Argan, para que avise meus pais". O pai, que veio de Gênova, não conseguiu chegar a tempo de rever Giorgio, o filho único. Consultou dom Antonio Soranno, o capelão que assistia às execuções nazistas, e este tirou do bolso um bloco de anotações no qual estava escrito aquilo que o jovem lhe havia dito poucos instantes antes de morrer.

Labò, Giorgio di Mario
n. em Modena em 29 de maio de 1919
estudante de arquitetura
ir à casa do Prof. Argan, Rua Giacinto Carini 66
Monteverde, linha 129
pedir-lhe para informar a família
que ele morreu com a maior serenidade

28 ARQUITETURA E JUDAÍSMO: MENDELSOHN

Inicio com este episódio por que ele relaciona a luta partisana àquela da arquitetura e da arte moderna, a política com a cultura, em uma convergência que Elio Vittorini identificava somente nos períodos revolucionários. O fato de que hoje a tragédia de 16 de outubro esteja sendo lembrada no Campidoglio somente é possível porque o prefeito de Roma é o mesmo homem a quem Giorgio Labò pedia que comunicasse o seu desaparecimento aos pais: ele reflete de modo pleno e emblemático o salto ético qualitativo conseguido pela administração da cidade, da qual os judeus são os mais antigos habitantes.

Muitas vezes percorri o gueto de Roma – escrevia Gregorovius em 1853 – e sua população me parece, entre as ruínas da cidade, digna de observação, talvez mais: a única ruína ainda viva [...]. Um povo judeu não obstante vivo e não destruído que suplica ao antigo Deus de Jerusalém. Esse Deus era, portanto, mais poderoso que o Júpiter Capitolino.

A nossa é, de fato, uma comunidade atípica, não "errante", como a maioria das comunidades judaicas do mundo, mas arraigada há séculos, ou melhor há milênios, nesses lugares, nesses contextos sociais, de cujas liberdades civis representa o barômetro. Minoria religiosa tenazmente fiel às tradições, porém substancialmente laica em relação às superstições idolátricas que a circundam, os judeus, entre condicionamentos esmagadores e misérias abissais, tiveram e têm uma única vantagem: não necessitam de nenhum esforço para reconhecer o nível de intolerância ou de democracia alcançado na cidade e no país, pois qualquer posição dogmática, qualquer ideologia totalitária, seja esta pagã ou católica, iluminista ou a materialista mais vulgar, os fere diretamente e tende a aniquilá-los. Não têm escolha, nem outras alternativas válidas, oferecem-se como um coágulo contra o qual investe com repetida crueldade, automaticamente e sem possibilidade de salvação, qualquer movimento reacionário ou liberticida, um microcosmo que antecipa, no seu desconforto e na sua dor, as lacerações e os sofrimentos de toda uma comunidade. São os primeiros a pagar: os 1 259 judeus romanos deportados em 16 de outubro – 363 homens e 896 mulheres e crianças, dos quais somente 14 homens e uma mulher retornaram – anunciam a atmosfera criminosa da ocupação nazista. Os seis milhões de mártires dos campos de extermínio representam de forma reduzida, embora em proporções anormais e macroscópicas, as dezenas de milhões de mortos da Segunda Guerra Mundial, assim como os 73 judeus dentre os 335 assassinados nas Fossas Ardeatinas.

Não relembrarei os eventos espectrais de setembro-outubro de 1943, pois estão completamente documentados em textos e livros. A extorsão de 50 kg de ouro, os dias 26-28 de setembro; a invasão dos escritórios da Comunidade, o saque dos registros, dos materiais de arquivo, além dos dois milhões de liras no dia seguinte; o saque à sua

MARXISMO E JUDAÍSMO

biblioteca e à escola rabínica perpetrado logo após; e finalmente o saque atroz, o cerco ao gueto às 5 da manhã por obra das divisões especiais da polícia alemã, especialmente enviadas de Berlim, os algozes lançados por entre as casas do bairro para arrancar à força os habitantes, enquanto outros militares hitleristas capturavam os judeus residentes também nas zonas afastadas do Pórtico de Otávio, as cenas de tormento, de brutalidade, de violência infame que se multiplicaram numa agitação crescente nos meses de ocupação, durante os quais os deportados elevaram-se a 2 091. Esses e outros dados encontram-se relatados nas páginas de numerosas publicações, que são lidas a cada vez com assombro e horror, pois descrevem com nomes, sobrenomes, endereços, instante a instante, uma vicissitude delituosa que se encontra além do limite da credibilidade e da imaginação. O pesadelo de 16 de outubro e das Fossas Ardeatinas supera a dimensão do tempo. Mesmo à distância de 33 anos, cada um de nós identifica-se com os desaparecidos, pasmo e atônito com a sorte inexplicável que os separou do destino de seus irmãos. Ao menos em relação à minha geração, a de Giorgio Labò, somos e nos sentimos sobreviventes acidentais, o que nos induz a viver na desesperada tentativa, quase culposa, de substituir com nosso esforço qualquer uma daquelas vidas perdidas.

O tempo talvez jogue exatamente em sentido contrário ao que se poderia prever: torna aquelas lembranças sempre menos críveis, de modo a exigir uma integração fantástica, evasiva poeticamente. Seria interessante constatá-la examinando a intensidade do envolvimento e da adesão ao ocorrido pelo relato dos escritores que reconstruíram a jornada de 16 de outubro. Me limitarei a citar dois exemplos bem conhecidos, que representam talvez os polos extremos do diorama ótico e evocativo. O primeiro, obviamente, refere-se a Giacomo Debenedetti[1], sutil crítico literário, cuja estatura, apesar de tardiamente, é hoje reconhecida até mesmo nos ambientes acadêmicos que com insolência negaram seu reconhecimento. Debenedetti registra[2]:

---

1. Giacomo Debenedetti (1901-1967), autor e crítico literário, contribuiu para diversas publicações literárias entre os anos vinte e trinta, sujeitando a obra de Croce e De Santis a penetrantes análises, e divulgando a obra dos escritores Carlo Michelstaedter, Umberto Saba e Italo Svevo, aos quais sentia-se ligado por sua herança judaica e postura em relação aos problemas contemporâneos. Apesar de totalmente assimilado, Debenedetti foi perseguido pelos nazistas, escapando por pouco da deportação. Como Zevi, proclamava a necessidade do comprometimento, do criticismo não conformista e do engajamento político. Sobre Benedetti vale a leitura da sensível introdução escrita por Eugenio Montale especialmente para sua obra *Il Romanzo del Novecento*, Milão, Garzanti, 1989.

2. Giacomo Debenedetti, *16 ottobre 1943*, introdução de Alberto Moravia e nota introdutória de Natalia Ginzburg, Palermo, Sellerio, 1993, pp. 46-63. O texto foi editado pela primeira vez em 1945.

30 ARQUITETURA E JUDAÍSMO: MENDELSOHN

Ao longo das calçadas, os alemães, cerca talvez de uma centena. No meio da rua encontravam-se os oficiais que dispuseram sentinelas armadas por todos os lados [...]. As filas eram impelidas em direção à edificação sem atrativos das antigüidades e belas artes, que surge na esquina do Pórtico de Otávio defronte à rua Catalana, entre a Igreja de São Ângelo e o Teatro Marcelo. Aos pés da construção, alguns metros abaixo da rua, estende-se uma pequena área de escavações, atulhada de ruínas. Dentro desta fossa eram recolhidos os judeus e colocados em filas, aguardando o retorno dos três ou quatro caminhões que faziam o percurso entre o gueto e o local onde fora fixada a primeira etapa [...]. Os caminhões abaixavam a lateral direita e o carregamento começava. Os doentes, os aleijados, os relutantes eram apressados por insultos, berros e empurrões, espancados com as coronhas dos fuzis. Um paralítico em sua cadeira é literalmente lançado sobre o caminhão, como um móvel sem uso sobre um furgão de mudança. Quanto às crianças, arrancadas dos braços maternos, sofriam o mesmo tratamento que se dá aos malotes quando nos correios prepara-se o transporte. E os caminhões partiam, nem se sabia para onde, porém seus retornos periódicos, sempre os mesmos, faziam supor que não se tratava de um local muito distante. E isso para os "raptados" poderia quem sabe acender uma espécie de esperança. Não nos mandam para fora de Roma, nos deixarão ficar aqui para trabalhar [...].Assim, a investida se abateu até por volta das 13. Quando chegou ao fim, pelas ruas do gueto não se via viv'alma, ali reinava a desolação da Jerusalém de Jeremias [...].No alvorecer da segunda-feira os raptados foram conduzidos à estação de Roma-Tiburtino, onde foram despachados em vagões de animais que por toda a manhã permaneceram sobre trilhos de espera [...].O comboio se moveu às 14. Uma jovem que vinha de Milão para juntar-se aos seus pais em Roma conta que, em Fara Sabina (porém mais provavelmente em Orte), cruzou com os "vagões chumbados" de onde vinham vozes como que do Purgatório. Das grades de um daqueles vagões pareceu reconhecer sua parente. Tentou chamá-la, porém um outro rosto se aproximou da grade acenando-lhe para calar-se. Esse convite ao silêncio, para não mais tentar reconduzi-los ao convívio humano, é a última palavra, o último sinal de vida que deles nos chegou.

Para um temperamento como o de Giacomo Debenedetti, delicadíssimo, proustiano, sensível até a dor às cadências e sons verbais, escrever frases e páginas assim ásperas, quase neo-realistas, deveria implicar um esforço imenso, uma violência inibitória sobre si mesmo. Porém, não havia outro modo de narrativa para os dias que se seguiriam àquela data terrível. Depois de Auschwitz não há mais lugar para a poesia, dizia Adorno, e Debenedetti parecia evocar suas teses: depois de 16 de outubro não havia mais lugar para a literatura. Não é mais nem o tempo de conferir à crônica uma densidade histórica, e francamente repugna formular hipóteses para uma leitura através de filtros estetizantes.

A distância de algumas décadas, o dia 16 de outubro transforma-se na "La Storia", de Elsa Morante, fábula macabra, irrealidade desatinada. Ida, a protagonista do romance, apreende que "dos quarteirões do gueto, inteiramente esvaziado de toda carne judia, nada restou senão o esqueleto".

Sente-se aterrorizada mas

os seus medos contraditórios perseguiam por fim um cometa misterioso, que a convidava em direção aos judeus: prometendo-lhe lá embaixo, no fundo de uma mangedoura maternal, cálida pelos hálitos dos animais e com grandes olhos passivos, somente a piedade. Até esses pobres judeus de toda Roma, carregados nos caminhões pelos alemães, a saudavam nessa noite como que agraciados que se dirigiam, por conta de um esplendoroso equívoco, em direção a um reino oriental no qual todos eram crianças sem consciência ou memória, e sem que eles ou seus condutores soubessem [...].

Em seguida, como haverão de se recordar, a louca correria até a Estação Triburtina, perseguindo a senhora Di Segni, "mulher de um tal Settimio", que não responde a seus apelos, ao contrário

a observa com o olhar hostil e turvo de uma alienada que recusa qualquer relação com a gente normal, fechada como se encontra "na sua solidão profunda e furiosa de intocável, que não espera ajuda de ninguém".

Um vozerio misterioso, pois ignorava-se a causa do que ocorria,

evocava a confusão de certos clamores de orfanatos, dos leprosários e dos hospícios, porém todos misturados desordenadamente, como pedaços lançados dentro de uma mesma máquina.

Em Morante, cada moto descritivo atinge o surrealismo, a loucura onírica.

O interior dos vagões, castigados pelo sol ainda estivo, ressoava sempre com aquele vozerio incessante. Em sua desordem, juntavam-se choros de bebês, insultos, salmos de procissões, palavras sem sentido, vozes senis que chamavam a mãe e outras que dialogavam afastadas, quase cerimoniosas, e outras que até zombavam. E por vezes, acima de tudo isto, levantavam-se gritos histéricos assustadores [...].

Ida, todavia foge, não consegue suportar a visão de uma realidade assim inaudita que parece ficção. De fato,

todo este miserável vozerio dos vagões a atraía com uma doçura arrebatadora, através de uma memória contínua que não lhe vinha de outros tempos, mas por um outro canal: dali mesmo, de onde a ninavam as cançonetas calabresas de seu pai, ou a poesia anônima da alta noite [...]. Em uma situação de repouso que a puxava para baixo, no refúgio promíscuo de uma única família exterminada.

Ida assiste ao episódio culminante, à tentativa insensata da senhora Di Segni de subir no trem, ouve seus gritos

Abram para mim ! Não há ninguém aqui ? Eu sou judia ! Sou judia! Também devo partir ! Fascistas ! Fascistas! Abram!

Porém, logo é distraída por Useppe, e finalmente, poucos dias depois, na Estação Pietralata,

dos judeus e de seu destino já nada mais se comenta.

Existe portanto uma distância evidente entre a ótica de Giacomo Benedetti e aquela de Elsa Morante, a qual não se justifica pelo simples fato de que Debenedetti era um crítico. Após trinta anos, a lembrança do dia 16 de outubro deve ser exorcizada num processo de sublimação gradual. Isso no terreno literário. E naquele político e cultural? Eis que, após 32 cerimônias, pela vontade do novo prefeito de Roma, a deportação e o massacre dos judeus romanos são evocados no Campidoglio, como que para firmar o juramento de que a data de 16 de outubro não mais será esquecida na história desta cidade. Eu acredito que comemorar não é mais suficiente. Acontece que esses acúmulos de cadáveres nos induzem a agir, mesmo que contra a corrente, mesmo desafiando a impopularidade e os motivos de atrito, mesmo com o risco de sermos acusados de introduzir argumentos inoportunos ou "desafinados" numa reunião solene, que poderia concluir-se nesse momento, em meio à comoção geral, sem levantar problemas controversos e inquietantes. Porém, parece necessário mencioná-los porque o dia 16 de outubro é, e ao mesmo tempo não é, uma data isolada, excepcional, fora do contexto, e portanto, digna de um ritual sincero e todavia infecundo em termos de ação política e cultural. Ele resume e simboliza uma antiquíssima história romana e mundial que, ao contrário, não terminou há 33 anos: aquela do anti-semitismo em suas múltiplas versões e mascaramentos. É evidente que, atacar o tema do anti-semitismo, *hic et nunc*, em Roma e na Itália, resulta desagradável e mortificante, muito mais para quem fala do que para quem escuta. Porém, os mortos nos forçam a tratá-lo sob três ângulos suscetíveis a polêmicas e divergências, que dizem respeito:

1. Ao Estado de Israel, à sua política e ao sionismo em geral.
2. À Concordata e aos Pactos Lateranenses, isto é, à posição da Igreja após o Concílio Vaticano.
3. À urgência de uma revisão das teses marxistas sobre a questão judaica.

O recorte com o qual buscarei analisar estes argumentos diz respeito, apenas indiretamente, à defesa e à incolumidade da minoria judaica romana. Refere-se sobretudo ao anti-semitismo como sintoma, como sismógrafo infalível da sociedade civil. Eu sou judeu, sionista convicto e homem de esquerda; porém, os três problemas que aqui proponho, ultrapassam essas conotações, nos interessam como cidadãos de Roma e do mundo. Jean-Paul Sartre encerra o magistral ensaio *O Anti-semitismo*[3] afirmando:

---

3. Jean Michel Sartre, *Réflexions sur la question juive*, Saint Amand, Gallimard, 1982, pp. 185.

MARXISMO E JUDAÍSMO

Será necessário demonstrar a cada um que o destino dos judeus é o seu destino. Não haverá um francês livre até que os judeus possam gozar a plenitude de seus direitos, nem um francês viverá em segurança enquanto um judeu na França e no mundo inteiro tiver que temer pela própria existência.

Theodor Adorno é ainda mais explícito[4]:

O anti-semitismo é um esquema profundamente arraigado, um ritual da civilização, e os *pogroms* são os verdadeiros assassinatos rituais. Neles fica demonstrada a impotência daquilo que poderia refreá-los, a impotência da reflexão, da significação e, por fim, da verdade [...]. Só com a libertação do pensamento em relação à dominação e com a eliminação da violência seria possível realizar a idéia que até agora permaneceu uma inverdade: ser o judeu um ser humano. Isso representaria a passagem da sociedade anti-semita, que impele os judeus e os demais para uma condição patológica, para a sociedade humana. Superada a doença do espírito, que grassa no terreno da auto-afirmação, imune à reflexão, a humanidade deixaria de ser a contra-raça universal para se tornar a espécie que, embora natureza, é mais do que a simples natureza, na medida em que se apercebe de sua própria imagem. [...]. O próprio iluminismo transformado em plena posse de si mesmo e transformando-se em violência conseguiria romper os limites do iluminismo.

Portanto, sem a ilusão de "superar a moléstia do espírito" de que fala Adorno, mas pelo menos para captar-lhes as matrizes, não vejo melhor caminho para se assumir a herança dos mortos do dia 16 de outubro e dos milhões de mortos, judeus e não judeus, do que a breve análise dos três aspectos do anti-semitismo atual.

O nascimento do Estado de Israel, que a União Soviética foi o primeiro país a reconhecer, é o resultado concreto, material e milagroso desta trágica herança. Nenhum judeu pode deixar de ser sionista, uma vez que o sonho do retorno a Jerusalém é uma parte integrante, que não pode ser eliminada da tradição, ou melhor, da antropologia judaica. Esse sonho transpôs o nível religioso para o político como conseqüência de dois milênios de perseguições e, em especial, após a falência da ideologia iluminista. O famoso processo Dreyfuss, aliado aos horrendos *pogroms* da Europa Oriental, determinou seu impulso. Se o "lar judaico" na Palestina não tivesse sido construído, o dia 16 de outubro de 1943 e os deportados judeus de Roma poderiam ter sido muito mais numerosos; talvez, nos vagões chumbados descritos por Giacomo Debenedetti e por Elsa Morante teriam sido recolhidos, digo arrepiando-me, também os meus pais e minhas irmãs, que se salvaram, transferindo-se para Israel. E vice-versa, se a Grã Bretanha, potência mandatária, o tivesse permitido, e se a maioria dos judeus europeus, a começar pelos alemães, não estivessem surdos ao apelo sionista, os seis milhões dos *Lager* nazistas teriam diminuído para cinco, quatro, três, talvez nenhum, porque

---

4. T. W. Adorno & M. Horkheimer. *op. cit.*, pp. 160-194. Vide capítulo "Elementos do Anti-Semitismo: Limites do Esclarecimento".

ARQUITETURA E JUDAÍSMO: MENDELSOHN

um Estado de Israel, proclamado em 1939 ao invés de 1948, talvez pudesse ter exercido uma pressão capaz de mobilizar a opinião pública internacional contra a carnificina. Não basta. A relação entre os judeus romanos e o Estado de Israel se encarna na figura de Enzo Sereni[5]; pioneiro do sionismo, expoente do movimento comunista dos kibutzim; durante a guerra, participando da Resistência Italiana, é lançado de pára-quedas nos arredores de Florença, falecendo em Dachau. Tomando estes dados como premissas, devemos começar a partir da reflexão sobre as divergências que se verificam, no âmbito da esquerda européia, sobre a política do Estado de Israel. Não é este o lugar para examiná-las analiticamente, porém, calar-nos significaria trair os mortos do dia 16 de outubro. Certamente, é mais fácil comover-se pelos judeus mortos do que pelos vivos, pelos perseguidos e derrotados do que por aqueles que combatem para sobreviver. Mas não se pode exigir que os israelenses deponham as armas, rendendo-se àqueles que declaram querer destruí-los e que por algumas vezes o tentaram. O conflito entre israelenses e palestinos angustia mais os judeus do que os não judeus, pois o Estado de Israel não pode viver sem paz no Oriente Médio sem um acordo de convivência e sobretudo de fraternidade com os árabes, mas, em primeiro lugar, com os palestinos. Todavia, um acordo não se alcança negando-se a reconhecer o direito à existência do outro, depois de haver exacerbado a tensão ao manter os palestinos em campos de concentração, enquanto dezenas de milhares de judeus, residentes há séculos nos países árabes, foram expulsos mas encontraram asilo e cidadania no Estado de Israel. Não se favorece a paz, e com isso uma convivência possível e necessária entre israelenses e palestinos, submetendo-se às chantagens do petróleo, alinhando-se indiscriminadamente a favor de uma parte e contra a outra, constrangendo aquela a buscar outros apoios e solidariedade. Por mais triste que seja, a política dos Estados é ava-

---

5. A figura de Enzo Hayim Sereni (1905-1944) é como um personagem de romance, movido por princípios e ideais. Sereni, descendente de tradicional família judaica italiana, foi dos primeiros sionistas italianos a promover o estabelecimento na Palestina como ideal social. Por conta de seu envolvimento com movimentos antifascistas e pacifistas, teve de sair da Itália, estabelecendo-se na Palestina em 1927 onde participou dos inícios do movimento kibutziano. Com o início da guerra, juntou-se ao Exercito Inglês editando jornais e programas de rádio em italiano, com uma passagem pelo Iraque a serviço dos aliados. Na volta à Palestina dedicou-se ao treinamento de grupos de pára-quedistas que seriam lançados por detrás das linhas inimigas, apoiando os partisanos e auxiliando no resgate de sobreviventes judeus. Lançado em uma região da Itália que ainda se encontrava sob controle alemão, foi capturado e finalmente enviado para Dachau, onde foi morto em novembro de 1944. Sua esposa, Ada, que muitas vezes o acompanhou durante suas missões, tornou-se, enquanto procurava pelo paradeiro do marido, uma figura central na organização da imigração ilegal da Itália para Palestina. Entre seus livros, publicados postumamente, encontra-se um estudo sobre as fontes do fascismo italiano, além de um texto sobre árabes e judeus na Palestina.

MARXISMO E JUDAÍSMO 35

liada objetivamente, no terreno das forças e dos equilíbrios. Assistimos a acontecimentos imprevisíveis e paradoxais, ao pacto Hitler-Stalin, à aliança Mao-Nixon em Angola, e todos são justificados ou pelo menos explicados à luz das necessidades ou do equilíbrio dos poderes. Somente quando se trata do Estado de Israel pretende-se uma política renunciatória, idílica, abstrata, suicida, que eventualmente rejeitasse as armas americanas para não ser acusada de conivência com o imperialismo ocidental, enquanto as nações árabes são armadas até os dentes por outras fontes e até pela mesma. Apesar da guerra do Kipur, em que se assiste ao Egito e a Síria a desferrar um ataque no dia do jejum, certos jornais continuam a se referir sistematicamente, e apenas, aos "israelenses agressores", da mesma forma que, por milênios, se falava nas igrejas dos "pérfidos judeus". Também a propósito da tragédia do Líbano, parece desagradar a alguns que não se possa acusar Israel por ter armado a Síria; e aumentam os correspondentes no Líbano que procuram, com sutis alusões ou com distorções vis da verdade, interpretar a defesa israelense de suas próprias fronteiras como responsável pelos massacres que provocam a indignação dos judeus, não menos do que em qualquer homem civil. Certamente, é legítimo discordar da política israelense e criticá-la; sendo Israel um país democrático, o único naquela região, muitos israelenses discordam e a criticam. Porém o anti-sionismo é uma máscara do anti-semitismo; e pior, é um veneno que se propaga.

Até na Itália. É recente a notícia de uma greve dos empregados de uma editora para impedir a tradução de um livro sobre o episódio de Entebe, com o argumento de que este seria "tão pró-sionista" que esbarraria no "racismo". Temos, portanto, uma censura de informação, enquanto, em qualquer banca de jornais, se pode adquirir uma edição econômica do *Mein Kampf,* de Hitler. Repito e saliento: aqui não se denuncia o anti-semitismo para defender os judeus, aos quais foram, ao longo dos séculos, imputados tais e tantos crimes que transformam o ser sionista parecer-se a um exercício entre os mais suaves e tautológicos, tal como ser circuncisado. Mas o anti-sionismo exacerba o anti-semitismo, leva à discriminação e à censura, fenômenos perigosos primeiramente para os judeus, e em seguida para todos os homens livres. Dois fatos o atestam: um de gravidade incalculável, qual seja a crescente onda de anti-semitismo nos países do leste; o outro menor, mas digno de nota, inclusive porque ocorreu em Roma, são as garrafas incendiárias lançadas contra a Sinagoga, numa instrumental concomitância com uma manifestação da esquerda. Note-se: este último episódio foi acompanhado por um outro gesto, não menos ignóbil: o fogo ateado às roupas e medicamentos recolhidos para os palestinos do Líbano. *L'Unita* publicou uma nota intitulada "Bárbaros":

36 ARQUITETURA E JUDAÍSMO: MENDELSOHN

Não se pode excluir que, tanto o vergonhoso atentado contra a sinagoga judaica, como o incêndio na sede do Gups, tenham origem óbvia nas mesmas mãos, num mesmo projeto destinado a criar alarme, desordem e confusão, e talvez ainda suscitar fantasmas de antigas e indignas discriminações, rechaçadas, para sempre da consciência democrática de nosso povo.

Ora, parece absurdo que palestinos e judeus sejam atacados simultaneamente, porém no fundo é lógico, e não obstante instrutivo. Os fascistas sempre se aproveitam das situações equívocas, e o anti-sionismo visceral lhes favorece as ações nefandas.

Serei telegráfico em relação ao segundo ponto, com respeito à Igreja Católica, cujo anti-semitismo secular se harmoniza na perspectiva da jornada do dia 16 de outubro. O Concílio do Vaticano nos aliviou da condenação de povo deícida. É muito: após dois mil anos, deixamos de ser os assassinos de Jesus, fomos absolvidos por insuficiência de provas. Isto porém não nos torna ainda cidadãos iguais aos outros, uma vez que a Concordata firmada pelo fascismo, e os respectivos Pactos Lateranenses, nos mantém sempre junto a outras minorias religiosas e laicas em situação de inferioridade, sujeitos às conseqüências dos privilégios reconhecidos à Igreja e às suas ordens, nas escolas estatais e religiosas, nas entidades assistenciais públicas e católicas. Também neste caso, a denúncia da Concordata não se refere aos judeus como tais, que habituados a muitas outras discriminações julgam as atuais quase sem importância. A denúncia da Concordata diz respeito aos italianos e, especificamente, aos romanos de qualquer categoria: sem a abolição dos privilégios eclesiásticos não se pode concretizar nenhuma reforma séria, nem sanitária, nem escolástica, nem fiscal, nem urbanística, porque estes privilégios não a permitem. Isso foi demonstrado tantas vezes que se torna inútil aqui me demorar. Praticamente, a condição judaica não é mais que a do papel de tornassol da independência e do caráter laico da República Italiana.

E chego ao último ponto, o mais espinhoso: a urgência de uma revisão das teses marxistas sobre a questão judaica. Problema delicado, que exigiria um amplo e aprofundado exame, mas que será ao menos colocado como questão, sem maiores delongas, no interesse comum do judaísmo e do marxismo. Sabe-se que Karl Marx escreveu, em 1843, um famigerado libelo sobre *A Questão Judaica*, no qual se lê, somente para citar duas frases, que "o dinheiro é o glorioso Deus de Israel, frente ao qual nenhum outro deus pode existir" e que "a emancipação social do judeu é a emancipação da sociedade do judaísmo"[6]. Esse grosseiro, ou para não me alongar, ambíguo desabafo juvenil, infelizmente nunca foi desmentido pelo Marx maduro,

---

6. Karl Marx, *A Questão Judaica*, trad. Wladimir Gomide, Rio de Janeiro, Laemmert, 1969, pp. 55-56.

MARXISMO E JUDAÍSMO

fundador do socialismo científico; ele foi explicado seja como uma apreensão, devida à ignorância, do estereótipo do judeu mercador "ávido por dinheiro", conforme os preconceitos inspirados pela tradição cristã e pelo iluminismo militante; ou então, numa outra chave psicanalítica, como um sentimento de culpa pela negação da tradição dos avós, como remoção da parte "incômoda" da própria personalidade, enfim como "ódio judaico por si mesmo". Isto pode ser ou não verdadeiro. Porém, o fato grave é que estas incrustações arcaicas e ao mesmo tempo infantis, este aspecto neurótico de Marx aos 25 anos, repercutiu como uma sistemática desconfiança do marxismo em relação à questão judaica, numa interpretação do judaísmo e de sua cultura que Antonio Gramsci teria definido como característica do "materialismo vulgar". Os complexos de culpa, do "ódio de si mesmo como judeu", de Marx podem ter pouca importância; por outro lado, encontrou-se um equilíbrio no ambiente familiar, pois sua filha, Eleonor Marx, em completo desacordo com o pai e com Engels, costumava iniciar seus discursos aos operários declarando: "Eu sou judia", quando na realidade não era.

Resulta, ao contrário, de vital interesse que se proceda a uma reavaliação marxista integral da questão judaica. Não é um argumento meramente teórico e doutrinário, visto que, como o anti-semitismo católico, as teses de Marx tiveram e continuam a ter reflexos deletérios, encontrando ecos naquelas de Bauer e Kautsky, na posição de Lenin com respeito ao *Bund* judaico[7] e naquelas de Stalin e de outros marxistas, até mesmo nas de um marxista judeu Abram Leon[8], que após ter pertencido ao movimento da juventude sionista marxista, rejeitou primeiramente o sionismo e a seguir o judaísmo, e no final acabou assassinado em 1945, aos 26 anos, no Lager de Auschwitz. Pois então: se tivemos um Concílio Vaticano que cancelou a injúria de povo deícida, é lícito reclamar um tribunal

---

7.   O *Bund* foi o Partido Socialista Judaico fundado em 1897, na Rússia czarista.

8.   Em dezembro de 1942, Abram Leon encerrou um texto que chamou "A Questão Judaica", publicado no Rio de Janeiro pela Livraria-Editora Casa do Estudante do Brasil, s.d. O mesmo texto foi ainda publicado no volume *El Marxismo y la Cuestion Judia* pela Editorial Plus Ultra, de Buenos Aires, em 1965. Nesse trabalho, a trágica sorte do judaísmo é atribuída à situação de toda a humanidade constrita em suas liberdades pelo capitalismo. Leon acreditava que a revolução proletária, o socialismo e, portanto, a mais ampla democracia, possibilitaria aos judeus uma vida nacional em todos os países nos quais habitassem. A trágica situação do judaísmo justificaria a alta porcentagem de judeus no movimento proletário. Para ele, o problema nacional perderia sua acuidade com o desaparecimento do capitalismo, afirmando que apesar da impossibilidade de prever uma assimilação mundial dos povos e os rebentos do judaísmo de seu tempo, o socialismo garantiria, sem assimilações forçadas, que essa "geração" pudesse ocorrer nas melhores condições possíveis. Interessante também as suas colocações em relação à aproximação que ocorreria na Palestina entre trabalhadores árabes e judeus, ao quebrarem-se as barreiras do capitalismo e os preconceitos nacionais.

ARQUITETURA E JUDAÍSMO: MENDELSOHN

marxista que, à luz do pensamento gramsciano, desminta uma visão assim obtusa, falsa e prejudicial ao judaísmo, que leve, conforme as palavras de Gramsci, ao

reconhecimento do direito para a comunidade judaica da autonomia cultural (da língua, da escola etc.) e ainda da autonomia nacional, caso uma comunidade judaica qualquer chegasse, de um modo ou de outro, a ocupar um território definido.

Uma profunda fermentação renovadora caracteriza, nestes anos, os partidos comunistas ocidentais. O eurocomunismo ou o euro-socialismo reproblematiza princípios, como o da ditadura do proletariado, que pareciam intocáveis. E, portanto, neste momento em que os valores da cultura não são mais mecanicamente considerados superestruturais e se escolhe o caminho do pluralismo, este é o momento de realizar uma volta decisiva ao pensamento marxista oficial sobre a questão judaica, decretando que o problema judaico não será resolvido com o desaparecimento, com a assimilação forçada, com a destruição, ou a autodestruição dos judeus como tais, que provocaram e provocam dilacerantes discriminações anti-semitas. Gramsci parece instigar esta volta escrevendo:

Se a filosofia da praxis (o marxismo) afirma teoricamente que cada "verdade", considerada eterna e absoluta, teve origens práticas e representou um valor "provisório" (historicidade de qualquer concepção do mundo e da vida), é muito difícil fazer compreender "praticamente" que uma tal interpretação é válida até mesmo para a própria filosofia da praxis. A proposição da passagem do reino da necessidade àquele da liberdade deve ser analisada com muita sutileza e delicadeza [...]. A mesma filosofia da praxis tende a tornar-se uma ideologia no sentido decadente, isto é, um sistema dogmático de verdades absolutas e eternas, especialmente quando [...] esta é confundida com um materialismo vulgar.

Talvez, a iniciativa desta revisão do pensamento marxista sobre a questão judaica só poderia ter origem exatamente na Itália de Gramsci, e em Roma, onde independentemente das posições assumidas em relação ao sionismo e ao Estado de Israel, os comunistas estiveram sempre ao lado dos judeus, contra o anti-semitismo fascista, foram sempre os primeiros a acorrer ao gueto para enfileirar-se junto à resistência judaica contra o vandalismo que, repetidamente ainda nestes anos, realizou infames façanhas naquele bairro. É portanto uma hipótese a elaborar, e uma promessa.

Terminei. A segunda parte do meu discurso será talvez considerada por muitos, judeus e não judeus, inoportuna. Talvez bastasse recordar o dia 16 de outubro em poucas palavras emocionadas, suprimindo argumentos incômodos e controversos. Desagrada-me, e por elas peço desculpas; mas falar dos mortos é importante na medida em que seu sacrifício contribui para a vida, ao crescimento da liberdade, à construção de um panorama cultural e civil que evite outras infâmias, outros massacres, outras discriminações, outras idolatrias, outros dogmatismos, outras censuras. E também porque o prefeito de Roma, antes de ser um prefeito, foi meu mestre e me ensinou a não deixar de lado as questões difíceis, assim como jamais prostrar a cultura ao oportunismo político. É também por essa lição que nutro por ele um grandíssimo e devoto afeto. Sei que a qualquer momento difícil, e em qualquer situação arriscada, pode-se fazer como Giorgio Labò, pode-se dizer: "telefona para Argan", porque Argan sabe muito bem que a qualquer momento difícil e em qualquer situação arriscada pode, com certeza, chamar e contar com todos e cada um de nós.

3. Sobre Qual Terreno: A Arte nos Campos de Extermínio

Uma parte do material visual recolhido nos campos de extermínio nazistas e conservado no Museu Israelense do Kibutz Lochamei Haguetaot foi exposta na Biblioteca Trivulsana do Castelo Sforzesco em Milão. A inauguração da exposição se deu em 17 de janeiro de 1979.

No texto "Meditação sobre Metafísica" que encerra o livro *Dialética Negativa*, Theodor Adorno argumenta[1]:

> Talvez tivesse sido errado afirmar que depois de Auschwitz não mais poder-se-ia escrever poesia: a dor incessante tem o mesmo direito de exprimir-se que o homem torturado de gritar. Porém não é incorreto levantar a questão, que também não é cultural, se após Auschwitz ainda se pode continuar vivendo, e em especial, se aquele que de lá escapou por obra do acaso, e normalmente deveria estar liquidado, pode continuar vivendo [...]. Como represália, ele será perturbado por pesadelos oníricos, como de não mais estar vivo, de ter sido enviado para os fornos em 1944, e que toda sua existência, desde então, foi imaginária, emanação do insensato desejo de um homem assassinado há vinte anos atrás.

As datas vão sendo dilatadas, a distância de nosso assassinato supera atualmente, em muito, os vinte anos. Porém, resta intacta a questão "se após Auschwitz ainda se pode viver, e particularmente, aquele que por acaso escapou". Terrível interrogação, que ainda hoje não encontra respostas minimamente plausíveis.

Particularmente desguarnecida e dramática é a posição dos homens de cultura. Não há salvação: podem continuar ocupando-se da cultura, mesmo sabendo que Auschwitz nos testemunha a sua traição; podem denunciá-la pela covardia e abandoná-la; ou então podem encerrar-se no silêncio. Adorno assimila as três opções:

---

1. Theodor W. Adorno, "Negative Dialectics", *Meditations on Metaphysics*, New York, Continuum, 1973, pp. 362-363.

42 ARQUITETURA E JUDAÍSMO: MENDELSOHN

Aquele que fala a favor de uma cultura radicalmente culpada e miserável torna-se colaboracionista, enquanto aquele que se nega à cultura favorece a barbárie. Nem o silêncio nos faz sair do círculo vicioso, ele somente racionaliza a incapacidade objetiva, instrumentalizando a verdade objetiva e dessa forma a degrada ainda uma vez mais para a mentira[2].

Isto explica a sensação de absoluta impotência que nos acomete ao tentar apresentar uma mostra dos desenhos encontrados nos campos de extermínio. Qualquer palavra, frase, conceito interpretativo soa retórico e falso. Mas também o silêncio se mostra retórico e falso. A única possibilidade, parece ser aquela de identificar-se com os autores destes desenhos, e junto a eles tornar a percorrer, por meio dos traços destas folhas, a longa e terrificante espera da morte, agonia pior que a própria morte. Assim mesmo, um tal esforço revelar-se-á, ao final, artificial, retórico e falso.

E então?

Deixemos por um momento a questão que não tem resposta, suponhamos que não fomos asfixiados pelo gás há tantos anos atrás. O que nos perturba, atordoa e nos deixa atônitos nesta mostra? Não é tanto a questão do "o que", mas o "como", ou seja, do veículo mais do que dos conteúdos. Não nos assombra que algumas centenas de judeus, entre milhões de deportados, tenham se expressado com mensagens visuais. Eram artistas, alguns reconhecidos, outros com a possibilidade de vir a ser, que naqueles dias ou meses, de gradual anulação humana, escolheram expressar-se dessa forma, enquanto milhares de seus companheiros privilegiaram a comunicação verbal ou musical, ou o silêncio. Ao contrário, assombra-nos o modo com o qual desenharam as imagens, pois salvo poucas exceções não correspondem, absolutamente, àquilo que esperaríamos tanto do perfil lingüístico como do psicológico.

Seria legítimo supor que um judeu, frente à morte, sentindo o impulso de desenhar, escolhesse a linguagem do protesto ou aquela do sonho.

A primeira apresenta profundas raízes judaicas em sua formação. A história do expressionismo é repleta de judeus que dilaceram e contorcem, despedaçando as aparências dos objetos para despi-los da obscena e mascarada realidade de uma epiderme iluminista. Os artistas do povo antiidólatra manifestam a sua revolta pessoal rasgando as vestes denominadas "civis" e revelando os horrores. Porém, somente vagas lembranças do ímpeto expressionista registram-se nesses desenhos, como um filtro comunicante totalmente exaurido.

A linguagem do sonho constituía a segunda possibilidade. É a vertente chagalliana da evasão equilibrada, que poderia sobreviver

---

2. *Idem*, p. 367.

SOBRE QUAL TERRENO. A ARTE NOS CAMPOS DE EXTERMÍNIO 43

nas insuportáveis condições dos guetos orientais. Evasão moderada, na qual cabanas, asnos, relógios, velhos rabinos, noivos e violinos são descontextualizados, perdendo peso, elevando-se, voando por sobre telhados, e ocupando assim uma porção do céu submetida a nuvens tempestuosas e diaceradas. Na verdade, não se trata mesmo de sonho mas dimensão onírica, na qual os *ready made*, os *objets trouvés* do cotidiano equilibram-se a poucos metros da terra. De qualquer modo, os traços da linguagem de Marc Chagall quase que inexistem nesses desenhos.

Portanto, nem protesto nem sonho; e menos ainda, as abstrações de molde racionalista que os judeus rejeitam como conduta na vida, e seria absurdo que aceitassem experimentando a morte.

Vamos nos envolver mais profundamente com a questão. A vida se fechou no momento em que entramos, já esgotados, nos *Lager* nazistas. O que devemos ou podemos fazer nos breves intervalos nos quais a fome, os padecimentos, as doenças, o desespero, não nos paralisam nas pausas que, mesmo breves, nos permitem controlar a nossa consciência? As alternativas são: recordar o passado, sonhar com o futuro ou descrever o presente. Relembrar o passado, alguns o fazem, mas de nada serve; sonhar com o futuro é inconcebível para quem não possui nem mesmo a ilusão de uma outra vida. Nada resta a não ser descrever o presente, testemunhar. Mas com que finalidade? E de que forma?

O testemunho expressionista refere-se, como foi dito, à denúncia das torpes infâmias escondidas por detrás de uma fachada pseudocivil; o chagalliano refere-se a algo sonhado que completa a melancolia do viver cotidiano. Mas aqui, nos campos, não existem fachadas pseudocivis a demolir: a realidade atroz confunde-se com a visão cruel da paisagem. Devemos complementar o cotidiano, pois em nosso estágio de pré-morte, dele já nos encontramos bem distantes.

Eis portanto a justificativa de um modo de representação preponderantemente icástico, quase fotográfico, visando convencer, como único objetivo, que se está representando a verdade efetiva, documentando os fatos, nem mais nem menos, sem acréscimos ou disfarces e sem veleidades oratórias.

Observa-se, na maior parte desses artistas, um desejo de renúncia a qualquer integração fantasiosa da realidade e até mesmo a quaisquer traços sentimentais e emotivos. A realidade dos campos de extermínio – note-se – não é, e jamais será compreensível, nem mesmo para aqueles que se identificarem com quaisquer um dos seis milhões de mártires. Para documentá-la, uma máquina fotográfica ou uma filmadora seriam ideais, mas não estavam disponíveis. O que pode acontecer? Talvez, quando todos estivermos intoxicados pelo gás, chegarão os ingleses, os americanos, os soviéticos e fotografarão montanhas de cadáveres, montes de cabelo, pilhas de sabão. Mas talvez, não; para apagar os vestígios de seus crimes inauditos, apresentando-se aos vencedores com os rostos inocentes, os nazistas, se tiverem tempo, destruirão tudo. É claro que alguém há de perguntar: onde estão seis milhões de judeus? Porém, no caos apocalíptico do epílogo bélico, talvez possa ser possível inventar álibis e confundir os papéis. Por outro lado, aos vencedores será cômodo aceitar estes álibis, aliviando suas consciências das imensas responsabilidades devidas à incredulidade, à indiferença e ao cinismo. Eles sabem dos campos e fornos crematórios; sabem que bombardeando um forno, colocando-o fora de uso, mesmo que por um dia, poderiam salvar a vida de nove mil judeus. Mas não movem um dedo, não atingem nenhum campo, nenhum forno, nem mesmo tentam. E agora? Cúmplices, vencidos e vencedores: poderá o povo crer no inverossímil? Seis milhões de assassinatos a sangue frio é ficção-científica de horror, alucinação macabra, histerismo de judeus obcecados por complexos de perseguições atávicas. Após alguns decênios, ainda sucederá que um professor da Universidade de Leone sustente que os fornos crematórios eram "instrumentos voltados a objetivos altamente benéficos, cremar cadáveres de indivíduos mortos por tifo, e assim conter a difusão das epidemias".

Não – observa-se nestes desenhos –, não podemos confiar em ninguém. Mesmo as fotografias e os filmes que os aliados poderão retomar serão tão espantosos que parecerão imitar cenários de monstruosas calamidades naturais, fruto de algum acontecimento sobrehumano e jamais de um mecanismo tecnológico concebido para a eliminação em massa, isto é, uma linha de montagem da morte, programada, eficiente. Um terremoto gigantesco, o dilúvio universal, a destruição do mundo são imagináveis; um mecanismo tecnológico preparado por homens para aniquilar milhões de homens, não. No futuro, as pessoas serão induzidas a suspeitar e a esquecer. Seis milhões? Um número fantástico. Comunica-se melhor um par de sapatos de uma criança intoxicada pelo gás ou o desenho dos campos ao afirmarem: aqui estivemos e resistimos, testemunhando até o último minuto. Talvez algum sobrevivente poderá passar pelos campos à procura de algum sinal e, ao encontrar nossos desenhos, eles lhe transmitirão uma mensagem simples, despida, anti-retórica, anti-sentimental, e tão irremediavelmente verdadeira que nem espantosa será.

Poderão estas nossas imagens, no futuro, abalar as pessoas? De que modo serão elas comentadas em público pelos homens de cultura, pelos professores das universidades, pelos cientistas, pelos políticos? Surgirá uma outra retórica? Haverão de discutir os críticos de arte sobre aspectos estilísticos, sobre resíduos de fauvismo ou expressionismo? Proclamar-se-á que os valores do espírito são supremos ou que o impulso criativo vence, mesmo frente ao nazismo? Afirmar-

SOBRE QUAL TERRENO. A ARTE NOS CAMPOS DE EXTERMÍNIO 45

se-á que a arte é uma arma política extrema, a única a que se pode recorrer em condições-limite?

Estas são as questões colocadas pelos mortos através dos desenhos de uns poucos artistas que falam em nome de todos. Porém, mesmo essas perguntas estão destinadas a permanecer sem respostas. Qualquer crítica estilística, exegese espiritual ou interpretação política torna-se grotesca e vergonhosa. É necessário abandonar a ilusão sobre a possibilidade de se poder extrair uma moral desses desenhos para nos satisfazermos, ou pelo menos nos acalmarmos. Não é possível: seria desprezivelmente consolador.

Começamos citando Adorno. Pode-se concluir com George Steiner, cujo livro *Linguagem e Silêncio* ataca o tema do inumano.

Steiner escreve: "A barbárie prevaleceu, de fato, no terreno do humanismo cristão, da cultura renascentista e do racionalismo clássico". O que é importante para se compreender é: por que ela prevaleceu exatamente no terreno fertilizado pelo humanismo cristão, pela cultura do renascimento e pelo racionalismo clássico? Caso seja impossível compreender, é necessário, ao menos, recordar a cada dia, a cada hora, que a barbárie vingou sobre aqueles terrenos e não sobre os outros. Para nos salvarmos do nosso estado de cumplicidade não adianta o ódio, menos ainda o perdão; em nada adianta comentar o inenarrável através de banalidades literárias ou sociológicas; em nada adianta o silêncio. A única coisa que podemos fazer, passando em revista os desenhos dos campos de extermínio, identificando-nos com eles, é perguntarmo-nos sem trégua, até o espasmo, por que tais horrores floresceram no terreno do humanismo cristão, da cultura renascentista e do racionalismo clássico.

Fig. 4. Jacques Gotko: desenho do campo de extermínio de Compiègne.

Fig. 5. Jehuda Bacon: desenho do campo de extermínio de Auschwitz.

Fig. 6. Uri Kochba: desenho de campo de extermínio.

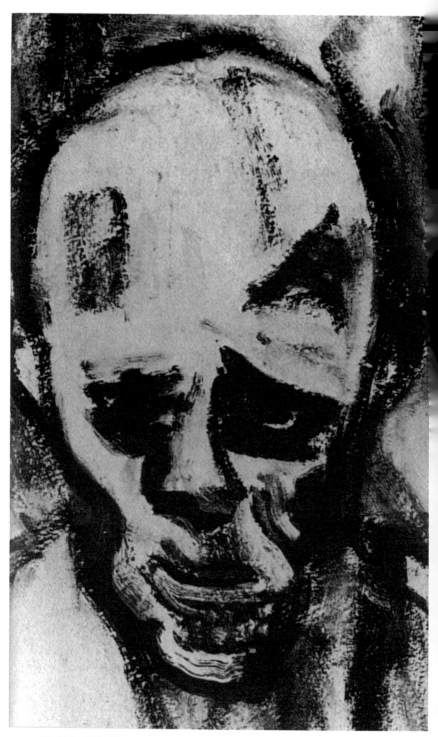

Fig. 7. Lea Lilienblum: desenho de campo de extermínio, retrato.

Fig. 8. David Olère: desenhos de campo de extermínio.

4. Assassinada Outra Criança Judia

> *Dois dias após a carnificina na sinagoga, em 10 de outubro de 1982, foi convocada uma seção extraordinária conjunta entre o Conselho Municipal e Provincial de Roma e o Conselho Regional do Lazio.*

O anti-semitismo tem uma história milenar, mas aquilo que culminou com a carnificina de sábado passado em nossa sinagoga também apresenta precedentes específicos, cujos componentes foram denunciados, aqui no Campidoglio, há exatamente seis anos, em outubro de 1976.

Giulio Carlo Argan havia sido eleito prefeito de Roma há poucas semanas. Aproximava-se a data de 16 de outubro, 33º aniversário do dia no qual os nazistas cercaram o gueto e 1 259 judeus romanos foram deportados. Argan queria que o aniversário fosse celebrado no Campidoglio e a cerimônia oferecia a oportunidade de examinarem-se as causas de um anti-semitismo renascente, que havia se manifestado pouco tempo antes através do lançamento de garrafas incendiárias contra a sinagoga, numa instrumental coincidência com o comício das esquerdas.

Foram apontadas, de forma despreconceituosa, três causas, diretas e indiretas, desse novo anti-semitismo.

A primeira se referia ao Estado de Israel, à campanha anti-sionista, já então difundida de forma incomum e venenosa. Havíamos advertido de que o anti-sionismo não era mais que uma máscara do anti-semitismo, como ficaria demonstrado a seguir, desde os países árabes até a União Soviética.

A segunda causa se firmava no secular anti-semitismo católico, que o Concílio do Vaticano não havia conseguido debelar, mesmo havendo finalmente aliviado os judeus da torpe condenação de povo deícida. Apontamos então que teria sido urgente, para a independência e para o caráter laico da República Italiana, proceder a uma profunda revisão da concordata firmada nos tempos fascistas e dos respectivos Pactos Lateranenses.

A terceira causa era a posição marxista referente à questão judaica, manchada pelo "ódio judaico de si próprio" de Karl Marx, pela hostilidade de Lenin em relação ao *Bund* judaico e pela atitude iluministicamente anti-semita de muitos líderes que se voltaram ao marxismo. Havíamos pedido então que, à luz do pensamento de Antonio Gramsci, se alcançasse uma reviravolta decisiva nas teses marxistas oficiais sobre a questão judaica.

Passaram-se seis anos: essas três causas do anti-semitismo, já então evidentes, não foram superadas. Ao contrário, se espalharam em todos os níveis, das escolas elementares aos colégios, das fábricas aos palácios do poder econômico sujeitos aos petrodólares.

Se os judeus romanos, anteontem e ontem, escolheram vivenciar seu luto na mais restrita solidão, recusando o espetáculo das passarelas dos homens políticos, jornalistas e intelectuais que queriam vir ao gueto para expressar sua indignação e solidariedade é porque, mais do que isso, julgam que não seja aceitável uma solidariedade que se concretize apenas quando se trata de judeus mortos ou de crianças de dois anos assassinadas.

É muito grave dizê-lo, e para os socialistas particularmente angustiante, mas o nível de tragicidade do que ocorreu anteontem era previsto, tendo estado quase que simulado durante uma manifestação sindical ocorrida alguns meses atrás. Em meio aos desprezíveis gritos de "judeus à fogueira" e "morte aos judeus!", de dentro do cortejo sindical foi lançado um caixão contra a lápide da sinagoga que contém os nomes dos mártires dos campos de extermínio e das Fossas Ardeatinas. Aos protestos contra tal episódio de delírio anti-semita absurdo, pré-organizado e inconcebível, respondeu-se de modo sofisticado e equívoco, deplorando-o naturalmente, porém de forma capciosa, justificando-o como resultado da política do Estado de Israel. É a enésima prova de que, do anti-sionismo passa-se automaticamente para o anti-semitismo.

Aquele caixão simbólico tornou-se agora real: ele contém uma criança crivada de golpes, caída junto a outras trinta pessoas, à saída da sinagoga.

Portanto, não é de se admirar que, após uma indiscriminada campanha contra o Estado, o povo de Israel e a comunidade da diáspora, depois dos ferozes e histéricos ataques contra os supostos "holocaustos", extermínios e matanças que o exército israelense teria executado, por seu turno os judeus de Roma tenham se encerrado por dois dias em um rigoroso silêncio, que de todo modo foi politicamente significativo. Nesses meses houve pouquíssimos amigos verdadeiros e, via de regra, eles vieram dos partidos menores, de formação democrática. Os partidos populares, a imprensa, com raríssimas exceções, as rádios e as televisões do Estado em todos os canais envenenaram os ares e criaram um terreno fértil para o anti-semitismo. Frente a tais fatos, as lágrimas hoje exibidas parecem verdadeiramente tardias.

É inútil afirmar que na Itália, que em Roma, não existe anti-semitismo. Ou melhor, pode-se afirmar que dessa forma virulenta ele nunca existiu, pois nem durante o fascismo, nem mesmo durante a ocupação nazista, as sinagogas foram atacadas, como aconteceu neste momento em Milão e em Roma. Aqueles dentre vocês que escutaram o rádio e assistiram às televisões privadas nas semanas seguintes, estremeceram frente à incrível quantidade de testemunhos do ódio anti-semita. Ainda mais inquietante é o fato de que, além da rádio e da televisão dos radicais, poucas transmissoras rebatiam e combatiam esse rancor.

É verdade que, após a tragédia, tanto os jornais, as rádios e as teletransmissões, quanto as declarações dos partidos e dos políticos são unânimes na solidariedade para com os judeus. Mas não houve jornal, rádio, televisão ou político que tenha dito: "Uma parte da responsabilidade pelo que ocorreu, por menor e indireta que seja, também é minha!".

Por isso, acusamos:

1. Acusamos o Ministério do Interior e os dirigentes das forças da ordem por não terem providenciado medidas defensivas no gueto e ao redor da sinagoga, apesar destas terem sido insistentemente requisitadas após as contínuas ameaças dirigidas aos judeus. Observe-se que a Itália manda seus fuzileiros ao Líbano para proteger os palestinos, mas não protege os judeus cidadãos italianos.

2. Acusamos o mundo católico pelo modo pomposo com que recebeu Arafat no Vaticano, assim como por ter quase ignorado que o massacre nos campos palestinos foi executado por cristãos, enquanto ao exército de Israel poderia ser imputada, se assim o fosse, somente uma co-responsabilidade moral.

3. Acusamos a classe política e sindical, a partir de algumas das autoridades máximas do Estado até os líderes de muitos partidos, bem como numerosos administradores locais, pelo comportamento demonstrado durante a visita de Arafat a Roma; pela disputa de apertos de mão, abraços e beijos; pela acolhida fraterna, ostensiva e retórica ao chefe de uma organização que, se atualmente apresenta-se com um raminho de oliveira, no passado perpetrou carnificinas terroristas contra Israel e contra a comunidade judaica, e que, além disso, ainda não reconheceu o direito à existência do Estado de Israel – ao contrário, também proclama querer uma "guerra santa" contra este.

54 ARQUITETURA E JUDAÍSMO: MENDELSOHN

4. Acusamos a imprensa, o rádio e a televisão de, salvo raras exceções, distorcer fatos e opiniões, confundindo intencionalmente o Estado de Israel e a política de seu governo atual com o povo e a comunidade judaica, provocando um clima incendiário no qual se insere a matança de anteontem.

5. Acusamos os inúmeros intelectuais, jornalistas ou não, que nesses meses divertiram-se examinando as nuanças psicológicas e freudianas dos judeus, a "doença" de Israel, os movimentos secretos da política de Begin e a de seus opositores, fazendo alarde de elocubrações e sofismas, sustentados, talvez involuntariamente, por êxitos anti-semitas.

Em um mundo revolvido pela violência, no qual 30 mil pessoas morrem de fome por dia, os nossos meios de informação de massa têm dado o máximo de destaque apenas às ações do exército israelense. Os mortos no Afeganistão, os mortos no Irã, os mortos na Síria, as dezenas de milhares de mortos no Líbano após a chegada dos palestinos, as crianças bombardeadas na Galiléia, esses mortos não contam. Até os terroristas palestinos são considerados tranqüilos e pacíficos: eles possuem imensos arsenais de armas no Líbano – talvez somente para se divertirem.

Senhores conselheiros regionais, da província e da prefeitura, estamos sinceramente comovidos pelas manifestações de solidariedade demonstradas nesta sala. Como judeus romanos, e mais ainda, como cidadãos romanos, estamos conscientes de que o anti-semitismo constitui um sismógrafo preciso da civilidade de um país.

Ninguém venha nos pedir para distinguirmo-nos do povo de Israel, aceitando uma separação maniqueísta entre judeus e israelenses. Nós pertencemos ao povo de Israel que compreende todas as comunidades dispersas em qualquer parte do mundo – entre estas, a romana é antiqüíssima –, bem como a comunidade daqueles que retornaram à terra dos seus antepassados.

Israel é um estado democrático exemplar, independentemente do juízo que possamos fazer sobre seu governo: em que outro Estado seria admissível que militares, mesmo de alta patente, que tenham se recusado a combater em uma guerra de cujo objetivo não compartilhavam, ao invés de serem processados ou fuzilados por traição fossem mandados para casa tranqüilamente? Em qual democracia, num estado de guerra, se instituiria uma comissão de inquérito a fim de se investigar o comportamento do exército? Em qual democracia, em estado de guerra, se poderia realizar uma manifestação de 400 mil pessoas para protestar contra a guerra, sem qualquer ato repressivo por parte do poder constituído?

O anti-semitismo existe há dois milênios e não desde 1948 ou da proclamação do Estado de Israel. Não acreditamos no anti-sionismo filosemita: isso é uma contradição de termos. Expressamos com franqueza as nossas acusações. Estamos preocupados e alarmados como judeus, antifascistas, democratas e como homens de esquerda. O anti-semitismo, como foi dito, é um sinal inequívoco da corrosão democrática. Pois bem, em Roma, na Itália, ele ressurge de modo explosivo.

5. As Três Culturas da Diáspora e a Perspectiva de uma Quarta

No centro da Universidade de Tel Aviv, o Museu da Diáspora documenta a vida judaica durante os séculos da dispersão. Em 9 de janeiro de 1983 constituiu-se em Roma o Grupo dos Amigos Italianos do Museu. A noite se desenrolou com cantos e representações de Herbert Pagani.

As palavras dissipam-se com uma rapidez impressionante, o termo "diversidade", aplicado à antropologia e à psicologia judaica, foi de tal forma difundido na imprensa que chega a provocar uma ligeira sensação de náusea. Todavia, não podemos renunciar ao princípio da "diversidade", não somente porque ele nos qualifica ao longo dos milênios em relação aos povos escravos de religiões idólatras, concepções absolutistas e totalizantes ou postulados científicos e artísticos pretensiosos e falsos, mas também porque oferece uma chave insubstituível para entender as articulações, as inúmeras posturas e os múltiplos modos de ser judeu.

Nahum Goldmann lutou para construir o Museu no centro da Universidade de Tel Aviv exatamente porque destacava o florescer de uma nova diversidade: aquela entre os judeus de Israel e as comunidades da diáspora. Certamente, é supérfluo reafirmar que os valores que nos unem são infinitamente mais sólidos que as características que nos distinguem. Os judeus da diáspora se identificam com o destino do Estado de Israel, e paralelamente, as novas gerações israelenses recuperam os significados da nossa história comum. Porém, uma "diversidade" entre Israel e a diáspora permanece: o desafio que consiste em não a ignorar ou anular, mas ao contrário transformá-la em instrumento de uma cultura judaica propulsora nos próximos decênios.

Goldmann preocupava-se com a indiferença, a incompreensão e a desconfiança que a juventude israelense, crescida em um clima de

58   ARQUITETURA E JUDAÍSMO: MENDELSOHN

altiva independência, poderia nutrir nos confrontos com uma vivência atávica plena de limitações e humiliações. Pretendia recuperar as glórias e as grandes experiências: um objetivo de extraordinária importância com relação ao passado, que comprometeu o primeiro período do Museu.

Como todas as grandes iniciativas, também aquela de Goldmann desbordou de seu projeto original, assumindo funções imprevistas. Após ter colecionado e catalogado uma excepcional e incrível quantidade de documentos e informações sobre as comunidades e os costumes da diáspora nos séculos passados, o Museu constata que a diáspora ainda existe, mantendo sua vitalidade, estruturada pela presença do Estado de Israel, que lhe confere novos papéis, mais dignidade e coragem. Neste momento, o Beth Hatefusoth não é mais um museu do tipo tradicional, dedicado às descobertas arqueológicas e históricas. Desenvolve-se como um museu moderno, empenhado no registro contínuo dos acontecimentos e movimentos que se configuram. A crônica alinha-se à história; a atualidade à recordação. Tendo realizado o objetivo de sua criação, o Museu nos propõe outro objetivo: o de integrador, sendo nós os atores chamados a preencher os salões que debatem os fenômenos contemporâneos. Imaginem se, nesta nossa sala, se elevasse, nas paredes do fundo, um espelho gigante: eis uma obra para se expor no novo setor do Museu, um trabalho produzido por nós para o Museu, concebido como o coágulo de uma rede de comunicações e trocas, orquestrador de relações que possam garantir o sustento, o alimento cultural até as mais longínquas comunidades.

É no presente que se constrói o amanhã. Isso nos impele a nos interrogarmos sobre o futuro questionando os seus projetos. O que poderá compreender esse futuro? Talvez uma reformulação moderna do pensamento judaico, que permita atacar as angustiantes questões do período nuclear, tentando evitar a catástrofe através do incentivo a um modo alternativo de viver e agir. A contribuição ativa, incisiva e insistente do pensamento judaico é atualmente necessária e urgente para a humanidade, podendo explicar-se hoje em dia, na idade moderna, de maneira inteiramente inédita, pois o diálogo entre o judaísmo e o mundo encontra-se substancialmente modificado, alterando de modo decisivo o jogo entre as partes. Por qual motivo?

Façamos um retrospecto referindo-nos a uma observação de Benedetto Croce[1], em 1944. Entrevistado sobre a "questão judaica",

---

1.   Benedetto Croce (1866-1952), filósofo, historiador e crítico literário italiano, foi a grande personalidade humanista nos anos de formação de Zevi. Inicia-se como historiador passando à filosofia, considerada como metodologia da própria história, com a obra: *La Storia Ridotta sotto il Concetto Generale dell'Arte* (1893), com a qual se insere no movimento de reação contra o positivismo dominante. Pouco mais tarde passou pelo mar-

AS TRÊS CULTURAS DA DIÁSPORA E A PERSPECTIVA DE UMA QUARTA   59

após haver firmemente condenado qualquer forma de racismo e anti-semitismo, Croce convidava os judeus a romper seu isolamento cultural, para facilitar "a tão desejada união e fusão com os povos de outras origens". Uma posição que refletia claramente o mito iluminista inclinado a desprezar a diversidade. E seria fácil responder, junto com Sartre, que "para um judeu consciente e orgulhoso de ser judeu, não existe tanta diferença entre o anti-semita e o democrata", visto que também este último pretende destruí-lo com o álibi de uniformizá-lo como "sujeito abstrato e universal". A majestosa figura de Croce merece que se questione sobre o que pode estar por debaixo e por trás desse convite genérico à "união e fusão". Sem dúvida, aqui pulsa uma sincera e justa solicitação de fortalecer e difundir com maior eficácia a mensagem judaica. Isso não seria visando a um proselitismo que não interessa, nem a nós nem aos outros, mas sim porque o mundo em crise, enganado, às margens da autodestruição, parece estar a exigi-lo.

Poderíamos ter desempenhado uma função similar no passado? Certamente, não. Estamos em posição de desempenhá-la atualmente? É possível, visto que se entrevê um caminho de esperança.

Na Antigüidade e nos séculos da diáspora nós representamos o construtivo testemunho da transgressão, da conflituosidade e da irredutível divergência com relação às mitologias superestruturais e evasivas. Os povos vislumbravam estados perfeitos, sociedades concordes, concepções estáticas de felicidade, instituições estáveis, moradias simétricas e harmônicas. Os judeus desmentiam estas fórmulas eufóricas e dogmáticas, sofrendo o desarraigamento e afrontando o êxodo, achando o próprio templo, a escola e a casa na dispersão.

Durante milênios, até a Idade Moderna, manifestamos inequivocamente a recusa e a oposição. Isso não significa que tenhamos sido insensíveis e impenetráveis frente às culturas que amadureciam ao nosso redor. Os mestres do judaísmo sempre tiveram em conta as posturas filosóficas e as atitudes intelectuais "opostas", avaliando simultaneidades e compatibilidades, bem como elaborando versões atualizadas da filosofia bíblica. O judaísmo dialogou com o

xismo, dedicando-se a uma discussão crítica da doutrina através do seu texto "Materialismo Storico ed Economia Marxista" (1900). Na primeira década do século XX desenvolveu um sistema filosófico próprio de caráter idealista, influenciado pela dialética hegeliana; nele a estética, centrada na reivindicação da total autonomia da arte em relação a qualquer outra atividade humana, tornou-se o capítulo mais conhecido. A partir de 1925 Croce apresentou-se como o guia moral do antifascismo liberal. A esta batalha, Croce dedicou algumas obras de história ético-política, como *La Storia come Pensiero e come Azione*, na qual desenvolveu a concepção hegeliana da história dos homens como uma "história da liberdade", mesmo que esta possa ser eventualmente eclipsada em determinados períodos. O conceito, como vimos anteriormente, irá aparecer no discurso de Persico, *Profecia da Arquitetura,* bem como na obra de Zevi.

aristotelismo, com o neoplatonismo e, mais tarde, com o idealismo, o materialismo, o existencialismo e as correntes orientais, tanto mais que a história do pensamento judaico, como foi observado, pode ser perfeitamente reconstituída apenas na dialética com o pensamento de várias épocas e de povos diversos. Deve-se reconhecer, todavia, que a substituição das posturas idolátricas, das egípcias às pós iluministas, foram decididas, e não poderia ser de outro modo, pela substancial negação e, portanto, pela confirmação de uma ruptura.

Ao contrário, na Idade Contemporânea as partes em jogo, em poucos decênios, têm sido claramente alteradas, tendo sido verificada uma substancial reviravolta nas relações entre a cultura judaica e as "outras" culturas. Desse assombroso fenômeno nós mesmos não parecemos estar intimamente conscientes.

O que aconteceu? Para nós, aparentemente, nada de novo. Continuamos a demolir os tabus do iluminismo abstrato, sejam eles quais forem. Einstein desmascarou os sistemas que conjeturavam um universo equilibrado e uma ciência absolutista: revelou-nos a relatividade, a descontinuidade e as contradições; querendo ou não, ele abriu o caminho para interpretações não homogêneas e indeterminadas. Freud demoliu, muitas vezes provocando horror e repugnância, o fantoche do homem racional condicionado para ignorar as próprias forças instintivas, bestiais e monstruosas, rejeitando por outro lado a consolatória tentativa de enquadrar o inconsciente em uma classificação de arquétipos. Na arte, Schönberg codificou o princípio supremo da dissonância, escancarando caminhos anticonformistas aplicáveis a qualquer campo.

Pois bem: este é o fato novo, que jamais havia sido verificado no passado – Einstein, Freud e Schönberg; no entanto, podemos acrescentar inúmeros outros nomes, de Adorno a Benjamin, Kafka na literatura, Soutine na pintura, Mendelsohn na arquitetura ou Carlo Rosselli na política, visto não terem eles permanecido no âmbito de uma cultura minoritária segregada. Revolucionaram o pensamento moderno nas ciências, nas artes, nos costumes, nas relações sociais, e embora de forma menos explícita, nas orientações sociais. A ótica comportamental judaica tem permeado e qualificado o pensamento de vanguarda, da cultura mais avançada. Neste momento, a transgressão às regras absolutistas, o estado de conflito e o anticonformismo são de domínio comum. O próprio conceito de "diversidade" ampliou-se, porque cada comunidade, cada indivíduo pretende uma identidade específica. O sucesso da literatura judaica contemporânea, começando por Saul Bellow, confirma: os judeus se sobressaem porque, através de sua atávica condição reflete-se uma humanidade perdida, alheia, mercantilizada, submissa a qualquer violência, quase à espera de uma hecatombe apocalíptica.

AS TRÊS CULTURAS DA DIÁSPORA E A PERSPECTIVA DE UMA QUARTA   61

Em suma, o judaísmo impregna fortemente a cultura ocidental, de tal forma que o intercâmbio entre judeus e não judeus é intenso, a um nível sem precedentes. Porém, eis o fato paradoxal: o pensamento judaico, dialogando atualmente com o "distinto de si próprio", encontra suas próprias concepções, uma vez que a teoria da relatividade, do inconsciente e da dissonância tiveram origem em seu seio e seriam inconcebíveis fora desta matriz. O fenômeno inaudito é que essas mesmas idéias subversivas, originárias do judaísmo e assimiladas pelo mundo, ainda não estejam completamente introjetadas na própria cultura judaica. Sendo assim, a tarefa do judaísmo para as próximas décadas encontra-se no desafio da renovação, numa reelaboração que elimine os últimos bezerros de ouro.

A cultura judaica articula-se atualmente ao redor de três principais tendências:

a) A dos *chassidim*, mística, poética, permeada de religiosidade e esplendidamente representada pelas fábulas pintadas por Marc Chagall.

b) A israelense, pragmática, comprometida com a construção de uma nova sociedade, sintomaticamente representada, na Bienal de Veneza de 1978, pelas ovelhas de manchas azuis de Menashe Kadishman.

c) A da diáspora européia e americana, problemática, intelectualizada, expressa pela literatura judaica dos Estados Unidos.

Quais perspectivas, quais "mercados" ou áreas de consenso se abrirão a essas três culturas? A fascinante inspiração dos *chassidim* nunca foi exportável; constitui um valor permanente, porém desprovido de virtualidade expansiva. O ímpeto israelense circunscrito à defesa e ao desenvolvimento do único Estado democrático do Oriente Médio não pode se propor como conduta a ser difundida em escala internacional. O triunfo da moderna literatura judaico-americana explica-se quando nos lembramos de que os judeus são "como os outros homens", porém apenas "um pouco mais". Nesse caso, "um pouco antes". Num período de alienação e situações "em suspenso", é lógico que esse tipo de literatura se destaque, pois interpreta a "diversidade" que hoje todos denunciam, mas que os judeus sempre encarnaram e pela qual padeceram.

Como estão posicionados Einstein, Freud, Schönberg e Rosselli no quadro dessas três culturas? Encontram-se desterrados. Eles dominam os "mercados" setoriais, mas não incidem, senão epidermicamente, sobre a cultura. E eis o nó provocativo. A cultura judaica pode continuar a se explicar através das três trajetórias adquiridas, ao manter uma veia mística, ao reforçar a linha israelense e ao servir como "consciência" crítica do mundo ocidental. Mas existe uma outra possibilidade, um quarto objetivo a ser alcançado mediante a maturação de uma postura herética, mais orgânica e transmissível.

Não se pode prosseguir com uma concepção histórica oscilante entre "regras" estáticas e "derrogações" contrárias, com o movimento pendular revolução/restauração/revolução/restauração ou, no campo artístico, ruptura lingüística/código/ruptura/código.

Completando uma operação que na ótica iluminista parece paradoxal, devemos codificar as derrogações e as rupturas lingüísticas. A quarta cultura judaica deverá injetar as heresias de Einstein, Freud e Schönberg nos comportamentos do cotidiano.

6. A Influência Judaica na Arquitetura Contemporânea

A matriz origina-se indubitavelmente do expressionismo. Entre as guerras mundiais, três dos protagonistas do movimento moderno – Walter Gropius, Ludwig Mies van der Rohe e J.J. Oud – se moviam no âmbito da poética cubista, nunca isentos do perigo de involuções classicistas e até acadêmicas. Entre eles, a figura dominante de Le Corbusier evita este destino pelo dinamismo de uma pesquisa capaz de estender-se até a informalidade da Capela de Ronchamp. O último, Erich Mendelsohn, representa o protesto subversivo. Na Einsteinsturm, em Potsdam, ele explode e revolve a matéria, despedaça e dilacera as formas, constituindo a marca da redenção judaica na arquitetura, que por um longo período foi inconseqüente.

Decênios se passaram desde o desaparecimento de Mendelsohn, e mesmo assim hoje pouquíssimos a ele se referem. Permanece um mestre sem discípulos, mesmo porque sua veemência expressionista sofreu um empobrecimento devido aos seus deslocamentos, nas transferências para a Grã-Bretanha, para a Palestina judaica e para os Estados Unidos.

A influência dos judeus na arquitetura contemporânea manifesta-se de forma completa nos anos oitenta. Inesperadamente, ainda que muitos se recusem a reconhecer, parece evidente que entre os líderes do cenário projetual e construtivo surgem alguns personagens, não somente judeus, mas igualmente marcados pelas características e pelas mensagens do judaísmo.

64 ARQUITETURA E JUDAÍSMO: MENDELSOHN

Poderia ser este apego à arquitetura, profissão historicamente marginal ao ambiente judaico, interpretado como um desejo de se libertar da "pátria portátil" dos antepassados? Se por Castle Garden e Ellis Garden passaram, entre 1881 e 1920, mais de três milhões de imigrantes de religião mosaica, não seria lógico que, após algumas gerações, emergissem representantes de uma profissão estável, não mais nômade ou errática? Porém, se o judeu escolhe a arquitetura, em que sentido permanece judeu?

São questões analisadas com amplitude e penetração com relação à literatura judaico-americana, dos anos cinqüenta e sessenta, no ciclo conhecido como The Jewish Renaissance: Saul Bellow, Philip Roth, J. D. Salinger, Norman Mailer, Arthur Miller, I. B. Singer e muitos outros.

Vinte anos após a literatura – evento sem precedentes –, o judaísmo afirma-se no terreno arquitetônico. As motivações são somente em parte análogas. O sucesso da narrativa judaico-americana é imediatamente associado à noção de "diferente". Pouco a pouco, enquanto o mito da homologação se rompe, desfazendo-se, qualquer americano sente-se "diferente". Porém, por mais "diferente" que seja, por vocação congênita é o judeu quem, portanto, melhor que outros, pode denunciar o incômodo. O caráter do judaísmo pode ser encontrado, dessa forma, na desorientação, na estranheza, na não identificação, na falta de *topos* e morada e na dissipação dos ideais.

Porém, tal processo é menos adequado à arquitetura. A diversidade inicial consistia em não exercer essa profissão, optando no máximo pela engenharia, como Dankman Adler [1844-1900], o sócio de Louis Henry Sullivan [1856-1924], em cujo estúdio de Chicago, o jovem Frank Lloyd Wright encontrou inúmeros judeus. Em dois esplêndidos romances, *Meu Nome é Asher Lev* e *O Dom de Asher Lev*, Chaim Potok (1929) documentou o dramático conflito entre a espiritualidade religiosa e o empenho criativo nas artes figurativas. Em arquitetura o hiato é menor, pois não implica a espinhosa questão da reprodução das imagens, o que todavia não deve ser subestimado. Os arquitetos judeus no mundo são ainda relativamente poucos.

No panorama da contribuição judaica selecionamos cinco artistas por vários aspectos sintomáticos. Richard Meier [1934], Peter Eisenman [1932], Daniel Libeskind [1946], Zvi Hecker [1931] e Frank Gehry [1929]. Dois nova-iorquinos, um europeu que trabalha na Itália e em Berlim, um israelense e um californiano.

Não vamos refazer seus itinerários produtivos de forma analítica. Aqui interessa recolher as fragrâncias e as orientações essenciais que resultam da leitura de uma ou no máximo de duas obras.

Para Richard Meier, o Atheneum em New Harmony, Indiana, de 1975-1979, representa o ápice de uma desgastante pesquisa e de extrema inquietude. A referência cultural é o racionalismo europeu de

A INFLUÊNCIA JUDAICA NA ARQUITETURA CONTEMPORÂNEA

Le Corbusier e Mies van der Rohe, com exclusão aparente de qualquer outro léxico wrightiano. Porém, ao contrário dos funcionalistas, neste caso, o tormento lingüístico qualifica qualquer ângulo, reentrância, saliência volumétrica e, sobretudo, qualquer espaço que se torne falante pela luz. Assim, enquanto os racionalistas subordinam os espaços aos invólucros, aqui a cavidade e a luz os movem, tornando-os suaves, instáveis, trêmulos, quase metafísicos.

> O branco é minha cor favorita [...] as minhas reflexões referem-se ao espaço, à forma, à luz e como alcançá-las [...]. Não espaço abstrato, não apenas espaço privado de escala, mas espaço cuja ordem e definição estão relacionados à luz, à escala humana e à cultura arquitetônica.

Meier diverte-se falando em voz baixa. Mas quem lhe ensinou o culto pelo espaço senão Wright, cuja última obra, lembrada seja, é a sinagoga de Elkins Park, Filadelfia, o "Sinai transparente", "a montanha da luz"? Poder-se-ia dizer que a subversão judaica de Meier é marcada pelas feridas wrightianas infligidas sobre os tecidos de Le Corbusier e Mies.

O judaísmo de Peter Eisenman[1] caracteriza-se por um exasperado intelectualismo destinado a consumir e a corroer a linguagem despindo-a das palavras. Por muitos anos ele se dedicou à pesquisa e ao ensino, não em uma universidade oficial, mas em um organismo autônomo (o Institute for Architecture and Urban Studies), mantido por Philip Johnson [1906], cuja freqüência constitui uma sombra ética na biografia do arquiteto. A sua paixão por Giuseppe Terragni [1904-1943] é espontânea e original: a poética maneirista e parcialmente combinatória do arquiteto de Como antecipa os virtuosismos gramaticais de Eisenman. O primeiro ciclo de sua atividade profissional foi dedicado às *case houses*, residências de dimensões mínimas que elaboram de maneira cruel os nós sintáticos do De Stijl, amputando-lhes porém sua lógica nascente, de modo a obedecer a uma irracionalidade nem sempre motivada. No início dos anos oitenta, Eisenman rompeu o silêncio e a reclusão. Decidiu aceitar o desafio

---

1. A relação de Eisenman com a linguagem é justificada por J. Abrams em *Misreading Between the Lines*, Londres, Blueprint, fev. 1985, pp. 16-17; conforme foi citado por Renato Rizzi em "La Riconciliazione della Figura. La Rinuncia alla Perfezione" em *Peter Eisenman La Fine del Classico*, Veneza, Cluva, 1987, pp. 201-205. Para Abrams, os desenvolvimentos lingüísticos do arquiteto encontram precedentes em sua herança judaica, em especial na estrutura de interpretação encontrada na relação entre o Talmud (a compilação das leis orais judaicas), a Torá (as escrituras) e a Cabala (a interpretação da interpretação), ou seja, na leitura hermenêutica entre as linhas da Torá. O próprio Eisenman confirma seu interesse pelo pensamento judaico e a importância adquirida pela palavra nos níveis metalingüísticos do debate constituído pela Torá e pela Cabala, ao definir arquitetura como texto, conceito que desenvolve em "Architettura come Seconda Lingua: I Testi del "Between", em Pippo Ciorra, *Eisenman: Opere e Projetti*, Milão, Electa, 1998, pp. 206-214

66 ARQUITETURA E JUDAÍSMO: MENDELSOHN

da sociedade americana. Produziu numerosos projetos em grande escala, entre os quais lembramos o Wexner Center for Visual Arts de Columbus, Ohio. Apesar disso, o prestígio de Eisenman é devido à sua incessante ação cultural.

Daniel Libeskind domina pelo Museu Judaico de Berlim. Implantação extraordinária, subversiva, que ao mesmo tempo resgata e ofende o velho museu e seus interiores. A modulação rompida declara sua rejeição a qualquer solução cúbica dentro da qual se ocultam as memórias judaicas, apagando as indomáveis inquietudes. Não se trata de um edifício no sentido usual do termo, mas de seu contrário, de um corpo vibrante em zigue-zague que corta, chicoteia a cidade, magnetiza seus estreitamentos e alargamentos, eletrizando-os, contestando paradas e calmarias. Expressionismo numa escala metropolitana, não mais satisfeito em gritar, pronto a evocar o horror de modo gélido, cortante, insensível.

Zvi Hecker iniciou-se em Israel como aluno de Alfred Neumann e sócio de Eldar Sharon. Os apartamentos hexagonais da Casa Dubiner, em Ramat Gan, são, ainda hoje, exemplares. Seguem-nos as espetaculares explosões de Ramot, perto de Jerusalém, a lamacenta torre em espiral de Ramat Gan; e finalmente o gesto, aberto como um leque, da escola judaica de Berlim. Sobre o solo maleável e infiel da capital alemã encontram-se Libeskind e Hecker.

Frank Gehry[2] encerra o rápido discurso. Em sua direção convergem dois tipos de rebeliões contra os vínculos acadêmicos: aquela judaica, enraizada no sulco do expressionismo, e aquela específica do pioneirismo utópico americano. No *melting pot* que constitui os Estados Unidos, o judeu que defende firmemente a própria identidade pode muito bem reconhecer-se entre a minoria ousada e desalentada, criativa a um grau extraordinário e frustrada. Ou seja, entre a mesma minoria de Frank Lloyd Wright e John Cage[3]. Gehry não protesta: ao contrário, tudo destrói, parcialmente convicto de que tudo esteja irremediavelmente destruído. Daí, do desespero judaico, dispara-se em direção à alegria do fortuito, da aventura arriscada, no limite do "pop", do "punk" e outros mais. Do Museu Vitra, em Weil-am-Rhein,

2. Frank O. Gehry ou Efraim Caplan, ou melhor, Caplansky Goldberg, cujos avós maternos eram originários de Lodz, na Polônia, freqüentou a escola judaica e falava iídiche com seus avós. Sua mãe, filha de um estudioso do Talmud, ao mesmo tempo homem da esquerda, havia feito teatro iídiche em sua juventude. Apesar das memórias de infância, ele muda seu nome ao formar-se na USC em 1954, decisão que mais tarde passou por um processo de reavaliação na busca das suas antigas origens e heranças.

3. Zevi também escreveu um editorial na revista *L'Architettura-cronache e Storia* analisando a dificuldade de recepção da mensagem arquitetônica, devida à falta de um vocabulário de amplo alcance, em relação àquela da música de John Cage, discípulo de Arnold Schöenberg. "Musica che Destruttura", *Editoriali di Architettura*, Turim, Giulio Einaudi, 1979, p. 384-387.

A INFLUÊNCIA JUDAICA NA ARQUITETURA CONTEMPORÂNEA 67

na Alemanha, à Faculdade de Direito Loyola, em Los Angeles, e à residência Schnabel, em Brentwood, California, o método, ou melhor, o não-método é constante: engastes e acoplamentos, amontoado acidental dos volumes, formas, entablamentos, espaços sem pretensões *a priori* ou *a posteriori*. Estamos frente a uma total anulação lingüística que implica, por conseqüência, a fecundidade total da fantasia. Materiais pobres, quase refugos, poética do "inacabado", curiosidade ilimitada e disponibilidade em relação às surpresas da existência. A partir da inconcebível tragédia emerge um otimismo messiânico.

Outros arquitetos judeus operam proficuamente. Destacam-se Richard Neutra [1892, Áustria-1970, EUA] (Lovell House, em Los Angeles), que proclama: "Projetar para sobreviver"; Louis Kahn [1901, Estônia-1974, EUA] (Laboratórios Richards em Filadelfia), que alcança enorme ressonância tentando sensibilizar a linguagem moderna com enxertos históricos; Albert Kahn [1869, Alemanha-1942, EUA] (Fábrica Dodge em Detroit), que confere caráter à construção industrial do meio oeste americano; Frederick Kiesler [1890, Áustria-1965, EUA] (Santuário dos Rolos da Bíblia em Jerusalém), designer inventivo e fantástico. São judeus Serge Chermayeff [1900, Rússia], sócio de Mendelsohn (Pavilhão De la Warr em Bexhill-on-Sea), Lawrence Halprin (Rooselvet Memorial em Washington), paisagista californiano; Bertrand Goldberg, triunfante nos arranha-céus geminados de Marina City, em Chicago; Myron Goldsmith, hábil calculista da Skidmore, Owings and Merrill; Robin Stern, sóbrio pregador de um retrocesso às formas tradicionais; Moshe Safdie [1938, Israel], genial idealizador do Habitat 67 em Montreal; Richard Rogers [1936, Itália], exuberante regente do Lloyd de Londres; Ionel Schein (Sinagoga na Defense, em Paris); o australiano Harry Seidler [1923, Áustria]; Daniel Libermann, que em Berkley, na Califórnia, amplia a pesquisa de F.L. Wright e Bruce Goff [1904-1982, EUA]. A lista poderia ser ainda facilmente estendida.

Na Itália podem ser mencionados Ernesto Nathan Rogers [1910, Trieste-1968, Gardone] (Monumento aos Mortos nos Campos Nazistas em Milão), do grupo BBPR; Angelo di Castro (Sinagoga de Livorno), Eugenio Gentili Tedeschi (Templo Judaico de Milão); Mario Fiorentino [Itália,1918-1982] (Mausoléu das Fossas Ardeatinas em Roma). O conflito é sempre o mesmo: de um lado, um transbordante desejo pela heresia; e do outro, uma necessidade iniludível de segurança.

Dov Karmi [1905-1962], Zeev Rechter [1898-1960] e Arieh Sharon [1900, Polônia-1980,Israel] (cuja autobiografia intitula-se *Kibbutz+Bauhaus*[4]) são os protagonistas do novo Israel: planifica-

---

4. Arieh Sharon, *op. cit.*

68 ARQUITETURA E JUDAÍSMO: MENDELSOHN

ram seus assentamentos territoriais, as "cidades sobre pilotis" como Tel Aviv, os edifícios públicos. A linguagem é a do racionalismo europeu de marca alemã, com leve influência expressionista ou wrightiana ou ainda orgânica; arte freqüentemente autêntica, porém com a característica da exclusão, e portanto, com os recorrentes perigos de cair no academismo. Alfred Mansfeld, Joseph Neufeld [1898.Polônia-1980 Nova York], Alfred Neumann e a geração sucessiva de Yacov Rechter [1924-], Ram Karmi, Eldar Sharon tentam mas não conseguem alterar o quadro. Entre os mais jovens, se distinguem Shlomo Aronson, paisagista, aluno de Halprin, e Arieh Sonnino, pelas intervenções capilares nos assentamentos agrícolas.

Uma marca original israelense, senão judaica, encontra-se no urbanismo: a estrutura do Kibutz e do Moshav, a prioridade dada às escolas, aos serviços sociais, aos centros culturais e ao verde, reflete um controle público sobre o uso da terra que colore a vida civil e social do país. Aqui, os conteúdos exprimem-se quase que independentemente das formas. Não é por acaso que se formulou a "Hipótese projetual de uma cidade sobre o modelo do Kibutz".

Nesta perspectiva complexa, as presenças de Meier, Eisenman, Libeskind, Hecker e Gehry permeiam a cultura internacional. Os percursos são bem diferenciados. Entre o perfeccionismo obsessivo de Meier e o "casual" descarado de Gehry nada parece haver em comum. Porém, sob a divergência de propósitos transparece uma autêntica urgência em romper a cadeia da servidão clássica com seus fetiches de dogmas, princípios, regras, simetrias, assonâncias, acordes harmônicos, monumentalismos repressivos.

A arquitetura moderna com suas pulsantes tensões territoriais e urbanas implica uma componente profética, não obstante um patrimônio de esperanças. Os romancistas judeus referem-se freqüentemente ao profetismo como um valor perdido. Os arquitetos, ao contrário, realizam seus projetos com ímpeto messiânico. Cultivam seu judaísmo num campo próprio. Porém o ideal, a luta judaica pela emancipação do "diferente", também é perseguida pela arquitetura.

Figs. 9 e 10. Frank Lloyd Wright: O Sinai Transparente, templo em Elkins Park, Filadélfia (1959). Vista externa e interior.

Fig. 11. Frank Lloyd Wright: O Sinai Transparente, templo em Elkins Park, Filadélfia (1959). Vista noturna

Fig. 12. Capa do livro *Kibbutz+Bauhaus*, de Arieh Sharon (1976)

7. Roma. Um Pontífice Declara: "Quero Entrar na Sinagoga"

Em uma programação radiofônica produzida pela RAI-Radiotelevisione Italiana[1], em 1996, a partir de uma série de entrevistas de Bruno Zevi com convidados especiais, tratando do tema "A cidade de 2000", o notável historiador da arquitetura expressou metaforicamente sua visão do reencontro contemporâneo entre as duas religiões, isto é, o cristianismo e o judaísmo, tendo como fundo a cidade de Roma.

Zevi inicia sua reflexão com a frase:

Salute e Shalom. Shalom in ebraico significa pace

Encontramo-nos em Roma para um evento de carater espiritual, intelectual e artístico único, e eu gostaria de aproveitar a ocasião da primeira destas transmissões para levar ao conhecimento dos ouvintes, pela primeira vez, um fato excepcional: um concurso para a igreja de Roma de 2000. O momento: o estado cultural movediço de Roma, que nem mesmo Rutelli[2] e a nova administração conseguiram remover. Estamos em pleno provincialismo, em plena inércia. Em dois anos, sequer um concurso internacional.

---

1. Tarantelli, Maria Cristina *Bruno Zevi e la città del duemila*. Roma: Rai Radiotelevisione Italiana /Editoria Periodica e Libraria, 2002.
2. Francesco Rutelli, foi prefeito de Roma por duas gestões de 1993 a 1997 e de 1997 a 2001.

74 ARQUITETURA E JUDAÍSMO: MENDELSOHN

Todos sabem. Palude. Em meio a este charco, sem que ninguém tivesse tomado conhecimento, sem qualquer preparativo, o episcopado de Roma, toma uma iniciativa. Declara: quero construir um igreja, símbolo do jubileo, isto é uma igreja que seja erguida para 2000. Onde será esta igreja? E aí esta a primeira grande escolha: será em Casilino, isto é, na mais esquálida periferia romana, porque é ali que a igreja deve agir se pretende encontrar uma nova identidade.

Pois bem, inicia-se um concurso fechado. São convidados seis arquitetos, escolhidos entre os maiores do mundo. Nenhum italiano: um espanhol, Calatrava, um alemão, Gunter Behnisch, grande arquiteto, um japonês Tadao Ando e três americanos, norte-americanos, que são Meier, Gehry e Eisenman, todos os três judeus. Entre seis arquitetos, o episcopado de Roma escolhe três que são judeus. Esse concurso irá se desenrolar com um resultado ao qual eu darei uma enorme ressonância, dedicando um número especial da revista "L'Architettura" e um livro a esses projetos. Porque esta é a primeira página da nova arquitetura cristã. Com este ato, cuja estatura e importância ainda não foi percebida, inaugura-se o segundo ciclo da arquitetura cristã. E notem que é difícil. Eu, que sou um historiador da arquitetura e que muito me dediquei à arquitetura da chamada basílica pagã de Porta Maggiore do I ao IV séculos, conheço a dramática contradição na qual os cristãos se encontram. Porque de um lado, eles são os verdadeiros herdeiros deste mundo romano, deste poder extraordinário, e se querem herdá-lo, devem em um certo sentido confrontar-se com sua grandeza: pois São Pedro é um grande monumento pagão. Por outro lado, qual é a sua idéia? É a não arquitetura. Um mundo tão espiritualizado que não tem matéria. As catacumbas são a negação da arquitetura. A arquitetura esta acima, feita de templos pagãos... e os cristãos onde se encontram? Estão abaixo da superfície, isto é negam a arquitetura. Este conflito que dura por séculos entre concepções contrastes do cristianismo, reabre-se neste momento. E o faz com este concurso.

Não quero falar dos projetos que, são belíssimos, mas digo que com este concurso volta-se a página, propriamente por mérito da autoridade eclesiástica de Roma. E porque se volta a página? Em que consiste este diafragma entre a arquitetura cristã dos últimos dois mil anos e aquela que nasce hoje, não se sabe ainda como e quais serão seus conseqüentes contrastes e sofrimentos? Um evento, um evento incrível, fabuloso: temos um papa diverso que por ter vindo da Polônia, sobre um certo aspecto, amadureceu frequentando Auschwitz. E quando chegou a Roma, a gente, as autoridades eclesiásticas compreenderam que sobre este aspecto nada havia a fazer. Um Pontífice, que um dia desperta e declara: quero entrar em uma

ROMA. UM PONTÍFICE DECLARA: "QUERO ENTRAR NA SINAGOGA"

sinagoga³. Telefona para o rabino-mor Toaff⁴ e diz: eu quero entrar na sinagoga. Todos pensam que enloqueceu, e vice versa, Toaff lhe diz: seja bem vindo. E então um Pontífice, após dois mil anos de anti-semitismo, durante os quais os judeus são definitivamente pérfidos, mas não somente isso, são deicidas, um Pontífice declara "quero entrar na sinagoga", e entra "para retomar o contato com os meus irmãos maiores".

Este é um fato do qual ninguém tomou consciência. Sim, é certo que estava nas primeiras páginas de todos os jornais, mas que este cristianismo não é mais anti-semita e que portanto, retorna à grande história judaica, ninguém sabe. E o concurso para a Igreja coloca o problema da representação desto ato de ruptura do papa. O Pontífice: eu balbucio sem dúvida, me sinto mal, porque sempre falei mal dos papas, e nesta ocasião, mesmo com a dificuldade de dizer-lo porque sou anticlerical, rendo homengem a este personagem colossal, que possui a coragem, mas antes da coragem, a inspiração - porque a coragem é necessária, mas vem após a inspiração - de declarar: "quero entrar na sinagoga para retomar contato com os meus irmãos maiores".

A Igreja pode dar uma nova mensagem ao mundo, uma mensagem moderna ao contrário da conservadora".

Acreditamos que podemos encontrar nas palavras de Emmanuel Levinas[5] o significado maior dessa mensagem para o atormentado mundo em que vivemos:

[...] nós judeus, muçulmanos e católicos – nós monoteístas – nós estamos aqui para romper o encantamento, para dizer as palavras que se desprendem do contexto que as deforma, para dizer as palavras que se iniciam naquele que as diz, para rencontrar a palavra precisa, a palavra que denuncia, a palavra profética.

Não seria a palavra profética Shalom, Salam, Paz...

---

3. A visita de João Paulo II à sinagoga de Roma data de 13 de abril de 1986.

4. Elio Toaff (1915), figura ímpar, foi o rabino–mor da Sinagoga de Roma por 50 anos, tendo resignado no ano de 2001.

5. Levinas, Emmanuel *Monothéisme et Language* in *Difficile Liberté*. Paris: Albin Michel, 1997, pp.249-252

8. Espaço e Não-espaço Judaicos

Prólogo à Jornada de Estudos da Comunidade Judaica de Veneza, em 29 de novembro de 1998. Confronto do compositor de jazz Uri Caine com a música de Mahler.

Começo com um episódio verdadeiro, que soa como uma historieta humorística em iídiche. A ala judaica do Museu de Berlim, projetada pelo arquiteto Daniel Libeskind, deveria estar inaugurada há vários meses, desde o fim do ano passado. Por que o tão esperado acontecimento ainda é adiado? Porque o museu encontra-se vazio, nenhuma exposição lhe foi preparada. A estrutura, eis tudo, diz o diretor: "Desde a manhã até o anoitecer, milhares de visitantes pagam o bilhete de ingresso, vagueiam pelas salas desertas, nada vêem, pois nada há para ver, e saem plenamente satisfeitos".

Na realidade, não vêem quadros, estátuas, documentos, preciosidades, mas vivem em cavidades inéditas, altimetricamente afastadas, subversivas e inebriantes, suspensas entre dezenas de pontes e centenas de furiosas aberturas diagonais que cortam em zig-zag, ferem paredes, tetos e pavimentos. Constituem espaços geometricamente indefiníveis, que desconhecem qualquer fundamento codificado, privados dos ângulos retos, das linhas e planos paralelos, emancipados de qualquer norma, de qualquer tabu tradicional. Esses espaços que escapam a qualquer definição estereométrica, esses não-espaços evocam as características da língua iídiche descritas por Kafka.

Finda a premissa. Há alguns anos, por ocasião do congresso da União das Comunidades Israelitas Italianas, em Roma, na Protomoteca do Campidoglio, fiz um discurso sobre o tema: Judaísmo e Concepção Espaço-Temporal na Arte. Publicado em várias línguas, é

78 ARQUITETURA E JUDAÍSMO: MENDELSOHN

citado, ainda hoje, por qualquer um que se ocupe deste tema. Identifico-me com esse discurso no qual o meu ser orgulhosamente judeu, e apaixonadamente sionista, coincide com a luta antifascista da Justiça e Liberdade e do Partido d'Azione, que qualificou toda a minha vida e a batalha cotidiana pela arquitetura orgânica através de um ambiente próprio para promover a felicidade humana.

Tudo o que direi hoje relaciona-se com aquele discurso, comentando-o e verificando-o.

O que aconteceu até agora? Parece-me suficiente reportarmo-nos à situação da literatura para entender a da arquitetura. A literatura judaica distinguiu-se, nos Estados Unidos, a partir da crise e da queda dos valores iluministas sobre os quais se fundava a cultura do país. Destruídos os mitos da igualdade e da felicidade, todos os americanos sentiram-se desenraizados e frustrados, prevalecendo o grupo que desde sempre, sem exceção, encontrava-se frustrado e desenraizado: o judaico. A mesma coisa aconteceu muito mais tarde com a arquitetura, de maneira tão inesperada e explosiva que muitos ainda não se deram conta.

O racionalismo consumiu-se com a guerra. Um único arquiteto teve consciência disso: o protagonista e líder do movimento racionalista internacional, Le Corbusier. A Capela de Ronchamp, de 1950, é um grito informal contra as ilusões iluministas, renegando todos os princípios promulgados pelo próprio Le Corbusier desde 1922: a casa sobre pilotis, os volumes suspensos, a planta livre, a janela horizontal, o telhado-jardim, os reticulados, o Modulor. Nenhuma "ordem", nenhuma repetição nesse império de espaço-luz. Uma revolução comunicativa integral, incompreendida até pelos discípulos diretos do mestre franco-suíço. A arquitetura do mundo, incluíndo a de Israel, prossegue como se nada tivesse acontecido.

Até 1988, o racionalismo, na frágil versão do International Style, difundiu-se apesar das várias exceções que não chegam a alterar as tendências culturais. São exceções a Opera de Utzon [1918, Copenhagen], na baía de Sidney, o Terminal TWA no aeroporto de New York, plasmado por Eero Saarinen [1910, Finlândia-1961, EUA], o Habitat' 67, em Montreal do muito jovem canadense Moshe Safdie, produtos da escola americana de Bruce Goff. O expressionismo reconquista cidadania na Alemanha de Hans Scharoun, com Michelucci [1891-1991] e Ricci [1918-1994] na Itália, John Johansen [1916] nos Estados Unidos, Reima Pietila [1923-1993] na Finlândia.

O movimento orgânico continua, porém improvisando. Em 1980, na Bienal de Veneza, seu desenvolvimento foi dificultado pela insensata tentativa de paralisar a história, voltando-se ao passado. O assim chamado Pós-moderno representou a derradeira tentativa de ressuscitar o fascismo, temperando-o com molho anarquista e autoindulgência tradicionalista. Esta droga se prolongou por mais ou me-

ESPAÇO E NÃO-ESPAÇO JUDAICOS

nos oito anos, tempo suficiente para preparar os mestres da reconquista, Peter Eisenmann – judeu, Richard Meier – judeu, Frank O. Gehry – judeu, Zvi Hecker e Daniel Libeskind – judeus, Lawrence Halprin – judeu, e outros.

Em 1988 inaugurou-se em Nova York, no Museu de Arte Moderna, a exposição sobre arquitetura desconstrutivista, que em 24 horas removeu os detritos fedorentos do pós-moderno, desaparecido na vergonha de modo a parecer que jamais existiu.

Neste último decênio, verifica-se o evento do fim do milênio. O objetivo perseguido há pelo menos 5 mil anos, desde a idade das cavernas, é alcançado. A arquitetura da liberdade, ativa na idade paleolítica e constrangida pelas ordenações neolíticas, pelos mundos assírio-babilônico, egípcio, grego e romano, emersa no antigo tardio, impressionante sobretudo no período das catacumbas, foi reprimida pelos bizantinos, mas florescente a seguir nas fragmentadas linguagens da Alta Idade Média e do vacilante românico; foi comprimida novamente pelo gótico e pelo renascimento, premente no barroco mas subitamente congelada pelo neoclassicismo; a arquitetura da emancipação expressionista, hibernada pelo racionalismo e pelo pós-moderno finalmente prevalece e vence, triunfa espontaneamente quase sem combate, iniciando dessa forma o capítulo do espaço e não-espaço judaicos.

As características do desconstrutivismo são poucas, simples e radicais:

Primeira: tornam verdadeiro o que afirmava Heschel, ou seja, a teologia do lugar comum, o modo como gerimos o cotidiano. Aqui não existem ideologias, proclamações, manifestos desconstrutivistas. Estamos livres de qualquer abstração idolátrica.

Segunda: no passado, a arquitetura, mais que refletir as exigências da vida, mascarou-as com propósitos compensatórios[1]. Quanto mais o poder declinava e ameaçava ruir, mais monumentais eram seus edifícios. Quanto mais se desencadeavam as crises econômicas, mais eram elas ocultas por detrás de evasivas palladianas[2]. O arquiteto podia ser um psicopata encerrado na própria neurose, porém, quando se sentava à mesa de desenho, tornava-se olímpico, objetivo, planando

---

1. Zevi reutiliza nesse trecho a expressão utilizada por Lewis Mumford "arquitetura da compensação: aquela que oferece pedras grandiloqüentes a um povo a quem subtraiu pão, sol e tudo o que é digno do homem", citada por ele mesmo em *Saber Ver Arquitetura*, p. 106.

2. Em *Controstoria e Storia dell'Architettura*, vol. II, Roma, Newton & Compton, 1998, Zevi aponta algumas obras de Andrea Palladio (1508-1580), que considera reveladoras da angústia maneirista, concordando portanto com a referência de F. Milizia de que a atração de Palladio pelos vícios dos monumentos antigos era mais forte que pela sua racionalidade, e sugerindo que o respeito tributado à romanidade nos *Quattri Libri*, respondia mais a uma estratégia político-cultural do que a uma inspiração pessoal.

80 ARQUITETURA E JUDAÍSMO: MENDELSOHN

sobre as vicissitudes terrenas. Daí então os desconstrutivistas romperam o encanto, reivindicando o direito ao "projetar perturbado", a uma arquitetura que não seja somente consolatória. Renunciaram ao belo em favor do significativo.

Terceira: entre os desconstrutivistas não há nenhum que se declare desconstrutivista, ao contrário, todos esnobam e riem do termo. Não querem um movimento pela emancipação do espaço; emancipam-no através de suas realizações. Não proclamam novos princípios, destroem aqueles existentes. Reivindicam uma escritura arquitetônica de "grau zero", que atue em uma zona branca, neutra, abaixo da zona do poder e acima daquela dos vernáculos; uma arquitetura fluida como aquela do iídiche, impura e contaminada. Frank Lloyd Wright já havia profetizado, ao conversar com um arquiteto judeu, Erich Mendelsohn, em 1924: "A arquitetura do futuro será, pela primeira vez na história, inteiramente arquitetura, espaço em si próprio, sem prescrições". O futuro chegou, comprometido e resplandecente, 64 anos depois.

A escola de Zvi Hecker em Berlim, o Guggenheim de Frank O. Gehry em Bilbao, a ala judaica do Museu de Berlim e a ampliação do Victoria and Albert Museum de Londres, de Daniel Libeskind, estão entre as obras mais eloqüentes do espaço não-espaço judaico contemporâneo. O pensamento judaico, ao qual aderiram e contribuíram muitíssimos não judeus, está à frente e direciona a cultura. Obviamente, nenhum dos arquitetos citados assinaria aquilo que digo sobre a atual liderança judaica. Pois têm medo de separar-se dos outros, temem um novo anti-semitismo, sujeitam-se à mentalidade da geração precedente, segundo a qual ao judeu convinha a discrição e o sussurro. Mas, após a *Shoa*, tão apurada delicadeza é absurda.

Para concluir, um comentário provocativo. Qual linguagem adotar ao projetar e construir hoje em dia? Respondo paradoxalmente: o iídiche. Confirma-o o compositor de jazz de Nova York, Uri Caine, que desafiado ao confronto com a música de Mahler dela inala e absorve todos os componentes vulgares, músicas de baile, músicas populares com sinos, chocalhos e golpes de baqueta. Nenhuma expressão lhe é estranha, tudo é investigado, pesquisado, mencionado, apresentado e manuseado, para em seguida ser destruído com gritos de dor e escárnio, até que reste somente a sutil melodia de um violino tocado por um músico exausto, já esquecido entre as cinzas de uma casa que foi consumida pelas chamas.

O que poderia fazer Uri Caine sobre um Mahler que profetiza o Holocausto? O que se pode fazer, como se pode viver após o Holocausto?

A resposta é evidente: abraçando a modernidade que transforma qualquer crise, qualquer tragédia, qualquer catástrofe, em valor. Wright e Mahler são comparáveis em muitos versos, e a vida de Uri

ESPAÇO E NÃO-ESPAÇO JUDAICOS

Caine é aplicável à arquitetura: divertir-se com espaços e volumes é como jogar com sons desesperados.

Este é o não-espaço judaico, fruto de séculos e séculos de vida miserável e sem alento, de transbordante espiritualidade, angústia endêmica, pensamento milenar, superstições e crenças cabalísticas, resignações a afrontas e perversas restrições, perseguições inauditas pela própria crueldade e estupidez, seguidos da dança, do canto, de uma espasmódica vontade de viver, de delírio da espera messiânica, e finalmente da capacidade de rir de si próprio, mesmo à margem da voragem e do massacre.

Fig. 13. Richard Meier: O Atheneum, em New Harmony, Indiana, EUA (1975-1979).

Fig. 14. Peter Eisenman: Centro Wexner para as Artes Visuais, em Columbus, EUA (1989).

Fig. 15-17. Daniel Libeskind: setor judaico do Museu de Berlim (1989).

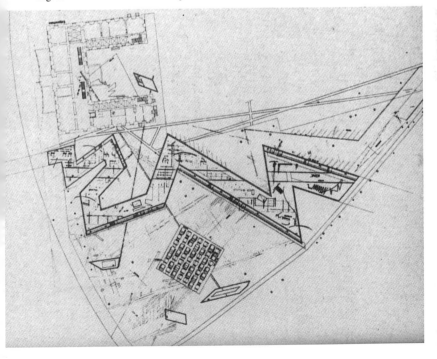

Fig. 18. Zvi Hecker: torre em espiral, em Ramat Gan (1989).

Fig. 19.Frank O. Gehry: edifício Nationale-Nederlanden, em Praga (1992-1996).

Fig. 20. Richard Neutra: casa Lovell, em Los Angeles (1927).

Fig. 21. Louis Kahn: laboratórios Richards, em Filadélfia (1957-1961).

Fig. 22. Ernesto Nathan Rogers e B.B.P.R.: monumento aos mortos nos campos de extermínio, em Milão (1946).

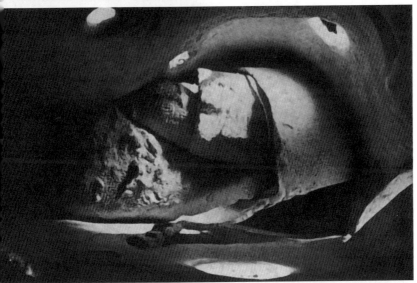

Fig. 23. Frederick Kiesler: Casa sem Fim (1959).

Fig. 24. Mario Fiorentino (*in coll.*): monumento ao Fosse Ardeatine, em Roma (1945).

Fig. 25. Bertrand Goldberg: Marina City, em Chicago (1962).

Fig. 26. Moshe Safdie: Habitat '67, em Montreal.

Fig. 27. Richard Rogers: Lloyd's, em Londres (1986).

Parte II
Erich Mendelsohn
Expressionista

[...] *Para o artista criativo todos os tempos são seu tempo. Arte significa para ele a eterna busca do homem pela transferência da diversidade de seu mundo temporal – a manifestação material e espiritual – para a unidade da criação atemporal* [...].

ERICH MENDELSOHN

Albert Einstein e Sigmund Freud, Arnold Schönberg e Erich Mendelsohn: quatro na multiplicidade da diáspora, um exílio sem retorno.

Para os artistas, a imigração foi mais dura e condicionante que para os cientistas. Schönberg não conseguiu completar *Moses und Aron*. Talvez, nem mesmo Mendelsohn tenha concluído a sua obra. Essa consciência Mendelsohn teria tido por pelo menos duas ocasiões. Em uma carta de 1947 dirigida a Julius Posener e enviada de São Francisco, na qual tratava dos recentes projetos de Frank Lloyd Wright, referindo-se também, com toda certeza, ao Museu Guggenheim, ele escrevia: "O fato de que essas suas últimas obras encontram-se próximas de meus primeiros esboços – digo com toda humildade – constitui um desafio ao qual deverei responder nos próximos vinte anos".

E, em 27 de março de 1953, poucos meses antes de morrer, em uma correspondência dirigida a Oskar Beyer:

Se me fosse possível, recomeçaria a partir do ponto no qual meus primeiros esboços me guiaram, considerando tudo aquilo que aconteceu, daquele momento em diante, como uma fase preparatória de uma nova, última idade criativa.

Apesar da vasta literatura dedicada ao expressionismo arquitetônico, a complexa personalidade de Erich Mendelsohn, sua doloro-

94 ARQUITETURA E JUDAÍSMO: MENDELSOHN

sa trajetória e a complexa leitura de suas imagens, levantam inúmeros problemas críticos que dizem respeito a:

- a formação indecifrável, isto é, a falta de uma ascendência no âmbito disciplinar. Quais seriam suas fontes de inspiração do período juvenil, dos esboços de 1914 até a Torre de Einstein em Potsdam? Tendo-se esquivado de todos os códices disponíveis, quais seriam as raízes que poderiam ser atribuídas às suas propostas subversivas?

- o relacionamento com o Novembergruppe e o Arbeitsrat für Kunst de Taut, Gropius, Bartning; com as figuras já reconhecidas de Behrens e Poelzig; como também de Häring, Finsterlin e Scharoun. Teria sido realmente um expressionista, e assim sendo, em que aspecto?

- a passagem da representação visionária para a arquitetura construída. Como teria se efetuado? Quais seriam os custos em termos de capacidade comunicativa e de tensão poética? Quais seriam os esboços que apresentariam valor criativo e quais seriam aqueles que em especial apresentariam valor crítico, ou melhor, autocrítico? Como se poderiam distinguir e entrecruzar os eixos da simultaneidade e das sucessões em sua pesquisa?

- o processo que conduz desde a explosiva Einsteinturm, obra prima do expressionismo, ao aparente "racionalismo" dos magazines Schoken e Columbushaus. Uma mudança radical, uma conversão improvisada à Neue Sachlichkeit, ou então uma transformação do sistema lógico-semântico, porém não da estrutura global?

- as distintas qualidades das obras palestinenses. Uma renovação da temática expressionista inserida em um novo contexto, ou uma ruptura com o passado a fim de recuperar uma mensagem aderente ao panorama bíblico? Os acentos monumentais que aqui se confrontam implicariam uma violência sobre o espectador ou, ao contrário, potencializariam a sua fruição enriquecendo as escolhas?

- o significado da estada americana. Um último retrocesso, ou uma retomada decisiva efetuada na Russell House? A criação dos centros comunitários afetaria somente o comportamento, ou também a linguagem?

- e sobretudo: a herança mendelsohniana em suas valências pertinentes, nas hipóteses em aberto, nos métodos, ainda hoje estimulantes e provocatórios, passíveis de novas explorações. Quais seriam os estímulos semiológicos que elas poderiam oferecer nas condições dos anos oitenta? Seria ainda válida em nossos dias a recusa por qualquer convenção léxica e sintática, o espaço-ambiente antinaturalista, a polêmica obstinada contra a caixa edificada; conduzida no entanto em detrimento e sem perdas para a terceira dimensão, assim como o ímpeto material e gestual; enfim, seria ainda válida a profecia de um encontro entre o expressionismo e a arquitetura orgânica?

O discurso sobre Mendelsohn não permite rememorações celebrativas e tons indiferentes. A revolta contra o homem nu, unidimensional, dissecado pela sociedade industrial, pela burocracia e pelo militarismo, grotescamente ancorado nos mitos iluministas e no despotismo idolátrico, não pertence unicamente ao primeiro pós-guerra alemão. Expõe questões angustiantes e atualíssimas a respeito do futuro da arquitetura.

Os ingredientes culturais dos demais mestres nascidos no decênio 1880-1890 são todos conhecidos. Walter Gropius fez seu aprendizado no prestigioso e eclético estúdio de Peter Behrens. Le Corbusier, após as primeiras explorações neomedievalistas, retornou ao classicismo depurado e já quase purista da vila suíça construída em 1916. Ludwig Mies van der Rohe encontrou a própria matriz no mundo schinkeliano. J. J. P. Oud participou, sem nenhuma convicção íntima, da maneira wrightiana difundida na Holanda por mérito de Robert van't Hoff.

Da mesma forma, é inequívoco, entre todos esses, o gesto de auto-identificação assinalado na vida de Gropius pela colaboração com Adolf Meyer na Oficina Fagus; em Le Corbusier pelo encontro com Amédée Ozenfant e pela fundação da revista *L'Esprit Nouveau*. Mies descobriu a si próprio projetando arranha-céus vítreos no fervor que o impeliu a dirigir a mostra arquitetônica do Novembergruppe; e, finalmente, Oud se definiu e amadureceu no movimento De Stijl, animado por Theo van Doesburg.

Com relação a Mendelsohn, ao contrário, é impossível documentar seus componentes culturais, ou mesmo um evento significativo que determine seu ponto de partida. Ele gostava de repetir as palavras com as quais o presidente da Ann Arbor University o havia apresentado aos estudantes em 1941: o único "revolucionário nato de sua geração". Afirmava com satisfação que nada havia aprendido na escola: refratário aos estilos históricos, para poder passar nos exames havia adquirido de um amigo uma série de pranchas gregas e medievais; a sua tese de formatura deveria ser "renascentista", contudo havia redigido o projeto do cemitério de Allenstein, cidade da Prússia Oriental onde nascera em 1887, e os docentes, mesmo constatando de que de Renascimento não havia nem sombra, julgaram-no "louco, mas bom".

Se os estudos conduzidos em Munique e Berlim não confirmam a formação de um gosto, as viagens enriqueceram a sua personalidade, sem todavia conferir-lhe uma orientação. Admirou o barroco da Boêmia, os templos dóricos, Bramante, o palácio Pitti, São Marcos em Veneza, identificando-se em cada monumento: "reconhecemos nosso próprio sangue em cada coisa. É o único modo de compreender os fenômenos". Todavia, não realizou escolhas, não fez recair a sua ânsia no passado, como ocorreu com Le Corbusier, peregrino na Grécia. Mendelsohn achava-se convencido de que vivia "na alvorada de um novo período cultural", cuja força de ruptura e expectativa apocalíptica ele representava em seus desenhos; entretanto, em seus escritos não se registra a passagem da tensão psicológica para o pensamento arquitetônico.

Mesmo em relação à produção européia daqueles anos, a sua posição parece ambígua. Entusiasmou-se visitando a Jahrunderthalle de Breslavia, construída por Max Berg em 1913; admirou o palácio Stoclet de Joseph Hoffman em Bruxellas, mas a seguir reconheceu que esse se parecia com um móvel "concebido por um artesão, uma mente muito decorativa"; apreciou a fábrica de turbinas AEG de Berlim, porém como veremos, considerou-a, em outro momento, um episódio fortuito da carreira de Behrens; foi atraído pelo modelo plástico de Henry van de Velde e apreendeu a natureza do gênio de Joseph Maria Olbrich, mas rejeitou os elementos Art Nouveau de ambos. Renunciou a qualquer tirocínio profissional porque não sentia qualquer afinidade com os arquitetos da época.

Vários autores esforçaram-se para encontrar as fontes da inspiração mendelsohnianas, tendo elencado: a) desde as estruturas oitocentistas, do Palácio de Cristal de 1851, à Torre Eiffel e à Galerie des Machines, de 1889; b) as obras em concreto armado de Max Berg e Robert Maillart; c) os desenhos futuristas de Antonio Sant'Elia e os de Tony Garnier para a Cidade Industrial; d) os silos e as fábricas americanas às quais o *Jahrbuch des Deutschen Werkbundes* dedicou um número especial em 1913; e) os organismos naturais, conchas, esqueletos de animais, madeira petrificada etc.; f) o grupo Blau Reiter, e em particular os pintores Wassili Kandinsky, Franz Marc e Paul Klee; g) Otto Wagner e a Secessão Vienense; h) van de Velde e Charles Rennie Mackintosh pela linha dinâmica. As citações são tão numerosas e disparatadas que se anulam mutuamente. Muitas referências não encontraram posteriormente qualquer confirmação em suas cartas, que constituem um verdadeiro diário: os nomes de Maillart, Sant'Elia, Garnier, Mackintosh jamais aparecem; nenhuma indicação dos pintores do Blaue Reiter. A Galerie des Machines é evocada nos esboços de 1914, sendo que alguma alusão naturalista talvez possa ser individuada nas imagens de 1920 do Pavilhão para Luckenwalde. Ou seja, nenhuma influência decisiva: não existe um modo institucionalizado do fazer artístico que Mendelsohn possa ter aceitado.

Somente em 1924, em Taliesin, no Wisconsin, Mendelsohn encontrou um mestre a quem permaneceria incondicionalmente devotado:

ERICH MENDELSOHN EXPRESSIONISTA 97

Ele é vinte anos mais velho que eu. Mas nos tornamos amigos no mesmo instante, ambos enfeitiçados pelo espaço, estendendo as mãos um ao outro no espaço, o mesmo caminho, o mesmo objetivo, a mesma vida, a mesma crença. Nos entendemos de imediato como irmãos [...]. Wright disse que a arquitetura do futuro – ele a vê naturalmente em função de seu trabalho – será pela primeira vez na história, totalmente arquitetura, espaço em si mesmo, sem modelos pré-estabelecidos, sem ornamentos, movimento em três ou quatro dimensões [...]. Disse que eu era o primeiro europeu que tinha vindo procurá-lo e o havia encontrado. Respondi que a gente perguntará, todos perguntarão, e eu direi: "Eu o vi, estive com ele [...]". Ninguém alcança o seu gênio. Dessa forma, passaram-se os dias entre Taliesin, Coonley House e os Midway Gardens: jornadas em um sonho de Wright, perdido no pensamento e na reflexão [...]. Olbrich e ele. Olbrich com suas membranas proféticas, Wright com a estrutura espacial do nosso tempo. Contudo, Olbrich foi logo destruído pela vida da corte e pela assim chamada sensibilidade delicada, enquanto Wright vive segundo a natureza e continuará renovando-se até a morte.

Estamos em 1924: a descoberta de Wright aconteceu quando Mendelsohn já era um arquiteto formado, portanto, nesse caso não se pode falar propriamente em um mestre. Na realidade, Mendelsohn foi o "único revolucionário nato de sua geração" assim como da precedente, pois Wright, como é sabido, esteve submetido a um longo aprendizado no estúdio de Louis Sullivan e Dankmar Adler.

Aqui se acha o enigma da personalidade mendelsohniana: uma fantasia arquitetônica que encontra suas fontes e alimento para além do repertório disponível, mergulhando na experiência e representando-a em imagens desvinculadas de qualquer mediação lingüística codificada, que desde 1914 alcança graus de intensidade arrebatadora:

Projetos assim grandiosos, perseguindo um ao outro, sem trégua, e que somente o espírito de uma época nova e livre pode compreender. Freqüentemente, também para mim, são como imagens de uma fantasia espasmódica, sonhos de um mundo ideal que tomaram forma e cuja consciência monumental submete, como nunca antes, massa e energia. Mesmo a imensidade do Egito, no confronto com esse espírito vivente do futuro, não se afigura mais que ruínas, romantismo em decomposição.

A idéia do Observatório de Potsdam nasceu em 1917, na frente russa; os esboços foram enviados ao dr. Freudlich, um dos assistentes de Einstein. A guerra, as longas noites de vigília aguçam a solidão excitando de maneira subversiva a urgência criativa: "para mim o cotidiano torna-se algo mais que o cotidiano. Não sei se deriva de minha inclinação ao fantástico ou do hábito de lançar milhões de esboços incompletos sobre o papel".

Estação visionária, magnética, densa de terrores e esperanças, durante a qual os eventos oferecem incentivos mais urgentes e provocatórios que os exames da arte. Van de Velde, Behrens, Berg, Poelzig, Hoffman, mesmo os maiores monumentos da história desmoronam frente à obsessão incontestável das inéditas paisagens arquitetônicas fixadas em um estado febril com parcos traços de lá-

98 ARQUITETURA E JUDAÍSMO: MENDELSOHN

pis ou pena. "A revolução como ação é plena de razão, intensificada até o limite da irracionalidade, a revolução do pensamento se farta de sonho, intensificada até o grau máximo da anarquia."

Portanto, uma formação extradisciplinar. Quando o dr. Freundlich observou "não vejo em seu trabalho qualquer respeito pela capacidade de seus similares", compreendia perfeitamente: o gênio mendelsohniano não apresenta ascendência ou raízes, justifica-se fora de qualquer códice, na experiência existencial, na plenitude dos sofrimentos atávicos e de um messianismo veemente e ao mesmo tempo flagrante. Dele emerge um elemento de enorme importância por sua atualidade: a recusa a qualquer empréstimo tipológico, ou a qualquer traçado esquemático pré-existente da forma artística, assim como a proposição de modelos estruturais que seguem as múltiplas potencialidades da forma, origem a partir da qual desenvolvem-se as infinitas variantes dos esboços.

Solitário em sua juventude, assim permanecerá ao longo de sua vida, apesar do reconhecimento e do sucesso profissional. Basta recordar dois acontecimentos fundamentais daqueles anos: a exposição de Stuttgart, de 1927, e a reunião na qual se fundou o Ciam (Congresso Internacional de Arquitetura Moderna), em junho de 1928. Ao organizar o bairro modelo de Stuttgart, Mies van der Rohe convidou como colaboradores os mestres mais velhos como Behrens e Poelzig, os expoentes do Novembergruppe como Gropius, Bruno e Max Taut, Scharoun, e outros puristas, neoplásticos, racionalistas alemães e estrangeiros, Adolf Rading, Richard Doecker, Ludwing Hilberseimer, Adolf Schneck, o austríaco Josef Frank, os holandeses Oud e Mart Stam, Le Corbusier, suíço-francês, o belga Victor Bourgeois. De todas as tendências, grandes e medíocres, todos se fizeram presentes. Somente Mendelsohn foi excluído.

Na reunião internacional que teve lugar no castelo de Sarraz, na Suíça, estiveram presentes homens das mais variadas correntes: do mestre neo-românico Hendrik Petrus Berlage a Gerri Rietveld, do grupo De Stijl, de André Lurçat, autor da famosa escola de Villejuif, a Ernst May, o urbanista de Frankfurt, do racionalista Le Corbusier ao orgânico Hugo Häring, adversário polêmico do doutrinarismo purista. Mendelsohn não esteve presente.

Um estado de isolamento também se verificou com relação aos comitentes: industriais e comerciantes na Alemanha; o comissariado britânico e os dirigentes sionistas na Palestina; e as comunidades judaicas dos Estados Unidos. Poucos encargos públicos de prestígio, afora a Universidade do Monte Scopus e as sedes de alguns sindicatos, nem sequer um único edifício nas *Siedlungen*. Mesmo quando os ex-expressionistas inseriram-se no sistema e conseguiram o controle de alguns setores de autoridade profissional, o único "revolucionário nato de sua geração" permaneceu só.

1. Expressionista por Indução

Antes de individuar seu papel no campo específico da arquitetura, devemos qualificar o diálogo de Mendelsohn com o multiforme panorama ético, civil e cultural da *koiné*, da *Ërlebnis* e da *Gestaltung*, entendido sob o vasto e polivalente arco do expressionismo. Essa arte, característica da geração nascida entre 1880 e 1890, a mais golpeada pela grande guerra, desenvolveu-se entre 1910 (data da fundação da revista *Der Sturm*) e 1924, quando a *Neue Sachlichkeit* reabsorveu a poética da revolta; para alguns, o início é antecipado para 1907 (publicação de *Mörder, Hoffnung der Frauen,* de Oskar Kokoschka) e para outros para 1905 (*Die Brucke*, em Dresden). De todo modo, a arquitetura resulta defasada com relação aos eventos literários e pictóricos, registrando o fenômeno de modo incerto e episódico a partir de 1914. Entretanto, somente no pós-guerra podemos nos referir a um movimento. Quanto a Mendelsohn, a sua pesquisa não se encontra diretamente sincronizada com o mundo expressionista: ele não privilegia a *pars costruens,* eliminando, ou dando por assimilado o acervo de evasões místicas e viscerais da *pars destruens.* Expressionista marginal, pleno de impedimentos emotivos e reservas intelectuais durante a breve temporada de furor subversivo, Mendelsohn foi um defensor decidido e orgulhoso da herança expressionista quando, tempos depois, os mais fanáticos negaram a sua experiência "juvenil".

Ao lado do registro exemplar das poéticas expressionistas, sob a curadoria de Paolo Chiarini, podemos delimitar o campo das adesões

100 ARQUITETURA E JUDAÍSMO: MENDELSOHN

e das divergências mendelsohnianas. Tensão existencial aguçada, exaltação máxima do clima psicológico, aventura da alma solitária, destruição de uma tradição acadêmica já estéril, com maior confiança na energia vital do que nos esquemas ideológicos: portanto, a arte como catarse ou trâmite para uma tomada de consciência da realidade que se identifique com os fatos na dor (Schreyer, 1919), como necessidade de ordem quase biológica, pois "aquele que não cria do mesmo modo que respira, não é um criador" (Kayser, 1920), "arte como o trabalho do sangue, que se eleva com uma força superior perseguindo o objetivo precípuo de produzir arte" (Kayser, 1925). Mendelsohn encontrava-se, sem dúvida, inteiramente suspenso nesses humores: tinha o senso da embriaguez inventiva e dos pesadelos angustiantes. Todavia, não subscreveu a afirmação "as forças motrizes da revolução são o desgosto e a nostalgia" (Muhsam, 1913) e menos ainda o incitamento: "devemos ser caóticos!". Faltavam a ele o riso histérico de Nietzsche, a cólera, a raiva, a volúpia niilista, o *contemptus mundi*. Não necessitava do "ódio sacrossanto" por tudo o que é esclerosado (Kurz, 1913), sendo-lhe geneticamente imune. Aceitava que

[...] somente uma coisa vale a pena, seguir em frente, sempre mais em frente, com ardor, entusiasmo, ora vacilando como cegos mas sempre avante seguindo os próprios caminhos, na direção de metas desconhecidas e que jamais serão alcançadas (Leonhard, 1913);

e, embora pronto a arriscar tudo, não renunciava, *a priori*, a alcançá-las. Repeliu o masoquismo, a dissolução, o amorfo como objeto em si, o tormento sem direção. Aos apelos ditados pelo mero pathos e pela sensibilidade cósmica, tais como

[...] arte é amor. Por isso, artista, vá para o meio do povo e mostra-lhe teu grande coração. As tuas orações tornar-se-ão poesia. Aquele que tem coração declara a dor dos milhões que sofrem a seu redor. Despreza as ternas perturbações e as leves desesperanças dos tempos chuvosos e das flores crepusculares. Canta hinos, prega manifestos, projeta para o céu e a terra [...] (Goll, 1917).

Mendelsohn teria preferido idéias menos altissonantes como:

A revolução artística do expressionismo coincide não por acaso, com aquela realizada pela teoria einsteniana da relatividade no âmbito das concepções científicas; também esta última libera efetivamente todo objeto e evento da estática, resolvendo-o em uma dinâmica universal. Tudo está em movimento (Hatvani, 1917).

Compreende-se por que a posição de Mendelsohn em relação à Weltanschauung expressionista constituiu um problema insolúvel para os historiadores da arquitetura moderna. Uma relação ambígua de amor e ódio. Durante os anos de guerra principalmente ele viveu os estados delirantes, resultado de uma condição humana corrompida. Entretanto, não acreditou que da concupiscência dos traumas

EXPRESSIONISTA POR INDUÇÃO   101

apocalípticos e do escárnio dos cruéis sarcasmos surgisse automaticamente uma nova civilização e, a partir dela uma arte duradoura; ou então que das ruínas abrasadoras e pútridas desabrochasse sempre, fatalmente, qualquer coisa de válido. Incendiar, destruir ou incitar a gangrena poderia ser necessário como função maiêutica e catalizadora; sem dúvida, é necessário "escancarar novamente a boca da humanidade que assistiu à bazófia em silêncio" (Bahr, 1916), pois já não se tratava de entender e interpretar a realidade, mas de abatê-la e todavia estremecê-la com veemência. Contudo, não basta lutar "como selvagens" (Marc, 1912), voltar a sermos "todos bárbaros, visto que, como o homem primitivo se recolhia em si mesmo por temor à natureza, assim nos refugiamos em nós mesmos frente à civilização que devora a alma" (Bahr, 1916). A dessacralização, o alogismo, a recuperação de um estágio precedente às codificações gramaticais e sintáticas, são integradas por um impulso oposto:

> A minha fé na ordem dos homens não cessou no inferno da guerra, nem nos massacres da anarquia. Mesmo reconhecendo que o caos de nossa época torna as mentes disponíveis, ainda uma vez, à transcendência e ao niilismo, a solidariedade dos espíritos e dos povos reaparece neste momento como o fruto mais maduro da nossa fé operante (Kayser, 1920).

Por causa dessa fé, Mendelsohn sentia-se um estranho em relação à gestologia revolucionária, à acrobacia de sentimentos e às macabras danças do irracional.

Sob um aspecto essencial ele se encontra imerso no expressionismo: pertencia à "forma breve". Chiarini sublinhou a polaridade ideológico-temática do movimento, as duplas antitéticas (espiritualismo-animalidade, intelecto-sentido, individualismo-coletividade, natureza-mundo industrial), "faces complementares de um mesmo extremismo místico"; e a "polaridade estilística paralela, que se institui entre a "escritura pletórica" e a escritura de "grau zero" (isto é, entre as escrituras que tendem à "inflação barroca" e outras que têm origem para além da "contração" futurista), todavia reconduzíveis a uma raiz comum, isto é, ao gosto declarado pela "inflexão anormal". Pois a partir daí, constantemente, seja nos esboços ou nas arquiteturas, Mendelsohn moveu-se no interior dessa polaridade.

Desse modo, ele não elege um dos extremos do dilema, não sacrifica o primeiro nem o segundo tema, realizando uma conjunção inédita de urgências contraditórias: ele constrange e contrai o inflacionado com marcas "de grau zero" que não sufocam o pletórico e o redundante, ao contrário o coagulam e consagram.

> Amemos o essencial: e ainda que nos inclinemos ao psicologismo e à análise, será somente para extrair de elementos assim vivissecados uma síntese mais substanciosa, um cocktail mais concentrado. Desse gosto pelo essencial procede a escolha de formas e modos expressivos extremamente enxutos: a glosa no lugar da dissertação e do artigo de fun-

102 ARQUITETURA E JUDAÍSMO: MENDELSOHN

do; o aforismo no lugar do tratado filosófico; a anedota como substituição de obras épicas mais extensas. Adotaremos essas formas concisas não por preguiça, não por incapacidade de escrever qualquer coisa de proporções mais vastas, mas porque para nós elas constituem uma necessidade. Nem nós, nem outros temos tempo a perder (Pinthus, 1913).

Rapidez, simultaneidade, extrema tensão para compreender as interdependências daquilo que se contempla. Uma visão deseja manifestar-se com extrema concisão no âmbito de uma simplificação extravagante. Cor sem vestígios, desenho sem explicação, substantivo fixado no ritmo e sem atributos. Todo acontecimento se faz característico de si próprio (Däubler, 1916).

Portanto, tudo se aplica a Mendelsohn de modo bastante conveniente: a sua "forma breve" alcança uma síntese extraordinária mediante um método exatamente inverso àquele formulado por Mies van der Rohe, "menos é mais". Não procede por sucessivas eliminações dos ingredientes não essenciais; nenhum desejo purista, nenhum sangramento racional. Ao contrário, "o mais" aumenta seu significado reduzindo-se a um gesto único. Logo, uma síntese não lógica, mas emocional, e portanto pronta a potencializar ao invés de reduzir a experiência. Na "inflexão anormal" e na "simplificação extravagante" Mendelsohn contesta, fulmina, chia, distorce, lacera ou disseca para tornar mais profundo e tenso o "intervento" criativo.

Um confronto da relação entre Mendelsohn e os expressionistas sob o ponto de vista organizacional e social confirma o diagnóstico. Em novembro de 1918 fundou-se o Novembergruppe com um manifesto tingido de "comunismo cósmico"; logo após, nasceu o Arbeitsrat für Kunst (fig. 2) que reproduzia no campo artístico os comitês de operários e soldados. O nome de Mendelsohn apareceu aqui entre os "amigos que partilham os seus objetivos"[1]; entretanto, está claro que o atrativo de um agrupamento revolucionário não corresponde a uma persuasão íntima em relação aos ideologismos políticos e, menos ainda, em relação aos mitos do trabalho coletivo. Em abril de 1919, o Arbeitstrat promove, em Berlim a mostra dos arquitetos desconhecidos, Ausstellung Unbekannte; Mendelsohn não participa, ao invés

1. Em 1919, em Berlim, Mendelsohn proferiu para o Arbeitsrat für Kunst uma conferência – "O Problema de uma Nova Arquitetura" – incluída por De Benedetti e Pracchi na Antologia dell'Architettura Moderna, Bolonha, Zanichelli, 1988, pp. 260-261, na qual utilizando uma linguagem libertária aponta para os apóstolos de um mundo feito de vidro, para os analistas do espaço e para os pesquisadores das novas formas de materiais e métodos construtivos, como os responsáveis pela solução do problema da nova arquitetura. Contrário ao internacionalismo, que considera um esteticismo apátrida, Mendelsohn propõe como premissas uma delimitação nacional e uma humanidade livre que somente poderia se realizar como conseqüência de uma cultura mais ampla. Esses mesmos princípios estarão presentes na formulação da Academia Européia Mediterrânea, um empreendimento que o arquiteto irá desenvolver em 1933 junto com os amigos H.T. Wijdeveld, o arquiteto holandês, e o pintor francês Amédée Ozenfant, e cujo objeto era unir a tradição e a expressão do seu próprio tempo com o intuito de criar uma arquitetura para o futuro, ao mesmo tempo em que tornava o jovem arquiteto num construtor pleno.

Fig. 2. Panfleto do Arbeitsrat für Kunst, 1919, xilogravura de autoria provável de Max Pechstein.

disso prepara a exposição de seus desenhos que seria inaugurada em novembro, na Galeria Cassirer. No volume *Ruf zum Bauen,* editado pela Wasmuth em 1920, nenhum de seus esboços é publicado. Encontramo-lo, ao contrário, no Ring, uma associação formada por volta de 1923, por iniciativa de Bruno Taut, porém se trata de uma adesão voltada à defesa da arquitetura moderna contra a ignorância conservadora da administração comunal de Berlim. Nada além disso. O grupo expressionista magnetizou os intelectuais alemães, sem que se pudesse evitar o confronto; Mendelsohn porém não quis inserir-se, pois os limites muito freqüentemente implicavam, e segundo muitos críticos ainda implicam, o divórcio da arquitetura com o real, bem como a fuga pela utopia.

Tentemos inscrever Mendelsohn em um diálogo junto aos maiores expoentes do expressionismo arquitetônico. Ele é 19 anos mais jovem que Peter Beherens, 18 anos mais jovem que Hans Poelzig, tem 12 anos a menos que Berhard Hoetger, 10 anos a menos que Johannes Friedrich Hoger, Bruno Taut é 7 anos mais velho que Mendelsohn, Hugo Haring, 5, Otto Bartning, 4, Max Taut, 3. Coetâneo de Hermann Finsterlin, ao contrário, é 2 anos mais velho que Wassili e 3 anos mais velho que Hans Luckhardt, tem 6 anos a mais que Hans Scharoun. Para um jovem que em 1919, com a idade de 32 anos, ingressava no mundo profissional, o número de personalidades envolvidas na corrente expressionista deveria exercer uma notável influência, porém esse número poderia ser drasticamente diminuído ao se eliminar aqueles que aceitavam seus estilemas de modo extrínseco, quase como uma moda.

104 ARQUITETURA E JUDAÍSMO: MENDELSOHN

Peter Behrens (1868-1940)[2] cruza com o expressionismo nos grandiosos escritórios da Höchster Farbwerke, construídos em Frankfurt sobre-o-Meno entre 1920-1924. A distribuição incomum dos volumes, seus engastes violentos e brutais, as grumosas tessituras murais medievalizantes, as bases inclinadas, as janelas e os arcos parabólicos, as faixas terminais solidificadas e, sobretudo, o dramático átrio (fig. 4) no qual o espaço clássico desengonçado é retalhado por cortes diagonais que deixam suas marcas nas paredes de tijolos, determinando com a luz que desce do alto (fig. 5) a atmosfera de esfacelamento tanto do projeto como da matéria, todos esses elementos atestam uma generosa abertura rumo ao exasperado clima de dúvida e de protesto. Uma certa inquietude já se encontrava manifesta no complexo da AEG[3], de 1909-1912 em Berlim (figs. 7 e 8), em especial nas janelas escalonadas que animam a fachada principal (fig. 6), e nas oficinas de gás, de 1911-1912, em Frankfurt (figs. 9 e 10); ainda em 1926, projetando um hotel em Brno (fig. 13), o mestre recebe a influência dos turbulentos discípulos[4]. Todavia, em relação ao restante da longa e fecundíssima atividade, permanece um profissional moderado e eclético. No início da carreira, mesmo radicado em Darmstadt, mal alcança o gênio de Olbrich (figs. 14 e 15); arrisca algumas assimetrias na casa do bairro de Weissenhof em Stuttgart, de 1927; é mendelsohniano de maneira doutrinária, austera e germânica na fábrica de tabaco de 1930 em Linz (figs. 16-18). Fundamentalmente acadêmico, seu progressismo nunca foi isento de veleidades transformistas: protege os jovens porque não quer sentir-se superado, porém, em cada fase revela a sua própria natureza que o leva ao monumental e, em 1912, após a célebre fábrica de turbinas em Berlim, assina a solução retrógrada de colunatas na embaixada alemã de Petesburgo (figs. 11 e 12). No conjunto, a função de Behrens é positi-

2. Sobre Peter Behrens vale a pena mencionar o texto de Stanford Anderson, *Peter Behrens and a New Architecture for the Twentieth Century*, Cambridge, MIT, 2000, um trabalho de fôlego, que partiu da dissertação de mestrado do autor na Universidade de Columbia, ainda na década de sessenta.

3. O complexo industrial da AEG para o qual Behrens projetou seus edifícios constituía-se efetivamente em dois campos, o primeiro, em que se localizava a fábrica de turbinas, cuja fachada tornou-se símbolo do grupo, era o Berlim-Moabit, na Hüttenstrasse, e o segundo, para o qual o arquiteto projetou três fábricas, entre elas a fábrica de Alta Voltagem, cuja fachada composta por janelas escalonadas é citada por Zevi, era conhecido como Berlim Wedding, na Brunenstrasse.

4. Entre os discípulos de Behrens que chegaram a trabalhar em seu escritório de Berlim devemos citar Walter Gropius (1907-1910), Mies van der Rohe (1908-1911) e Le Corbusier (1910-1911). Em 1926, ano do projeto do Hotel de Brno, o arquiteto ocupava o cargo de diretor da Academia de Arquitetura de Viena, sendo que seus projetos, assim como de seus alunos, mostram uma clara influência expressionista. No caso especifico do Hotel, faz-se notar a influência direta da Chilehaus de Johannes Friedrich Höger, em Hamburgo, datada de 1923.

Fig. 3. Peter Behrens, 1868-1940
Fig. 4. Peter Behrens, átrio da Höchster Farbwerke, Frankfurt sobre o Meno, 1920-1924.

Fig. 5. Peter Behrens, detalhe do teto da Höchster Farbwerke, Frankfurt sobre o Meno, 1920-1924.

Fig. 6. Peter Behrens, AEG Fabrica de Alta Voltagem, fachada, Berlim, 1908-1909.

Fig. 7. Peter Behrens, AEG Fabrica de Turbinas, Berlim, 1908-1909, maquete.

Fig. 8. Peter Behrens, AEG Fabrica de Turbinas, Berlim, 1908-1909, perspectiva da fachada assinada pelo próprio arquiteto.

Figs. 9 e 10. Peter Behrens Oficinas de Gás, Frankfurt- sobre- o- Meno, 1911-1912, um projeto afastado dos modelos clássicos utilizados por Behrens antes de 1914.

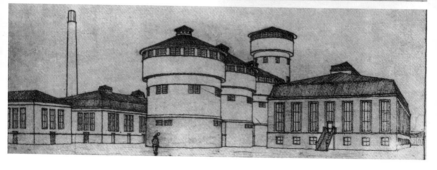

Figs. 11 e 12. Peter Behrens, Embaixada Alemã, São Petersburgo, 1912.

Fig. 13. Peter Behrens, Hotel Ritz, Brno, República Tcheca, 1926.

Fig. 14. Peter Behrens, residência do arquiteto, colônia artística de Darmstadt, 1900-1901.

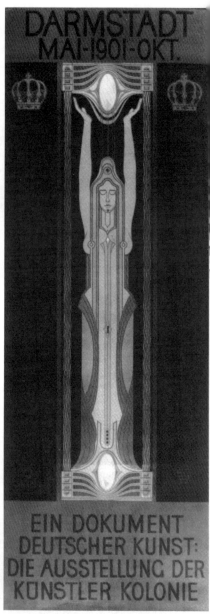

Fig. 15. Peter Behrens, cartaz para a colônia artística de Darmstad, 1901.

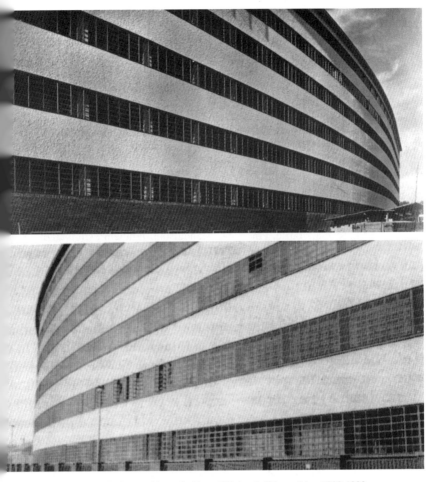

Fig. 16-18. Peter Behrens e Alexander Popp, Fábrica de Tabaco, Linz, 1929-1938.

110 ARQUITETURA E JUDAÍSMO: MENDELSOHN

va e em seu currículo salvam-se várias obras em Tilsit, Oberhausen ou Northampton, na Inglaterra; porém, o paternalismo e a ambição não lhe permitiram desenvolver uma autêntica personalidade artística. Em 1914, a propósito da exposição da Werkbund, Mendelsohn escrevia:

> Falência total de Peter Behrens. Esse retrocesso em relação à Fábrica de Turbinas quase que demonstra o caráter fortuito daquela criação, resultado talvez da inspiração de um de seus engenheiros.

Quatro anos mais tarde, em 1918, ele reconhecia seus dotes com reservas: "Peter Behrens não alcançou a completeza em nenhuma obra; mas a intuição da completeza é a melhor coisa que ele possuía".

Muito mais tarde, em 1947, Mendelsohn também estigmatizaria a fábrica de turbinas: "um edifício que, embora sendo estruturado em aço, continua a entreter-se no jogo clássico dos éntasis e dos frontões".

Bem diversa é a figura de Hans Poelzig (1869-1936). A Grosses Schauspielhaus (fig. 20), de 1919, em Berlim, assinalou um mergulho no expressionismo muito mais audacioso que aquele de Behrens: o invólucro fluidifica-se em uma cascata de estalactites. Em 1921, após a significativa experiência cenográfica do filme *Golem* (fig. 23), o projeto para a Festspielhaus de Salisburgo (figs.21 e 22) representa o clímax da mesma pesquisa: a matéria gotejante jamais seria cristalizada, permanecendo em um estado informe, amébico, esponjoso. Porém, Poelzig também é um profissional nutrido pelo classicismo, mais disposto a desfiar, diluir, ou minar a solidez volumétrica do que a alterar a implantação dos organismos. Em um artigo de 1929, escrito como celebração de seu sexagésimo aniversário, Mendelsohn o retrata como

> um soldado a pé, livre pela vida, valdevinos por natureza, eterna criança na arte, polêmico, tático, hábil, um mestre, [...] artista sem apoteose, homem sem pedestal, uma personalidade em todas as coisas – eis o segredo de sua energia vital e sua fama.

Não renunciava todavia a uma crítica sutil: "brilhante e intoxicado, astuto e infantil, rude e pleno de romantismo mórbido". Elogiava a "verve" das primeiras obras em Breslavia, Posen (figs. 27 e 28) e Luban [Lubón, Polônia] (fig. 24-26); condenava a Casa da Amizade em Constantinopla (fig. 29), observando delicadamente que "é uma ponte entre o Oriente e a idade moderna, mas Poelzig não é oriental"; qualificava a Grosses Schaupspielhaus berlinense de "irreal, visionária, exagerada além do permitido", e o Festspielhaus de Salisburgo como "inflacionado, um salto dos objetivos terrenos para a transcedência imaginativa". Se a esses defeitos somar-se a retórica das muitas obras que se seguiram, o expressionismo de Poelzig re-

EXPRESSIONISTA POR INDUÇÃO

sulta frágil e de breve duração, freqüentemente uma dissimulação epidérmica. Ao fascínio de um homem sem preconceitos, sempre pronto a endossar um manifesto trovejante lançado por jovens, não corresponde um arquiteto capaz de romper organicamente com o passado.

Com relação a Johannes Friedrich Höger (1877-1949) e Berhard Hoetger (1874-1949), basta uma menção. O primeiro é um neogótico mesmo em sua melhor obra, a ondeante Chilehaus (fig. 30), de 1923, em Hamburgo. O segundo é um neobarroco citado pela excêntrica casa Paula Modersohn (fig. 31), em Bremen, além de confusões plásticas similares. A lista pode ser reduzida posteriormente. Omitindo Paul Goesch (1885-1940) (figs. 32 e 33), Wenzel August Hablik (1881-1934), (fig. 34) e Carl Krayl (nascido em 1890 e desaparecido misteriosamente durante a última guerra) (fig. 35) – todos eles mais pintores que arquitetos, mesmo tendo Goesch e Krayl trabalhado com Bruno Taut em Magdeburgo, podemos excluir Max Taut (nascido em 1884) porque seu expressionismo é conferido por alguns desenhos fantásticos (fig. 36), feitos entre 1919-1921, e talvez pelo monumento funerário Wissinger no cemitério de Stahnsdorf (fig. 37), um emaranhado de cimento realizado em 1920, mas que não apresenta correspondência em sua atividade profissional concreta, de resto bastante opaca (fig. 38). Otto Bartning (1883-1959) transtorna o invólucro da igreja em forma de estrela de 1921 [Berlim] (figs. 39-41) dinamizando seu espaço mediante estruturas retorcidas e cortes, antes feridas pela luz; trata-se, contudo, de um projeto que encontra escassas confirmações tanto nas produções precedentes como nas sucessivas. Mesmo os irmãos Wassili (1889-1972) e Hans Luckhardt (1890-1954) (figs. 42 e 43), apaixonados expoentes do movimento, não construíram um único edifício no qual o expressionismo assumisse um valor de salto representativo. Após uma série de exercícios sobre o facetamento dos volumes (figs. 44 e 45), a desmaterialização linear das paredes (fig. 46) e sobre algumas temáticas mendelsohnianas (figs. 47 e 48), eles encontram o seu próprio caminho, suspenso entre o racionalismo corbusiano e a decomposição neoplástica (fig. 49), entre o Esprit Nouveau e o De Stijl.

Animador de todos os empreendimentos do expressionismo arquitetônico, um guia infatigável e estímulo de todas as iniciativas, Bruno Taut (1880-1938) (fig. 50) encarna a personalidade discordante do pós-guerra alemão reproduzindo, num sentido bastante superior e com outra qualidade humana, a contradição dos irmãos Luckhardt. Em sua *Alpine Architektur* de 1917[5] (figs. 51 e 52), ele

5.   A maior parte dos biógrafos de Bruno Taut localiza o desenvolvimento da arquitetura alpina entre 1918 e 1919. A publicação da *Alpine Architektur* pela Folkwang-Verlag data de 1919.

Fig. 19. Hans Poelzig.

Fig. 20. Hans Poelzig, Grosses Schauspielhaus, Berlim, 1919.

Figs. 21 e 22. Hans Poelzig, esboços para a Festspielhaus, Salisburgo, 1922.

Fig. 23. Hans Poelzig, cenografia para o filme *Der Golem*, dirigido por Pan Wegener, 1920.

Fig. 24-26. Hans Poelzig, Complexo Químico, Luban, 1911-1912.

Fig. 27 e 28. Hans Poelzig, edifício de exposições e torre de água, Posen, 1911. Entrada principal e interior.

Fig. 29. Hans Poelzig, desenho para a Casa da Amizade, Istambul, 1917.

Fig. 30. Johannes Friedrich Höger, Chilehaus, Hamburgo, 1923.

Fig. 31. Bernhard Hoetger, Memorial Paula Modersohn-Becker, Bremen, 1926-1927.

Fig. 32. Paul Goesch, estudo para um foyer

Fig. 33. Paul Goesch, desenho de um templo, 1919.

Fig. 34. Wenzel August Hablik, desenho, 1919-1920.

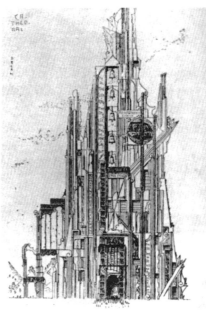

Fig. 35. Carl Krayl, Catedral da Ciência Cristã, 1919-1920.

Fig. 36. Max Taut, estudo em aquarela, 1919 –1920.

Fig. 37. Max Taut, cemitério de Wissinger, Stahnsdorf, 1920.

Fig. 38. Max Taut, escritórios da Associação dos Editores Alemães, Berlim, 1924-1925.

Figs. 39 e 40. Otto Bartining, maquete e corte da igreja em formato de estrela, 1922.

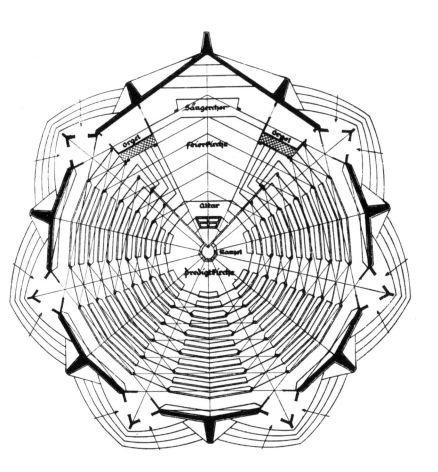

Fig. 41. Otto Bartining, planta da igreja em formato de estrela, 1922.

Figs. 42 e 43. Hans e Wassili Luckhardt.

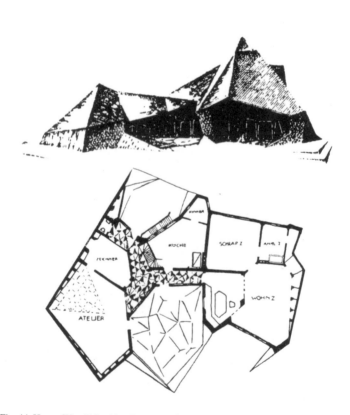

Fig. 44. Hans e Wassili Luckhardt, perspectiva e planta de casa, 1920.

Fig. 45. Wassili Luckhardt, igreja, 1920.

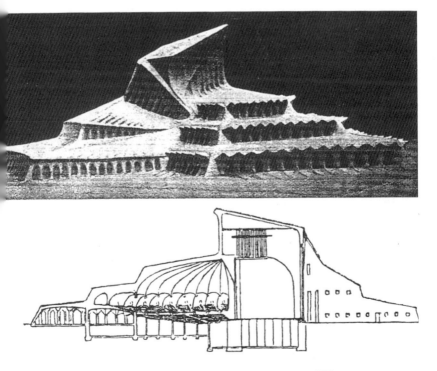

Fig. 46. Hans e Wassili Luckhardt, maquete e corte de teatro popular, 1922.

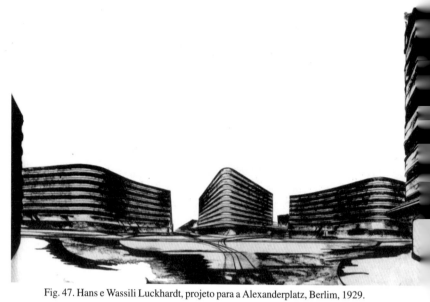

Fig. 47. Hans e Wassili Luckhardt, projeto para a Alexanderplatz, Berlim, 1929.

Fig. 49. Hans e Wassili Luckhardt, conjunto residencial, Dahlem - Berlim, 1925-1927.

Fig. 48. Hans e Wassili Lckhardt, Edifício Telschow, Potsdamer Platz, Berlim, 1929.

EXPRESSIONISTA POR INDUÇÃO   123

sonha em remodelar montanhas coroando-as com castelos, catedrais e cúpulas vítreas. Em 1918, para o espetáculo musical *Der Weltbaumeister*[6] (fig. 53), dissolve a forma, exaltando cenograficamente a cor. No ano seguinte, no volume *Die Stadkrone*, e mais tarde no *Die Auflösung der Städte*, enfrenta o problema urbanístico, entretanto, seus esquemas alternam implantações tradicionais, núcleos satélites e abstrações fantasiosas. Em 1920, promove a Gläserne Kette, e entre 1920 e 1923 dirige a revista *Frühlicht* (fig. 54). Um assombroso acúmulo de empenhos. Todavia, apenas começa a construir e o expressionismo desaparece. O pavilhão de aço da exposição de Leipzig, de 1913 (fig. 55) é um simples octágono em degraus culminando em uma esfera, e a Casa de Vidro, de 1914 (fig. 56), em Colônia, apesar dos requadros ofuscantes de sua cobertura goticizante e da transparência interna, não se desvincula do classicismo. O projeto de influência bizantina para a Casa da Amizade em Constantinopla (fig. 57) é certamente mais reacionário do que aquele de Poelzig, e a proposta elaborada para o concurso da *Chicago Tribune*, de 1922 (fig. 58), mostra-se eclética e obscura. Enfim, no período intelectualmente mais fecundo, Bruno Taut não é expressionista, demonstrando ainda uma tênue vocação criativa. Ao tornar-se arquiteto no extraordinário ciclo das *Siedlungen*[7] (fig. 59), e em especial, na obra-prima do bairro Britz (figs. 60 e 61), projetado entre 1925-1933, em Berlim, esquece os pesadelos e traumas juvenis tornando-se um racionalista personalizado e de grande vitalidade, para quem os estilemas expressionistas que comparecem nas fachadas de alguns edifícios atuam como simples atributos. Figura excepcional numa perspectiva cultural e social, encerra sua vida em Istambul construindo uma admirável casa sobre o Bósforo, de clara inspiração wrightiana e estranhamente ignorada pelos historiadores.

As vicissitudes de Bruno Taut colocam uma questão fundamental: existiria uma arquitetura expressionista? Ou melhor: teriam os

---

6. Na obra *Der Weltbaumeiste. Architektur Schauspiel für Symphonische Musik*, publicada também pela Folkwang-Verlag em 1920, Taut desenha, em homenagem ao espírito de Paul Scheebart, cena a cena, um espetáculo arquitetônico para uma música sinfônica. A reprodução parcial desse trabalho, ainda que em preto branco, pode ser encontrada na *Antologia dell'Architettura Moderna*, de De Benedetti e Pracchi, Bolonha, Zanichelli, 1988, pp. 271-280.

7. O envolvimento de Bruno Taut no projeto de construção das Siedlungen ou as habitações sociais entre os anos de 1923 e 1931, assim como a atuação de seu parceiro no projeto do Britz Siedlung, o arquiteto e urbanista Martin Wagner, socialista, apaixonadamente engajado na política social da República de Weimar, e que se tornou conselheiro para a política de urbanização da cidade de Berlim em 1926, pode ser acompanhada no texto de M. Tafuri, "Socialpolitik and the City in Weimar Germany", em *The Sphere and the Labyrinth*, MIT, 1995, pp. 197-233, assim como no trabalho de Babara M. Lane, *Architecture and Politics in Germany, 1918-1945*, Cambridge, Harvard Univ. Press, 1985.

124   ARQUITETURA E JUDAÍSMO: MENDELSOHN

expressionistas aspirado por uma arquitetura ou ter-se-iam contentado em "projetar o projeto"? Evidentemente, Mendelsohn é expressionista ou antiexpressionista conforme o resultado dessa indagação. Em novembro de 1919, Bruno Taut escrevia:

> Em nossos dias não há nada para ser construído e se construímos algo, o fazemos exclusivamente pela necessidade de viver. Francamente, é bom que não haja nada a construir, pois assim as coisas podem amadurecer. Guardemos nossas forças, de modo que ao recomeçarmos estaremos seguros de nosso objetivo e fortes o bastante para proteger nosso movimento dos comprometimentos e do abastardamento. Portanto, sejamos com plena consciência "arquitetos imaginários".

Contudo, na realidade, para muitos dos expressionistas a utopia não se oferece como um substituto temporário e ilusório à atividade profissional, ao contrário, ela parece exaurir todo o processo criativo, como se a arquitetura pudesse ser corrompida ao passar da idéia para o canteiro. Aqui reside todo o nó: se a utopia, único refúgio possível nas estações de crise, deve estar pronta a transbordar no mundo social somente quando a história assim o permitir, o campo do expressionismo arquitetônico estaria restrito a pouquíssimos artífices; se, ao contrário, existe uma validade concreta, além da programática e profética, isto é, se uma arquitetura "imaginária" e de ficção-científica coincide com a arquitetura, o expressionismo pode incluir os estudos figurativos de Goesch, Hablik e Krayl, evocando-se ainda a Glasarchitektur de Paul Scheebart. A tendência atual é extensiva, como é lógico em um período de crises, que presencia a multiplicação das fugas utópicas; donde decorre que os poucos arquitetos autênticos do movimento sejam vistos com suspeita, quase como se fossem intrusos os quais, ao construir, haverão e perder necessariamente em vitalidade e pureza.

> A arquitetura do Novembergruppe – escreve Giulio Carlo Argan – não apresenta, mesmo intencionalmente, uma razão e um objetivo construtivo: não é nem mesmo um projeto irrealizável, uma utopia, mas simplesmente imagem, sem pretender ser outra coisa. Assevera desse modo um princípio importante: a prioridade e o absoluto da imagem, não mais determinada pela configuração do objeto, por uma tipologia, por uma estética, ou uma morfologia pré-existente.

De fato, existe um percurso arquitetônico *autre* perfeitamente legítimo, que todavia, para identificar-se com a arquitetura, uma vez obliterada a cultura convencional e seus códices, deve proceder à reconfiguração do objeto e à invenção de novas morfologias. Poderia o expressionismo cumprir essa tarefa? O. M. Ungers nega a possibilidade:

> Não é de se estranhar que os pavilhões de exposições e os monumentos se prestassem melhor ao pensamento visionário: quanto mais complexo e vinculado às suas funções for um edifício, mais ele se afasta da imaginação pura, até atender somente a uma finalidade técnica. Uma fábrica construída de maneira expressionista não teria sentido; por outro

EXPRESSIONISTA POR INDUÇÃO 125

lado, uma casa particular [...]. Por essa razão é incorreto chamar de expressionista o interior da Schauspielhaus de Poelzig, em Berlim, ou o *foyer* dos escritórios Hoechst de Behrens, em Frankfurt, a torre de Einstein de Mendelsohn, o Goetheanum de Rudolf Steiner[8], em Dornach (fig. 75), ou o Chilehaus de Höger, em Hamburgo. Tais edifícios contêm, indubitavelmente, idéias expressionistas, porém, tanto a sua configuração formal como seus conteúdos não são determinados exclusivamente por princípios expressionistas.

Com relação à oposição de Ungers: primeiramente, sustentar que a arquitetura, em se realizando, corrompe-se ao ponto de "atender somente a uma finalidade técnica", é no mínimo anacrônico; e em segundo lugar, se as já citadas obras de Poelzig, Behrens e Höger não são expressionistas em sua configuração formal e conteúdo, a Torre de Einstein é indiscutivelmente expressionista. Ungers continua:

Assim que se aproximava da realidade, o projeto utópico tornava-se menos interessante. Há um grande passo entre a transformação arquitetônica da superfície terrestre e o monumento aos Caídos de Março de Gropius, em Weimar (fig. 73), entre o ideal de um mundo novo e o cemitério Wissinger de Max Taut, em Berlim, entre a Catedral do Futuro e os quiosques publicitários sobre o Avus de Hans Luckhardt, entre o Palácio de Vidro e o pavilhão vítreo construído por Bruno Taut na Exposição de Colônia de 1914. É a passagem da visão reveladora à existência cotidiana, do sonho à realidade, da utopia à construção.

Exatamente: o passo é larguíssimo para todos. Mas, se a passagem resulta insuperável para Gropius, Max Taut, Hans Luckhart e Bruno Taut, que por conta disso são forçados a recuar fazendo uso do racionalismo, um homem alcança realizar o salto: Erich Mendelsohn. Não é o único, mas o primeiro, o mais tenaz e corajoso.

Portanto, em uma interpretação restrita, especificamente arquitetônica, restam no campo expressionista vizinhos a Mendelsohn três artistas: Hugo Häring, Hermann Finsterlin e Hans Scharoun. Na verdade, Finsterlin não constrói, e nem pretende construir, mas seus desenhos, como veremos, são gestos de uma visão espacial traduzível em termos arquitetônicos: é o único utópico verdadeiro, constantemente fiel à matriz expressionista, feliz de sê-lo, mesmo enquanto outros se lancem na batalha profissional.

A importância de Hugo Häring (1882-1958) apenas foi recentemente destacada. Mais que expressionista, ele é um orgânico, deci-

---

8. O Goetheanum, nome da sociedade fundada pelo filósofo Rudolf Steiner (1961-1925) como um centro para o estudo da ciência espiritual, foi estabelecido em Dornach, Suíça em 1913. O primeiro edifício conhecido como Goetheanum I foi projetado por Steiner para ser construído em madeira, tendo sido destruído por um incêndio em 1922. O segundo edifício, em concreto armado, do mesmo modo concebido por Steiner, foi inaugurado em 1928, três anos após sua morte. O principal intento de Steiner, apesar da qualidade escultórica dos volumes e dos espaços arquitetônicos por ele alcançados, era a criação de espaços internos que ele denominava de "espaços da alma", nos quais se realizariam eventos espirituais internos ao homem.

didamente hostil ao *ésprit de géometrie* dos racionalistas. Escreven-do em 1925, ele afirma:

No mundo da cultura geométrica a forma das coisas é determinada pela legalidade da geometria [...]. Vivemos uma transformação de conceitos-piloto, que guiam os objetivos de nosso ordenamento, da construção e da criação em geral. As imagens-piloto que se encontram na base de nossas formas não são mais manuseadas no mundo da geometria, mas ao contrário no mundo das formações orgânicas [...]. Queremos indagar sobre as coisas e fazer de sua razão a própria forma. É contraditório determinar uma forma a partir do exterior, transferir às coisas uma legalidade qualquer derivada de uma violência feita sobre elas. Erramos quando as transformamos em um teatro de demonstrações históricas [...] e erramos igualmente quando as reconduzimos como figuras geométricas e cristalinas, pois assim fazendo utilizamos sua própria violência (assim como faz Le Corbusier). As figuras geométricas não são formas ou configurações originais; ao contrário, são abstrações, estruturações obedientes às leis [...]. Impor uma figura geométrica às coisas significa: torná-las todas iguais; significa: mecanizá-las [...]. Mecanizar as coisas significa: mecanizar suas vidas – nossa vida –, isto é, matá-las [...]. A expressão das coisas sendo idêntica às próprias coisas.

Como se vê um pensamento profundo, atualíssimo, exposto tran-qüilamente e portanto afastado do *Sturm und Drang*: Häring aponta por sobre as coisas e não por sobre visões cósmicas e sentimentos atormentados. Em 1932, ele questiona:

Para muitos, parece absurda a idéia de desenvolver uma casa como uma estrutura orgânica, extraindo-a da forma resultante da adequação à função, e interpretando-a como a melhor extensão da pele do homem, isto é, como parte de um organismo. Todavia, esta evolução parece inevitável. Uma técnica que trabalha com materiais elásticos e flexíveis não favorece a casa retangular e cúbica [...]. O afastamento gradual que se efetua em nossa vida espiritual, do geométrico em direção ao orgânico, tornou a forma funcional indepen-dente da geometria.

Dever-se-ia questionar qual seria a fonte inspiradora de uma posição assim clara, segura, revolucionária e antiexibicionista. Ludwig Hilberseimer sugere uma resposta ao lembrar a influência, sobre a juventude, da mostra de obras de Frank Lloyd Wright, inau-gurada em 1910, em Berlim, um momento particular de anarquia lingüística agravada pelas recaídas neoclássicas de Peter Behrens:

Tratava-se de uma mostra relativamente pequena. Porém, seu efeito foi imenso. Era como se alguém houvesse preenchido de luz um quarto escuro. As construções e projetos de Wright atestavam que não havia razão nenhuma para um retorno ao classicismo, pois existiam infinitas alternativas, bastando imaginação para encontrá-las.

Em declarações iluminadas, Mies van der Rohe, Mendelsohn e Oud referiram-se ao terremoto moral e artístico provocado pela mos-tra berlinense de Wright. Contudo, é sabido que somente Häring pe-netra intimamente em sua mensagem. Enquanto outros tentam estabelecer uma ponte entre a lição orgânica, o De Stijl e o expres-

EXPRESSIONISTA POR INDUÇÃO

sionismo, Häring absorve-a com modéstia e firmeza, captando tanto suas virtualidades éticas quanto estéticas.

De temperamento solitário e esquivo, Häring teve poucas ocasiões para concretizar suas teorias, sendo freqüentemente obrigado a submeter-se à violência das impostações geométricas preestabelecidas, como ocorreu nas casas do bairro Siemensstadt[9] (figs. 62 e 63), datadas de 1928-1929, em Berlim. Porém, nos inúmeros projetos de residências unifamiliares (fig. 64), assim como no arranha-céu idealizado em 1922 (figs. 65 e 66) e, sobretudo, na fábrica de Gut Garkau (fig. 67), de 1924, ele demonstra ser capaz de passar dos princípios à realidade: livre de qualquer codificação, ele reveste os movimentos que fluem no espaço, multiplica as imagens sem se preocupar em reconduzi-las em uma unidade, designa volumes na paisagem, arredondados ou tortuosos, rompendo a sua compacidade ao segmentá-los com materiais diversos e zonas de cores vibrantemente contrastantes. Encontra-se entre os pouquíssimos arquitetos imunizados em relação aos males formalísticos e totalmente envolvidos pelo compromisso para com os significados.

Hans Scharoun (fig. 80) (1893-1972) não participou de modo determinante do fatídico decênio da geração expressionista, mas compartilhou de sua obra tornando-se seu herdeiro. A influência da Gläserne Kette não o impediu de seguir Mendelsohn, em especial no projeto para a *Chicago Tribune* (fig. 81) de 1922. Mais tarde, ele compõe utilizando superfícies envoltórias: a casa construída para a exposição de Stuttgart, de 1927 (fig. 85), a unidade de habitações de 1928-1929, em Breslavia (figs.83 e 84), a casa Baensch sobre o Wannsee, em Berlim, milagrosamente realizada durante o nazismo, entre 1936 e 1937, são variações magníficas de uma mesma linguagem que chega a investir até sobre os blocos do bairro Siemensstadt (fig. 82), de 1929-1930. Scharoun manobra entre o expressionismo e o orgânico, levando ainda mais adiante a pesquisa de Häring[10] ao revolver espaços e volumes. Porem, lhe falta uma sensibilidade tátil para a matéria. Do racionalismo e, em parte, do De Stijl retoma o gosto pela bidimensionalidade: as suas

---

9. A execução do programa de construção de Siemensstadt, a cidade Siemens, em 1928, deve-se ao arquiteto Martin Wagner, que escolheu a zona onde as indústrias elétricas Siemens & Halske haviam sido instaladas na virada do século, confiando o trabalho a um grupo de arquitetos de vanguarda do qual faziam parte Walter Gropius, Hugo Häring, Otto Bartning, Paul Rudolf Henning, Fred Forbat, Hans Scharoun e Leberecht Migge para o projeto das áreas verdes.

10. A obra de Hans Scharoun, seu envolvimento com Hugo Häring e sua ideologia arquitetônica, o novo funcionalismo, assim como o chamava o crítico Adolf Behne, em oposição ao racionalismo, pode ser acompanhada nos escritos de Peter Blundell Jones, bem como em seu livro *Hans Scharoun*, publicado pela Phaidon em 1995.

128 ARQUITETURA E JUDAÍSMO: MENDELSOHN

lajes são lançadas com uma sabedoria acrobática, arqueando e retalhando segundo os ângulos mais variados, permanecendo porém sem espessura e textura. Este é o limite, mas somente com relação à bastante fértil fase expressionista, assim como às obras realizadas na explosiva estação senil: os arranha-céus "Romeu e Julieta" (figs. 87-89), de 1954-1959, em Stuttgart, a escola Scholl, 1956-1962 (fig. 86), em Lünen, a obra-prima da Filarmônica berlinense de 1963 e a biblioteca concluída em 1972 (figs. 90 e 91).

Este reconhecimento do panorama expressionista foi indispensável para situar a figura de Mendelsohn e compreender sua esquivança em reconhecer-se como participe de um movimento tão polivalente e confuso em suas tendências, métodos e objetivos.

Certamente, a influência do expressionismo supera a fileira de arquitetos rubricados na corrente. É justo dizer como Argan que "sem dúvida, é graças ao expressionismo que o racionalismo alemão pode contrapor-se, como última instância romântica, ao racionalismo clássico de Le Corbusier", tanto mais se junto à última instância romântica considerar-se a orgânica, ainda hoje vital e premente. É correto observar como Koenig, a propósito do pavilhão de Barcelona construído por Mies van der Rohe, em 1929, que

a sua geometria apolínea apresenta um sentido na medida em que constringe os espaços expressionisticamente explosivos e fundidos entre si; a clareza é necessária para comunicar uma informação inaudita: a composição em um único continuum dos espaços internos e externos.

Todavia, uma dança de lajes planas e retangulares se relaciona principalmente com o De Stijl; Mies não é expressionista, embora nos projetos de arranha-céus (figs. 78 e 79) de 1920-1922 experimente envoltórios de contornos espedaçados e ondulados, e no *Monumento a Karl Liebknecht e Rosa Luxemburgo* (fig. 77), de 1926, retome o neoplasticismo com vigor, mediante uma áspera textura cerâmica. Analogamente, Walter Gropius não é expressionista, apesar do *Monumento aos Caídos de Março* (fig. 73), de 1921, em Weimar, da pseudowrightiana Casa Sommerfeld[11] (figs. 69 e 70), do mesmo ano, e das primeiras tendências didáticas da Bauhaus[12].

11. A colocação de Zevi em relação às influências wrightianas sugeridas por alguns autores encontram eco no estudo de Eva Forgács, *The Bauhaus Idea and Bauhaus Politics*, Budapest, CEU, 1995, p. 62, no qual a autora considera a casa construída para o comerciante de madeira Adolf Sommerfeld como um edifício efetivamente expressionista, por conta dos dramáticos contrastes claro-escuros resultantes dos elementos externos e da decoração interna que se produz com o uso de modelos decorativos vibrantes, assimetricamente dispostos, que se referem à tradição do trabalho de carpintaria e simbolizam seus mecanismos e encaixes típicos, ao mesmo tempo que lembram as xilogravuras expressionistas.

12. As primeiras influências de membros do Arbeitsrat für Kunst, tais como Bruno Taut, e Otto Bartning, no desenvolvimento do programa da Bauhaus, assim como a contra-

Portanto, da longa lista dos seguidores e simpatizantes do Arbeitsrat für Kunst, da Gläserne Kette e do Ring, resistem ao exame Häring, Mendelsohn, Finsterlin e Scharoun. Se a seguir, por excesso de severidade, devêssemos apagar o nome de Häring por apresentar-se mais orgânico que expressionista; Finsterlin por não ser arquiteto, e Scharoun mais herdeiro que protagonista do movimento, chegaremos a uma conclusão surpreendente, porém não paradoxal: o ismo vale para um homem, sem dúvida para o único "revolucionário nato de sua geração".

---

tação de professores entre artistas expressionistas como Leonel Feininger, também foi estudada por Eva Forgács, no estudo acima.

Fig. 50. Bruno Taut, 1880-1938.

Fig. 51. Bruno Taut, Arquitetura Alpina, o Monte de Cristal, parte II, prancha 3, 1919.

Fig. 52. Bruno Taut, Arquitetura Alpina, o Monte Resegone, sobre o lago de Como, parte III, prancha 14, 1919.

Fig. 53. Bruno Taut, capa do *Der Weltbaumeister*, 1920.

Fig. 54. Bruno Taut, capa da revista *Frühlicht*, 1921.

Fig. 55. Bruno Taut, Pavilhão das Indústrias de Aço, Leipzig, 1913.
Fig. 56. Bruno Taut, Pavilhão de Vidro, Colônia, 1914.
Fig. 57. Bruno Taut, Casa da Amizade, Istambul, 1917.

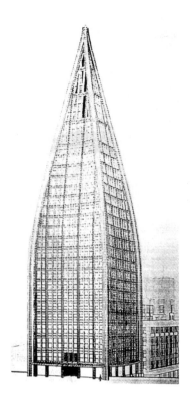

Fig. 58. Bruno Taut, Chicago Tribune, 1922.

Fig. 59. Bruno Taut, Onkel-Toms-Hütte Siedlung, Berlim, 1925-1931.

Fig. 60. Bruno Taut e Martin Wagner, vista aérea, Berlim-Britz Siedlung, Berlim, 1925-1931.

Fig. 61. Bruno Taut, blocos de apartamentos com fachada em tijolos, Berlin-Britz Siedlung, Berlim, 1925-1931.

Fig. 62. Hugo Häring, bloco de apartamentos, Siemensstadt, Berlim, 1928-1929. A direita observa-se o projeto de Otto Bartning.

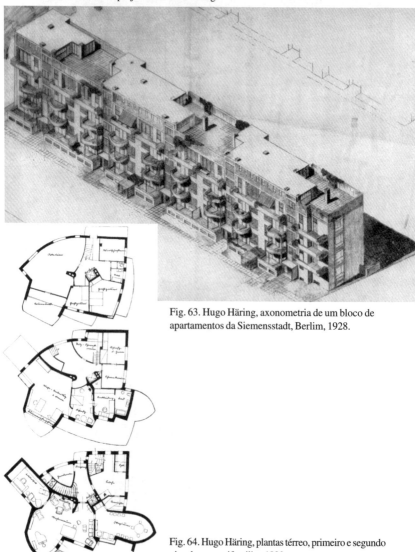

Fig. 63. Hugo Häring, axonometria de um bloco de apartamentos da Siemensstadt, Berlim, 1928.

Fig. 64. Hugo Häring, plantas térreo, primeiro e segundo piso de casa unifamiliar, 1923.

Fig. 65. Hugo Häring, planta do térreo de edifício sobre a Friedrichstrasse, 1922.

Fig. 66. Hugo Häring, edifício alto sobre a Friedrichstrasse, Berlim, 1922.

Fig. 67. Hugo Häring, vista do estábulo da fazenda de Gut Garkau, Holstein, 1924.

Fig. 68. Walter Gropius, 1883-1969.

Fig. 69. Walter Gropius e Adolf Meyer, Casa Sommerfeld, Berlim, 1920-1921.

Fig. 70. Detalhe da Casa Sommerfeld, Berlim, 1920-1921.

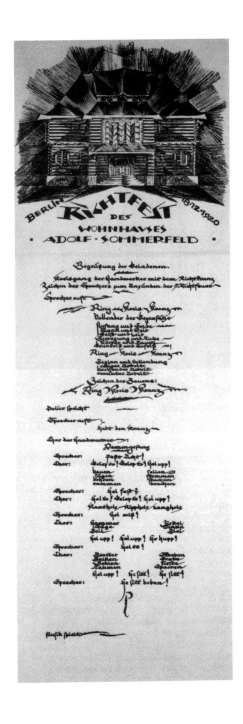

Fig. 71. Walter Gropius e Adolf Meyer, convite para festa na Casa Sommerfeld, Berlim, 1920.

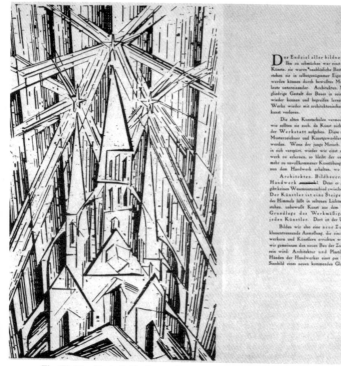

Fig. 72. Manifesto da Bauhaus, xilogravura de Lyonel Feininger, 1919.

Fig. 73. Walter Gropius, Monumento aos Caídos de Março, Weimar, 1922.

Fig. 74. Rudolf Steiner, 1861-1925.

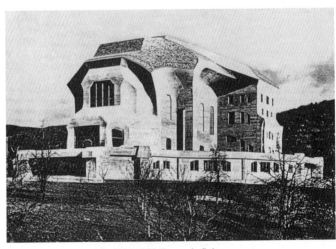

Fig. 75. Rudolf Steiner, Goetheanum II, 1923-1928, Dornach, Suíça.

Fig. 76. Mies van der Rohe, 1886-1969.

Fig. 77. Mies van der Rohe, Monumento a Karl Liebknecht e Rosa de Luxemburgo, Berlim, 1926.

Figs. 78 e 79. Mies van der Rohe, projetos de arranha-céu, 1919 e 1920-1921.

Fig. 80. Hans Scharoun 1893-1970.

Fig. 81. Hans Scharoun, Torre de Chicago, estudo, 1922.

Fig. 82. Hans Scharoun, unidade de habitação na Siemensstadt Siedlung, 1928-1931.

Figs. 83 e 84. Hans Scharoun, unidade de habitação, exposição da Werkbund, Breslavia, 1928-1929.

Fig. 85. Hans Scharoun, unidade de habitação, Weissenhof, Stutgart, 1927.

Fig. 86. Hans Scharoun, Geschwister Scholl, Lünen, 1958-1962.

Figs. 87 e 88. Plantas edifício Julieta e edifício Romeu, Stutgart.
Fig. 89. Hans Scharoun, edifício Julieta e edifício Romeu ao fundo, Stutgart, 1954-1959.

Figs. 90 e 91. Hans Scharoun, Filarmônica de Berlim, 1963.

2. Da Imagem à Realidade Arquitetônica

A relação expressionismo-arquitetura pode ser examinada no campo específico das imagens. Nesse sentido, Bruno Taut perde imediatamente sua importância: seus desenhos são débeis e incertos, permeados de naturalismo, de forma que ele sente a necessidade de agitá-los com inscrições. Hugo Häring se furta ao confronto porque confere à representação gráfica um simples valor instrumental. Os irmãos Luckhardt são pouco convincentes. Max Taut produz alguns esboços interessantes e Hans Scharoun uma série fantástica na qual se sobressai o cinema de 1923, prelúdio longínquo do ciclo de 1939-1945, chamado "da Resistência". Trata-se, entretanto, em ambos os casos de "quadros" em pastel ou então aquarelados: a arquitetura está imersa em uma atmosfera nebulosa e dramática, ao invés de ser gerada com a força do próprio gesto [...]. Portanto, o único artista que pode competir com Mendelsohn é Hermann Finsterlin.

Finsterlin (fig. 92), programaticamente um não-construtor, possui uma consciência profunda dos problemas arquitetônicos, cuja origem ele descreve:

> Sofria de uma estranha e inexplicável aversão ao habitar entre volumes cúbicos, por suas superfícies planas e ângulos retos, pelas caixas de objetos domésticos, aliás, móveis. No meu despertar e em meus devaneios, o meu olhar mal tolerava ricochetear sobre paredes horizontais e verticais, desejava ser acariciado por formas intrincadas, similares àquelas das cavernas ou dos gigantescos organismos dos meus sonhos, por um mundo rico, vital, excitante, como o que se nos oferece cotidianamente e exclusivos da montanha, um caleidoscópio amorfo somente na aparência.

ARQUITETURA E JUDAÍSMO: MENDELSOHN

Essa sensibilidade quase física, o ódio pelos ângulos, o amor pelas conchas e cascas acompanham Finsterlin ao longo de todo o trajeto de sua existência isolada e feliz (figs. 93-95). Ele se encontra pronto a reconhecer a inexistência de historicidade em sua própria pesquisa: "Desde a primeira pincelada até hoje" – escreve já velho – "jamais modifiquei a minha expressão formal ou poética. Se tivesse desejado modificá-la, a teria transformado". Aí esta o fascínio desse pintor, o de haver se fechado no tempo, defendendo uma aspiração nativa:

> Apesar da minha idade, ainda não vi realizada, nem por outros, nem por mim mesmo, a obra de arte que tenho em minha mente. Ela flutua em minha mente, mas jamais se fez realizar completamente.

Não poderia deixar-se aferrar porque Finsterlin se contenta com "criações loucas, tanto externa como internamente", monumentos barroquizantes hiperbólicos, alusivos a uma arquitetura inexprimível e

> verdadeiramente sacralizadora do caos no sentido desordenado que a antiga Índia principiou a realizar de modo infantil, e que será retomado de maneira infinitamente sublime e inefavelmente liberta a partir de um novo vagalhão, seja ele quando e onde for [...]. É o construir como obra divina, além da intenção, sem leis e conseqüências.

Ao presságio de uma palingenesia unem-se tons provocatórios:

> Dizei-me, não vos irritam o projeto de vossos seis muros, essas vossas casas nas quais são injetadas as "caixas" de vossas mil necessidades? Não vos assalta jamais um desejo secreto de transformar o ambiente ao vosso redor, harmonizando-o ao ritmo de vossa alma? Jamais experimentastes como as criaturas que necessitam de oxigênio, o desejo intenso de penetrar no obstinado, antiqüíssimo maciço, e corroê-lo, lançando vossos impulsos na friabilidade da pedra? Os móveis do novo ambiente serão imóveis, subformas, pretextos dos utensílios domésticos, inseparáveis, organismos dentro de organismos, continente em continente. Um armário, por exemplo, poderá inflar-se em uma parede de concreto [...]. Cavidades elásticas estender-se-ão como crateras em direção ao corpo ofegante para apaziguá-lo; os pés caminharão sobre pavimentos vítreos, transparentes [...] ou os pés nus acariciarão a cada passo as esculturas do pavimento, conquistando o tão mal desenvolvido sentido do tacto [...]. Para vós, realistas, sou um louco ou o inventor de um carnaval arquitetônico [...]. Mas dizei-me, não seria a fábula a nostalgia de todos nós? Não ocultaria todos os protótipos do super homem? Por que se obstinar em tornar vosso lar inacessível ao sopro primaveril de uma fábula por fim madura para se tornar realidade?

Finsterlin encanta e seduz nas divagações metafísicas que muitas vezes antecipam as teses do informal. Todavia, permanece pontual a crítica formulada por Hans Luckhardt no tempo da Gläserne Kette:

> Os seus desenhos apresentam uma grande fantasia nos detalhes, entretanto, ao observá-los, muitos resultam monótonos. Encontram-se no limite entre o esboço e a forma positiva. Ativam um estímulo, porém neles não se nota uma convicção intelectual [...]. É claro que a arquitetura deve ser realizada e não somente esboçada.

DA IMAGEM À REALIDADE ARQUITETÔNICA

Luckhardt acerta o alvo, mesmo referindo-se a outros. Por exemplo: "Os trabalhos de Hans Scharoun partem de uma grande implantação arquitetônica, encerrando-se no quadro do pitoresco [...]. Nesse caso se questiona se esse artista será capaz de resolver o particular". E ainda "Max Taut nos ofereceu alguns desenhos esmaecidos que poderiam constituir um programa se neles estivesse expressa uma realidade mais forte ou mais palpável".

Quando Koening salientava a afinidade entre um desenho de Max Taut, de 1921, colorido mediante o uso de aquarela e têmpera, e a igreja da Autostrada Del Sole, de Giovanni Michelucci, ele chegou a uma intuição perfeita; entretanto, Luckhardt logo justificou o motivo pelo qual as imagens de Max Taut teriam permanecido no papel: elas constituíam um "quadro pitoresco", privado de força real.

Os célebres esboços de Mendelsohn, ao contrário, representam umas das mais veementes conquistas da poética expressionista. Substituem a "cômoda verbosidade" pelo "estenograma" moderno da alma" (Repke-Kühn, 1913). Em relação à sua "forma breve", pode-se aplicar esta reflexão:

> Uma casa não é mais um objeto, não mais apenas a pedra, apenas imagem, apenas um quadrado com os atributos do belo e do bruto. Buscamos demoradamente em sua essência autêntica até obter a sua forma mais secreta, até que surja a casa, livre de constrições sórdidas, eleita e avaliada por seus ângulos mais remotos. Alcançamos assim a expressão que evidencia seu verdadeiro caráter, ainda que às custas de uma semelhança exterior que ondeie ou precipite, se eleve ou congele, que se cumpram todas as possibilidades nesse sono [...] (Edschmid, 1917).

Ainda:

> As coisas, evocadas a partir do caos, suportam uma transformação que as renova desde as raízes; arrancadas do contexto universal, isoladas em sua exemplaridade sem referências, aparecem submetidas a um processo de tipificação (o único capaz de garantir a possibilidade de entalhar na dinâmica do cosmo a serenidade da forma) e inseridas em um arco tenso entre os dois pólos da abstração e da empatia (Picard, 1919).

Mendelsohn não possui ascendentes mesmo no terreno gráfico. Nasce expressionista como Finsterlin, mas logo aponta para a arquitetura. As suas imagens sobressaem-se, sobretudo, por uma recusa tríplice: não ao passado e a qualquer posição conservadora behriana ou pöelziana; não às tentativas de substituir a variedade de estilos históricos por um léxico moderno estável, concordante, doutrinário; e finalmente, não às fugas sonhadoras, ao abandono onírico dos visionários pagos para "projetar o projeto". Essas imagens emergem desvencilhando-se precisamente das "sórdidas constrições" de um cenário imundo e regulamentado; parecem "evocadas do caos" ou "arrancadas de um contexto universal"; adquirem a sua autenticidade "ainda que às custas da semelhança exterior", isto é, desprezando os

148 ARQUITETURA E JUDAÍSMO: MENDELSOHN

códices de comunicação. Não procedem dedutivamente de premissas lógicas, mas indutivamente do mundo da experiência, e se multiplicam em uma espiral obsessiva de versões atentas, exatamente para extrair não uma tipologia, mas modelos estruturais cada vez mais abertos e conformes à realidade.

O objetivo de coagular o essencial implica o esforço de abstração que leva à "exemplaridade única". Em relação a tal propósito, deve-se observar que quando se imputa a Mendelsohn o escasso interesse pelos problemas do planejamento, contrapondo-o ao Bruno Taut do livro *La Dissoluzione della Città*, da sistematização de Magdeburgo e dos bairros operários, afirma-se uma verdade somente parcial: para ser urbanista, Taut teve de excogitar cenografias cósmicas, argênteas construções alpinas, montanhas com catedrais de cristal ou então se precipitar nos entramados glaciais e geométricos das Siedlungen. As imagens mendelsohnianas, ao contrário, não necessitam de ambiente porque o criam com sua própria excitada energia. Por seu antinaturalismo e antiimpressionismo intransigentes, constituem talvez os únicos desenhos expressionistas realmente radicais, contraindo-se espasmodicamente para se aliviar em explosões inesperadas.

Destituídas de qualquer afastamento aristocrático, de qualquer racionalidade da forma, essas imagens mantêm a seiva sangüínea, documentam a ruptura da teia original. Reclamam por uma participação empática incondicionada, um mergulho espiritual e psicossomático no símbolo. Outros, como vimos, destróem a matéria como Behrens, depauperam-na e a fluidificam como Poelzig; ou então lapidam-na com o objetivo de aguçar as espessuras, tornando-a transparente, segundo os ideais da Gläserne Kette. Mesmo Häring e Scharoun visam desmaterializar. Mendelsohn, pelo contrário, combate o peso e a inércia da matéria, sem, no entanto, destruí-la, mas exacerbando-a em um vértice contínuo, tumultuoso.

Dois outros elementos dividem os esboços mendelsohnianos. O primeiro refere-se à total ausência de indulgências hedonísticas. Muitas das imagens, em especial aquelas do período de juventude, são obras de arte acabadas, valem por si, independentemente de sua função prefigurativa. Contudo, não se comprazem com sua perfeição, exigem algo a mais, e encarnam uma angustiante ânsia de arquitetura. Donde a mensagem ética. Quando um Finsterlin inebria-se com os próprios sonhos e renuncia ao compromisso realizador, o significado do protesto se enfraquece rapidamente: evitar o embate com a sociedade equivale a confinar o drama e a angústia em uma moldura individual, solipsística; diante dessa atitude aflora novamente a concepção da "arte pela arte", defesa legítima contra a instrumentalização dos artistas, porém ineficaz na luta pela transformação da realidade. Mendelsohn não acredita que a arte deva submeter-se à

DA IMAGEM À REALIDADE ARQUITETÔNICA   149

política; todavia, acha-se convencido de que uma posição autônoma, subversiva no plano estético, pode gerar ou então incrementar impulsos revolucionários. Quando, porém, clama pela realidade, aferrando-a e contestando-a, essa arte se torna arquitetura. A derrota militar, as humilhações suportadas na paz, a crise econômica e ideológica, a inflação, o desemprego, a fome, a turbulência social e o medo justificam a fuga momentânea na utopia. Todavia, deve ser repetido que, para Mendelsohn, a utopia jamais exauriu o processo arquitetônico, nem mesmo nas vigílias da guerra. Até em seus esboços mais abstratos sobre temas musicais transparece uma intencionalidade plena da urgência em traduzir imagens em um fato concreto, num "intervento". Por essa recusa constante em abdicar, não encontramos em seu itinerário a voragem entre visão e arquitetura como ocorre em Behrens, Poelzig, Gropius, Taut, mesmo quando parece desviar-se do léxico expressionista da Torre de Potsdam. A hipótese fixada no desenho postula um modo *autre*, sendo necessário salvaguardá-la a qualquer custo, mas mesmo assim, com o objetivo de prolongar-lhe a tensão no processo de realização. Em 1917, escreve ao dr. Freundlich, colaborador de Einstein:

O momento da concepção permanece essencial, porque compreende todas as origens; contudo, sua humanidade cordial somente pode manifestar-se na fase de desenvolvimento [...]. Até que me seja oferecida a possibilidade de demonstrar o caráter prático de meu trabalho, serei forçado a exprimir-me através de esquemas, em termos básicos que absorvam vibrações diferenciadas.

A preocupação com a possibilidade de ser substituído por um arquiteto "imaginário" o acompanha até 1924, quando encontra Frank Lloyd Wright:

A sua suspeita – e eu acredito, também a de Neutra – de que eu fosse talvez mais um escultor do que um arquiteto, mais um esteta do que um construtor, dissipou-se rápida e facilmente, e ainda melhor em seguida, junto com os desenhos que havia trazido.

Enfim, a laceração existencial do expressionismo funde-se com a necessidade irrefreável de viver a realidade da arquitetura.

O segundo elemento que qualifica os esboços mendelsohnianos é talvez ainda mais importante: eles apresentam uma historicidade, eles se transformam no tempo, são classificáveis em séries sincrônicas com a experiência arquitetônica concreta. Bruno Taut deixa de desenhar quando se dedica à profissão; Finsterlin, ao contrário, desenha sempre do mesmo modo. Somente com Mendelsohn realiza-se um incessante confronto entre visão e arquitetura. Em vários casos, as imagens gestuais, absorvendo vibrações, esfumaturas e detalhes, resultam mais subversivas do que a realidade. Em outros, sucede o contrário: basta recordar a obra prima da Columbushaus, da qual se conservam pouquíssimos esboços, extremamente breves.

Por esse contínuo e por vezes alucinado colóquio entre imagens e realidade arquitetônica, os desenhos de Mendelsohn assumem um incalculável valor didático. Aquele com perseverança e carinho para penetrá-los, poderá, a partir deles, extrair um incentivo excepcional, pois eles solicitam, estimulam e induzem a pensar. Todas as questões de fundo são dramaticamente recolocadas: a relação entre edifício e paisagem, particularmente o vínculo com a terra, mas também as descargas no céu, muitas vezes retidas por um arco, para que não se desagregue seu potencial magnético; a organicidade volumétrica, o fundir-se da implantação espacial com a casca que a envolve, o impulso emotivo, reprimido ou explicitado; o controle crítico, muitas vezes executado antes mesmo do término da obra. Como edifícios virtuais, as imagens atraem e submetem o observador no átimo suspenso da realização de uma arquitetura; exigem a sua participação para o cumprimento do processo criativo. Testemunhos supremos de uma poética do "não finito", libertam um "desejo" arquitetônico que empenha todas as capacidades de identificação do observador. Poder-se-ia afirmar que, entre as vias mais seguras para a formação de arquitetos, encontra-se a análise desses esboços considerando-se as suas inúmeras variáveis, captando seus riscos alternativos, avaliando, no confronto com as obras construídas, o significado da escolha final e recolocando-a em discussão. Mendelsohn concretizou somente algumas poucas dessas intermináveis "fugas"; o restante são matrizes disponíveis, abertas, sendo que qualquer um poderá utilizá-las para um caminho distinto, novo e ao mesmo tempo fiel ao parâmetro mais herético da tradição moderna.

Fig. 92. Hermann Finsterlin, 1887-1973.

Fig. 93. Hermann Fisterlin, O Jogo dos Estilos, blocos , 1916.

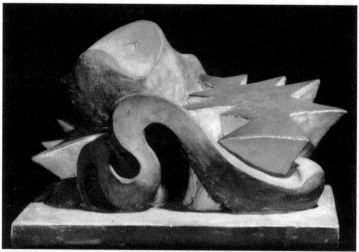

Fig. 94. Hermann Finsterlin, modelo de casa de visitas, 1921.

Fig. 95. Hermann Finsterlin, estudo para escola técnica, 1924.
(Sharp, D., *Modern Achitecture and Expressionism*, Londres, Longmans, 1966).

3. Do Expressionismo Funcional ao Funcionalismo Expressionista

Seria então verdade que Mendelsohn, após a Einsteinturm, teria abandonado a poética expressionista? E quais seriam os motivos dessa mudança? Quais seriam seus intentos?

A força do choque expressionista exauriu-se, fazem falta as gerações que poderiam fortalecê-lo: tendo se tornado moda, ele já espicaça senhores de meia idade, enquanto os dadaístas vociferam a sua estupidez. Uma reação de orientação católica e levemente clássica ameaça a cultura; o espírito se encontra em posição de ser subjugado pelo jogo dos interesses materiais (Edschmid, 1920).

O expressionismo lunapark, de papelão e estuque, com todos os seus palácios encantados e serralhos humanos, está desmontado. O dono do torneio prepara as contas do caixa. O revolucionário se enforca na paliçada. Logo mais, dentro de uma hora, nada restará a não ser uma pilha de vigas, pó e papelório. O expressionismo é uma velha barricada abandonada. O expressionismo é um belicista falido: demasiadas estrelas foram fabricadas para a paz. Os grandes magazines cancelam os pedidos. O *pathos* baixou em oitenta por cento, o amor fraterno treze por cento. O expressionismo pictórico, este novo estilo *liberty*, infelizmente, não pôde ser exportado: o cubismo já havia abastecido os países vizinhos (Goll, 1921).

Mais uma vez uma arte morre traída por sua época [...] todos fizemos parte do jogo, todos compartilhamos as palavras de ordem (Reivindicação. Manifesto. Apelo. Acusação. Evocação. Êxtase. Luta. O Homem grita. Nós somos. O um pelo outro. *Pathos*), todos fomos progressistas e pacifistas. Porém agora a sua espiritualidade, a sua ânsia de fraternidade universal estão sendo esmagadas pela civilização de massa e pela máquina, e o *pathos* sentimental cede lugar à força mecânico-cerebral (Goll, 1921).

Desde 1920 Kayser auspiciava uma arte "não mais feita de êxtases vazios, de paixões violentas que não apresentam solução ou fina-

154 ARQUITETURA E JUDAÍSMO: MENDELSOHN

lidade", uma arte humana, de uma "humanidade não como frase re-
boante, mas como um modo de ser sólido e criativo". Poucos dias
após a dissolução do Arbeitsrat für Kunst, ocorrida em 30 de maio
de 1921, Adolf Behne, um inflamado expoente do expressionismo,
escrevia:

> Os membros do agrupamento estavam todos de acordo em considerar falida sua ten-
> tativa de fundar uma nova sociedade: evidentemente que por motivos também externos,
> mas principalmente internos [...]. Erramos quando superestimamos a vontade comum de
> renovação, acreditando que fosse possível, naqueles dias, uma colaboração artística. Deve-
> mos reconhecer que vontade e desejo não são suficientes para a sua concretização, a qual
> implica uma comunhão entre os homens, o pressuposto que justamente nos falta. Se neste
> momento cada um segue seu caminho, nós o fazemos para não parecermos, por questões de
> honra, obstinadamente apegados mesmo àquilo que existia de utópico em nosso programa.

O relógio voltava para trás. O rigor nacionalista já se esboça no
horizonte com a *Existenzminimum* e os volumes cúbicos, uniformes
e alinhados das *Siedlungen,* ou seja, a Neue Sachlichkeit; e ninguém
queria perder o trem. O próprio Behne observou em 1923: "Verifica-
se na arquitetura alemã a tendência a um total comprometimento
com posições radicais, que se transformam facilmente ao se deixa-
rem cair nos extremos opostos". E no plano da análise literária,
Ladislao Mittner escreve:

> Com a Neue Sachlichkeit a literatura alemã, obedecendo a seu misterioso amor pelas
> oscilações polares, lançou-se de cabeça do máximo do abstrato ao máximo do concreto. O
> Homem nu, com h maiúsculo, foi substituído pelo homem da rua com "h" minúsculo, o
> homem excessivamente determinado pela banalidade de sua triste existência cotidiana, o
> homem comum, freqüentemente não desprovido de uma boa dose de simplismo, inclusive
> moral, sobrevivente entre outros sobreviventes, desempregado entre outros desempregados:
> homens que perambulam, pasmos, desesperados ou mesmo famintos pelas ruas das cida-
> des-alveolares, transtornados pelos rumores das fábricas, pelas cançonetas da moda asso-
> biadas por todos os passantes e pelos *slogans* comerciais difundidos contemporaneamente
> por todos os alto-falantes.

O que haveria então do expressionismo para ser conservado e
defendido? Seu pêndulo oscilava sem descanso entre o mito do cristal,
perseguido por Bruno Taut e pelos irmãos Luckhardt, e o mito do
amorfo, de Finsterlin, entre a matemática transcendental e o caos.
Quebrado o encanto, esgotados os efeitos da droga existencial todos
retornaram para casa procurando travestir-se.

Não Mendelsohn. Ele permaneceu alheio à fragorosa tempestade
expressionista, desconfiou das repentinas conversões ao racionalismo.
Quando, em 1928, o primeiro Congrès International d'Architecture
Moderne reuniu-se em La Sarraz, ele possuía as devidas qualifica-
ções para participar e se impor: havia construído os magazines
Schocken de Chemnitz, aos quais nenhum racionalista poderia objetar. Entretanto, não compareceu: não acreditava, como Häring, na

DO EXPRESSIONISMO FUNCIONAL AO FUNCIONALISMO EXPRESSIONISTA   155

utilidade de ensaiar uma possibilidade de acordo com Le Corbusier e Gropius. Nada tinha a renegar ou de fazer-se perdoar. Nesse ponto, torna-se fundamentalmente necessário desembaraçar o campo da disputa estéril entre duas teses críticas, ambas equivocadas e distorcidas. A primeira assegura que, depois da série dos esboços de guerra, da Einsteinturm e da fábrica de chapéus de Luckenwalde, Mendelsohn liberta-se do expressionismo. A segunda contesta afirmando que, apesar das transformações lexicais, ele permanece expressionista até o fim. Opõem-se assim dois fantoches que não apreendem o desenvolvimento do artista no seu complexo e matizado diálogo com o mundo.

Raciocinemos por absurdo, ao nível abstrato dos ismos, admitindo inicialmente que Mendelsohn teria abandonado o expressionismo. A qual outro ismo poderia ele ter-se filiado? Havia apenas um disponível: o racionalismo em sua versão purista francesa ou a neoplástica holandesa. É claro que a pesquisa mendelsohniana desenvolvida tanto em suas obras como nos escritos renega sua gênese e seus procedimentos. Gropius, Le Corbusier, Mies e Oud, como já foi dito, partem de motivações ideológicas para a seguir enraizá-las em experiências específicas, sempre atentos em demonstrar a pertinência de cada experiência com relação ao quadro ideológico: não havia meios de fazer com que Gropius reconhecesse que a Universidade de Bagdá contrastava com os edifícios da Bauhaus, de Dessau; e com que Le Corbusier admitisse que a Capela de Ronchamp contestava os cinco princípios da arquitetura moderna, enunciados em 1921; e ainda com que Mies van der Rohe confessasse que os arranha-céus de Chicago e o Seagram Building mortificavam a fluência espacial do pavilhão de Barcelona; ou finalmente com que J. J. P. Oud reconhecesse que o prédio da Shell, em Haia, constituía um perjúrio em relação ao bairro de Roterdã de 1927. Apesar de todas as evidências, os racionalistas, pretendendo uma coerência, não poderiam desmentir suas posições doutrinárias. Ao contrário, mais do que por uma crença ideológica, Mendelsohn é movido por uma *Weltanschauung*, e como conseqüência nele se intensificam as trocas entre a arte e a vida, a reflexão sobre os acontecimentos externos, os lugares e as sociedades nas quais atuou durante a longa peregrinação. Seu objetivo, acima de qualquer intenção demonstrativa, é sempre a expressão; em toda obra intercepta-se um valor que domina as próprias conquistas, um "algo a mais que o cotidiano" na ação cotidiana. Ele pode construir obras perfeitamente racionalistas no âmbito temático-lingüístico; porém, outros, principalmente os mestres e os críticos do racionalismo, logo haverão de dizer que, apesar dos êxitos, a dinâmica interna é diferente, densa de incessantes avanços e recuos. Portanto, se não encontra seu lugar no quadro do International Style, como poderíamos defini-lo? Talvez um funcionalista que mantém,

ARQUITETURA E JUDAÍSMO: MENDELSOHN

oculta porém viva, a carga expressionista, ou então: Erich Mendelsohn, *tout court*.

A segunda tese almejaria um Mendelsohn perenemente expressionista. Interpretação aceitável e exata na sua essência, porém sob a condição de não limitar o expressionismo ao repertório formal da Torre de Einstein. Como já vimos, Ungers tem em mente edifícios "exclusivamente" expressionistas, contudo, não existe uma catedral gótica "exclusivamente" gótica, desvinculada de precedentes históricos; mesmo os desenhos dos expressionistas, as fantasias alpinas de Taut ou os modelos de Finsterlin apresentam raízes e ascendências. Portanto, se a intenção for afirmar, como é cabível, uma coerência mendelsohniana, será necessário compreendê-la de modo elástico e não estático.

Seria contraditória a passagem de Brunelleschi do linearismo dos Innocenti aos envolvimentos do Santo Spirito? Ou Leon Battista Alberti, ao converter o classicismo do Templo Malatestiano nas inquietudes plásticas do coro da Annunziata? Estaria Palladio sendo incoerente ao recusar as límpidas impostações da Basílica e da Rotonda para decompor com virulência blasfemadora a Loggia del Capitanio? Ou então Borromini, ao alternar os rasgos da Propaganda Fide ou de San Carlino [San Carlo alle Quatro Fontane] com as implantações mais moderadas do palácio e da Villa Falconiere? Na verdade, se devemos falar de incoerência, a de Gropius, Mies e Oud (excluíndo Le Corbusier propositalmente, pois suas viradas picassianas não implicam um retrocesso), é infinitamente maior: abandonaram o expressionismo ou o De Stijl para se voltarem aos invólucros fechados, clássicos, ou para se refugiarem em divagações vernaculares que minam as próprias bases da arquitetura moderna.

Poder-se-ia dizer que Mendelsohn é uma personalidade inassimilável a um movimento? Seria bastante fácil, uma obviedade incontestável que satisfaria a todos indistintamente. Pela ausência, seja de uma doutrina rígida assim como de um repertório de formas preestabelecido, por apresentar-se como "um fenômeno e não um noumemo", pela trepidante existencialidade que o caracteriza e pelo isolamento no qual convivem seus protagonistas, a despeito da mitografia coletivista, o expressionismo oferece um húmus cultural para entender-se a figura de Mendelsohn. Exatamente porque Mendelsohn resiste à tentação de inserir-se em um movimento e vive isolado, lutando incansavelmente sem recuar jamais, como Häring e Finsterlin, é que o atributo de expressionista, acima dos relatos sobre grupos e organizações, se lhe apresenta como merecido.

Por fim, Mendelsohn é expressionista tanto quanto o filósofo Husserl ou os poetas e narradores Brod, Buber, Döblin, Kafka, Sorge, Werfel, os dois Zweig, e isto pelo arcano motivo de que Schönberg representou na vicissitude, e ainda melhor na música *Moses und*

DO EXPRESSIONISMO FUNCIONAL AO FUNCIONALISMO EXPRESSIONISTA 157

Aron, a dolorosa consciência da irreconciliabilidade entre a idéia e a palavra. Apesar da multiplicidade de suas formulações – desde a Robie House ao Guggenheim Museum, desde a Villa Savoye a Chandigarh –, o fato é que Wright e Le Corbusier conseguem declinar perfeitamente suas idéias em uma linguagem. Ao contrário, as formulações de Mendelsohn mantém um ingrediente alusivo e enigmático, uma suspensão, um *ethos* não redutível a termos lógicos, psíquicos ou figurativos, em suma, uma valência incomunicável. Aparentemente, também para ele apresenta-se o dilema irresolúvel do *Moses und Aron*: a idéia não expressa é estéril, porém ao ser expressa ela se torna corrupta.

Sobre estas premissas, podemos delinear o itinerário de Mendelsohn articulando-o em cinco períodos: da capela de Allenstein à Einsteinturm (1911-1921); do Berliner Tagblatt aos magazines Schocken de Stuttgart (1921-1928); do cinema Universum à Columbushaus (1928-1933); e a seguir a atividade anglo-palestinense (1933-1941), bem como aquela desenvolvida nos Estados Unidos (1941-1953). Dez anos de preparação, sete para se afirmar, um qüinqüênio de sucessos; e em seguida, nove anos para alcançar uma retomada criativa, depois doze para se inserir, a muito custo, na sociedade americana.

3.1. DA CAPELA DE ALLENSTEIN AO EINSTEINTURM

Os estudos universitários e o início da atividade profissional[1] em Munique significam o encontro com Wassili Kandinsky, Paul Klee, Franz Marc, Alexei von Jawlensky, ou seja, a descoberta do *Sturm und Drang* do grupo Blaue Reiter, uma experiência decerto mais estimulante do que aquela tardia do Arbeitsrat e do Ring. Os figurinos para espetáculos e bailes à fantasia (fig. 96), lembranças da grafia de Olbrich, são seguidos por projetos fantásticos, templos de luz, palácios de justiça e teatros de ópera, cujas implantações tradicionais são contestadas mediante o rompimento de blocos maciços em lâminas, ou então cunhando estátuas em suas arestas numa tentativa de esgotar a matéria (fig. 99). Os resíduos do classicismo consomem-se rapida-

---

1. Mendelsohn iniciou seus estudos universitários em 1907 estudando economia política na Universidade Ludwig-Maximilians de Munique. Em 1908 transferiu-se para o curso de arquitetura da Technische Hochschule de Berlim, onde permaneceu até 1910, quando novamente se transferiu para a Technische Hochschule de Munique, onde completou seus estudos em 1912 sob a orientação de Theodor Fischer, que por sua vez encontrava-se envolvido na modernização da arquitetura através de sua participação na Deutscher Werkbund. Ao finalizar seus estudos, permaneceu em Munique trabalhando como arquiteto independente, cenógrafo e figurinista de teatro para espetáculos como o de E. T. Hoffmann e bailes mascarados, designer e decorador, até 1914, quando se transferiu para Berlim.

mente entre os temas das fábricas, estações e edifícios aeroportuários, assim como as assonâncias com a Galérie des Machines parisiense de 1889, as volúpias decorativas da Art Nouveau e os apelos à plasticidade de Henry van de Velde. Nesse momento já encontramos algumas estruturas grandiosas que não tocam o solo, mas que são arrancadas, quase por expurgo, de profundezas hipogênicas, surpreendidas no instante em que paralisam jatos de lava. Nos interiores, assim como nos túneis do metrô ou nos ambientes da casa Becker (fig. 97), observam-se algumas incertezas. O problema é o oposto: não se trata de comprimir aquilo que aflora de baixo, mas sim de envolver o dado de engenharia no discurso expressivo mediante uma forte ligação com a terra, ou de revolver os espaços mesmo que com o uso violento das cores. Em 1915 a fantasia corre solta, os "esboços musicais" oferecem o pretexto para plasmar organismos inéditos, enquanto as galerias dedicadas ao nascimento da filha Esther atestam o pleno domínio dos vazios e da matéria. As séries de 1917[2] intensificam a busca pela representação de uma imagem completa, de forma obsessivamente abreviada, com poucos traços de tinta ou lápis, freqüentemente com uma única mancha. A diferença entre a visão e o projeto concreto torna-se clara na pequena escola de dança (fig. 101) e na casa Mendelsohn (fig. 102) que todavia, se comparada com a versão de 1915, demonstra uma capacidade de coágulo volumétrico na qual talvez se possa reconhecer o eco de uma presença wrightiana. Ao ciclo de 1917 pertencem alguns dos mais célebres textos [projetos imaginários]: o teatro explosivo, os observatórios a partir dos quais nasce a Einsteinturm, os grafitados estúdios cinematográficos (fig. 100), o edifício em cujo ângulo encastra-se um cilindro de vidro, a fábrica para aparelhos óticos que se tornará quase que um símbolo, assim como as indústrias com gruas e as torres piezométricas. O ano de 1919 inicia-se com um inaudito arranha-céu (fig. 103), terminando com os figurinos para Louise (fig. 98), que podem ser comparados aos de 1912: os trajes suntuosos, libertos dos estilemas ornamentais da Art Nouveau, acolhem os movimentos e as ondas de vazios sombreados, transformando a compacidade na ductilidade das membranas. Assombrosas em 1920, as "arquiteturas das dunas"[3] e os

2. No ano de 1915 Mendelsohn se alistou no corpo de engenheiros do exército. O ano de 1917 é passado em sua maior parte na frente russa, datando desse período uma série de projetos imaginários, nos quais, conforme Zevi, o arquiteto buscou a organicidade pela continuidade plástica que coincide com a eliminação das fraturas angulares. Mendelsohn criou silos, edifícios industriais, teatros, observatórios, magazines e pavilhões com brevidade e concisão de linguagem.

3. Como "arquitetura das dunas" é conhecida a série de esboços feitos por Mendelsohn durante suas férias passadas na região conhecida por Kurische Nehrung, no norte oriental da então Prússia, atual território russo, na qual as dunas elevam-se entre o Mar Báltico e a água doce do rio Haff.

DO EXPRESSIONISMO FUNCIONAL AO FUNCIONALISMO EXPRESSIONISTA 159

pavilhões de jardim de Luckenwalde (fig. 101) se apresentam, contra todas as evidências, deliciosamente imunes a vínculos naturalistas. Enfim, entrelaçam-se distorções semânticas e lacerações sintáticas, o objeto é desfeito, o bloco desagregado, a matéria explode ou sucumbe, fulmina a atmosfera pela pressão incontida dos espaços internos, de modo que mesmo um esboço da Torre de Potsdam não consegue detê-la.

Repetiu-se infinitamente que a Einsteinturm[4] (figs. 105-111) não havia sido construída em concreto armado, quase se inferindo tratar-se de uma falsificação. Imaginada como um monolito produzido pelo lançamento de material fluído em uma fôrma, ela foi construída lançando o mesmo material sobre uma estrutura de tijolos. Nenhuma renúncia. As funções ditaram a configuração espacial, desde o laboratório subterrâneo até a cúpula os vazios determinaram os volumes induzindo a sua própria envoltória: o lançamento do concreto sobre uma armação de aço limitada por fôrmas de madeira teria de qualquer modo implicado uma definição dos espaços anterior à execução

4. A construção da torre de Einstein, laboratório de pesquisas e monumento ao mesmo tempo, constituiu uma rara oportunidade para Mendelsohn. Sua amizade com o astrofísico Erwin Finlay-Freundlich, um celista assim como sua esposa Louise Maas, e o entendimento que adquiriu da relação entre massa e energia repercutiram ao longo de toda a sua obra, na qual procurou representar a energia que considerava latente na massa arquitetônica. Freundlich, que havia escrito juntamente com Einstein o primeiro livro sobre a relatividade, *Os Fundamentos da Teoria da Gravidade*, foi o primeiro astrônomo que tentou provar, pela medida da deflexão da luz solar durante um eclipse, a hipótese de Einstein de que a luz poderia ser determinada pela gravidade. As suas primeiras tentativas foram frustradas por conta do rompimento da Primeira Guerra, porém em 1917 ele já se encontrava em busca de financiamento para a construção de um observatório, tendo enviado a Mendelsohn, ainda na frente russa, uma carta contendo esboços e especificações para seu observatório. Apesar do anúncio, em novembro de 1918, de que dois grupos ingleses haviam conseguido comprovar a teoria da relatividade de Einstein, na Alemanha de Weimar o debate a respeito da teoria do grande cientista, judeu e pacifista e ainda portador de um passaporte suíço, estava aberta, tendo sido em meio a esse clima que Freundlich aproveitou para captar recursos para a sua torre. No início, Mendelsohn havia planejado um edifício no qual seriam utilizados o concreto e o tijolo. Após a guerra, ele prega o uso de novos materiais como o concreto armado, acreditando que "a forma arquitetônica resulta das necessidades internas e adere às condições formais do concreto armado". Porém o resultado final, e controverso, é um edifício de estrutura mista composta de tijolo e concreto armado, sobre o qual o arquiteto sempre negou a própria dificuldade em lidar com o problema das fôrmas, atribuindo o uso da solução mista à falta do concreto. A estrutura da torre foi levantada em doze meses, contudo o edifício foi completado e equipado somente três anos mais tarde, sendo o projeto de paisagismo responsabilidade de Richard Neutra, naquele tempo empregado do escritório de Erich Mendelsohn. Salientamos o interessante aspecto levantado por K. James em seu texto "Organic, Einstein, Finlay-Freundlich, Mendelsohn and the Einstein Tower in Potsdam", em Regina Stephan, *Eric Mendelsohn*, New York, Monacelli, 1999, pp. 26-37, discutindo o edifício como um monumento diferenciado construído durante a República, quando a monumentalidade constituía um tema de destaque para os arquitetos de Weimar.

160 ARQUITETURA E JUDAÍSMO: MENDELSOHN

do invólucro. A madeira foi substituída pelos tijolos, a estrutura de base desmontável foi substituída por um tecido contínuo e estável. O técnico talvez tenha sofrido por isso, mas não a arquitetura. A torre não alterou o vigor de sua imagem. Ela pode ser lida de baixo para cima enquanto a matéria expelida pela terra coagula elevando-se em sucessivas explosões; ou de cima para baixo, desde a cúpula que desmorona lentamente para inundar o chão. Janelas e portas exigem a mediação de retalhos plásticos fuselados, estes também passíveis de uma leitura de duplo sentido: partindo do interior, como que impelidos pelos vazios que com intensidade perfuram o invólucro, para depois se derramarem pelas espessuras murais buscando um contato maior com o ambiente circundante; ou de fora, como espaço paisagístico que corrói a pedra com furor para descobrir seu vazio secreto e escancará-lo sob a luz. Entre as duas operações simultâneas, centrífuga e centrípeta, insere-se, como terceiro elemento, o diafragma de cimento: grávido e maleável, ele protende e suga a matéria, sorve e expunge, agita-se sob os golpes que o agridem tanto dentro como fora, resiste aos rasgos desferidos, contra-ataca.

Nenhuma exegese da Torre Einstein, da fábrica de chapéus de Luckenwalde [1920] e do projeto para a Kemperplatz de Berlim é mais persuasiva e sedutora do que as reflexões sobre a nova arquitetura elaboradas durante os anos de guerra. Nunca mais Mendelsohn haveria de comunicar pensamentos tão exatos e densos:

> A arquitetura é a única expressão tangível do espaço de que a mente humana é capaz. Aferra o espaço, enreda o espaço, torna-se espaço [...]. No peso das massas vinculadas ao solo pairando incorpóreas sob a luz, a vitalidade da arquitetura comporta um apelo ao sentido tátil e à visão [...]. A arquitetura estabelece as condições das massas em movimento: a condição dinâmica – o espaço em movimento – revelada pelo contorno linear; a condição rítmica – as relações entre massas – clara na bidimensionalidade das fachadas; a condição estática – o equilíbrio dos movimentos – evidenciada nas plantas e cortes e concretizada nas estruturas [...]. A função das paredes é limitar a infinitude do espaço. A parede recolhe a luz permitindo que penetre através das aberturas [...]. A arquitetura exige liberdade de espaço para estender-se, um desejo construtivo livre para se impor [...]. À unicidade da operação arquitetônica corresponde a responsabilidade do arquiteto em traduzir uma visão para a realidade, equilibrando o experimento criativo com a objetividade funcional.

Essas reflexões constituem chaves específicas para decifrar a Einsteinturm em sua intimidade, os volumes anômalos, as cadências triangulares e as janelas cortadas transversalmente de Luckenwvalde (figs. 112 e 113), ou os balcões progressivos e a estrutura em forma de ponte do arranha-céu da Kemperplatz (fig. 114). Mas também são indicações metodológicas para a análise dos esboços. Pode-se escolher qualquer um deles, aleatoriamente, julgando-o relativamente à sua capacidade de aferrar, enredar e tornar-se espaço; à impressão táctil provocada pelas massas acorrentadas ao solo; à impressão visiva de

DO EXPRESSIONISMO FUNCIONAL AO FUNCIONALISMO EXPRESSIONISTA 161

sua explosão na luz; com relação à tríplice condição dinâmica, rítmica e estática; ou ainda analisando o invólucro mural como limite da infinitude espacial. O método projetivo e o método crítico coincidem. O texto citado confirma, igualmente, a posição mendelsohniana frente ao expressionismo: gestos pululantes, ébrios, tortuosos, intimidatórios até o grotesco, prontos a esmagar todos os códices, porém arquitetônicos, isto é, comprometidos a revolucionar funções e comportamentos, perquirindo o fantástico grito sobre a realidade.

3.2. DO BERLINER TAGEBLATT AOS MAGAZINES SCHOCKEN DE STUTTGART

Segundo alguns, esse período seria caracterizado por uma influência decisiva da Escola de Amsterdã: meditando sobre as obras de Michel de Klerk e de Pieter Kramer, Mendelsohn teria registrado o desgaste do expressionismo, ocasião em que retoma temáticas mais moderadas. Como será fácil demonstrar nas considerações sobre o ostracismo crítico, a verdade é exatamente o contrário: ele condena o romantismo de Amsterdã sentindo-se talvez mais afinado com o De Stijl, na versão oferecida por J. J. P. Oud. Isso pode ser confirmado na cidade-jardim de Haifa, particularmente na Torre "Coroa do Carmel" (fig. 115), e em geral nos esboços de 1923 que, abandonando o modelado argiloso, medem-se com o prisma de granito facetando, travando e martelando-o para a obtenção de lâminas. Contudo, continua simultaneamente a busca pela forma desfeita e fluidificada, que alcança a ciclópica turgidez do arranha-céu, imagem soberana de 1924 (fig. 116). As duas investigações se entrelaçam tanto no monolito talhado que dedica a Frank Lloyd Wright (fig. 117) durante a primeira visita aos Estados Unidos, como nas criações sucessivas. Mas o fato emergente dessa estada consiste no salto qualitativo dos desenhos não utópicos: a diferença entre o artista "imaginário" e o arquiteto é superada e cada ato profissional adquire a solenidade de um ritual porque o "cotidiano" se enlaça, a partir de então, em um indissolúvel abraço com o "algo a mais do cotidiano". Os esboços da casa Sternefeld documentam um hábito projetual inclinado a pensar contemporaneamente, numa mesma folha, em plantas, cortes, fachadas ou nas múltiplas visões perspectivas, a inteira realidade do edifício em movimento. O procedimento é rebatido nas "visões musicais" de 1926, assim como nas envolventes pré-figurações de Stuttgart [magazines Schoken, 1926-1928]: as hipóteses pressionam, se sobrepõem e se encastram, abatendo-se umas sobre as outras. Magnífica é a perspectiva em diagonal dos magazines de Duisburg [magazines Cohen-Epstein, 1926-1927], que eletrizam um *quantum* atmosférico

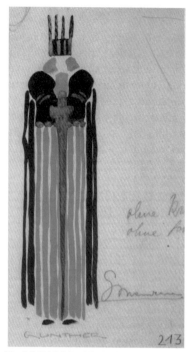

Fig. 96. Erich Mendelsohn, figurino para baile mascarado, Munique, 1914.

Fig. 97. Erich Mendelsohn, residência Becker, Chemnitz, 1915.

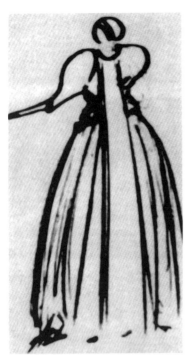

Fig. 98. Erich Mendelsohn, figurinos para Louise, 1919.

Fig. 99. Erich Mendelsohn, pavilhão de exposições, 1914.

Fig. 100. Erich Mendelsohn, estudio cinematográfico, 1917.

Fig. 101. Erich Mendelsohn, pequena escola de dança, 1917.

Fig. 102. Erich Mendelsohn, residência Mendelsohn, 1917.

Fig, 103. Erich Mendelsohn, arranha-céu, 1919.

Fig. 104. Erich Mendelsohn, pavilhão de jardim para Gustav Herrmann, Luckernwalde, 1920.

Fig. 105. Erich Mendelsohn, torre de Einstein, esboço.

Fig. 106. Erich Mendelsohn, torre de Einstein, Postdam, 1920-1924.

Fig. 107. Erich Mendelsohn, torre de Einstein, esboço.

Fig. 108. Erich Mendelsohn, torre de Einstein, fachada lateral.

Fig. 109. Erich Mendelsohn, torre de Einstein, detalhe da fachada.

Fig. 110. Erich Mendelsohn, torre de Einstein, cortes da fachada, 1920.
Fig. 111. Erich Mendelsohn, cortes da estrutura da torre indentificando os elementos em concreto armado e em alvenaria.
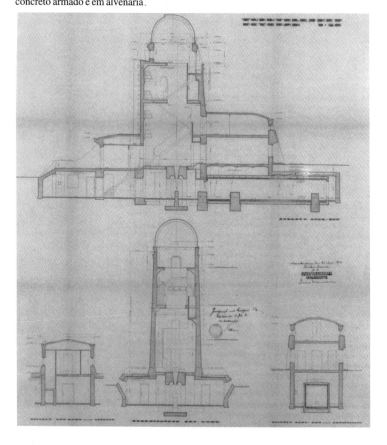

DO EXPRESSIONISMO FUNCIONAL AO FUNCIONALISMO EXPRESSIONISTA   171

tão dilatado que necessita estar circunscrito no âmbito de um traço arqueado, rude e pastoso. No campo das realizações, o setênio é marcado pela poética do ângulo. Apoderar-se do ângulo significa garantir a condição dinâmica do volume, derrotando qualquer inércia clássica; e mais ainda, estirpar todos os movimentos das massas para lançá-las novamente em extensões livres. A reestruturação do Berliner Tageblatt [1921-1923, Berlim] (figs. 118 e 119) é paradigmática: depois de estruturar o ângulo, os resíduos do edifício preexistente são absorvidos pelo novo ritmo envoltório, mantido permeável pelos contornos inclinados e talhados. Nas casas geminadas de Charlottenburg-Westend [1922][5] (figs. 120-123), mesmo os móveis, a cristaleira e a cama, contestam o fechamento angular. Mordiscados em suas bases pela seqüência de vitrines, e mais acima pelas janelas e pelas robustas cornijas, os ângulos da fábrica de seda Weichmann [1922, Gleiwitz] condensam as referências compositivas; não é por acaso que o lintel final adenta e escava a pequena torre. A casa Sternefeld [1923-1924, Charlottenburg-Westend] exalta léxico e sintaxe. Os esboços e os gráficos a estendem sobre a paisagem com grande vigor, quase como em um *in-line-plan* de Wright, não obstante, também as faixas superpostas transbordarem em balcões, que deslizam uns sobre os outros, e o dispositivo das cornijas acentuadas sobre as janelas tornar

---

5.   Para melhor compreensão das residências de Mendelsohn, que pelo fato de serem somente cinco e apresentarem um porte menor constituem um capítulo periférico em relação ao restante de sua obra, sugerimos a leitura do texto de Regina Stephan, "Private Houses in Berlim and the Influence of Frank Lloyd Wright", *Eric Mendelsohn*, pp. 160-169, no qual a autora procede a uma análise caso a caso, buscando as diversas influências visíveis no vocabulário utilizado. Todos os edifícios, com exceção de um único, foram construídos em Westend, bairro de Charlottenburg, ao sul de Berlim, que juntamente com outros distritos formava um cinturão verde ao redor da região metropolitana da capital. Os projetos foram encomendados por intelectuais de origem judaica que haviam freqüentado as palestras de Mendelsohn sobre arquitetura no salão de Molly Philippson, amiga de Louise. Assim, temos as residências geminadas de Charlottenburg para o dr. Kurt Heymann e, mais tarde, Theo Meyer, às quais Stephan atribui a influência da escola de Amsterdan nas figuras de Dudok e Michel de Klerk, com os quais Mendelsohn teria cultivado uma intensa troca de idéias, apesar de que sabemos que sua maior aproximação era com J. J. P. Oud, com o qual chegou a viajar para a Palestina; a residência Sternfeld, para os médicos Ruth e Walter, que previa além da residência, o consultório do casal. Devido a sua horizontalidade, assim como pelos projetos que se seguiram, a autora do texto aproxima esse projeto à Robie House de Frank Lloyd Wright, em Chicago construída entre 1908-1910, justificando também o título de seu texto. Considerada a primeira residência em concreto armado de Berlim, a residência Sternfeld apresentava ainda um telhado plano, para o qual Mendelsohn teve de pedir ao seu amigo J. J. P. Oud que lhe mandasse especificações para poder proceder à impermeabilização; a reforma da casa do engenheiro e industrial Manfred Aron, um projeto cujo resultado final jamais agradou a Mendelsohn; e finalmente a casa de campo do dr. Bejach e a sua própria residência, Am Rupenhorn, como a chamou, que se tornaria sua casa ideal, intimamente relacionada com a natureza.

172 ARQUITETURA E JUDAÍSMO: MENDELSOHN

mais leves os paralelepípedos, de laterais cegas ou envidraçadas, nos quais o bloco se decompõe. A rigor, ao destruírem-se os ângulos, desaparecem as fachadas: cada uma delas é um não-finito, um ato suspenso que somente poderia ser concluído em uma terceira dimensão.

A peleteria Herpich [1924, Berlim][6] (fig. 126) vence a bidimensionalidade destacando os setores laterais para, a seguir, comprimi-los em suas extremidades, de modo que a perspectiva a partir da rua sugerisse uma variação de seu ângulo. Os magazines de Nuremberg [magazines Schoken, 1926] (fig. 124) e o Clube Náutico [1927, lago Wannsee, Essen] repetem os motivos da fábrica de seda Weichmann e da casa Sternefeld, enquanto a capela do cemitério[7][judaico] de Königsberg [1927] (fig.127) pode esquivar-se da questão talhando o maciço em placas longitudinais com o uso de um enorme machado. A Deukon Haus de Berlim [1927] (fig. 130) apresenta uma fachada plana, porém o arquiteto não se deu por vencido, impondo profundidade e movimento ao separar a composição em partes assimétricas, quase que rotantes em torno do eixo vertical do luminoso que ostenta o nome do negócio. Esse desequilíbrio encontra uma versão mais ousada nos magazines de Duisburg [magazines Cohen-Eptein, 1926-27] (fig. 128): linhas dinâmicas e bandas luminosas coagulam-se no delicado cilindro saliente, sugerindo dialeticamente uma penetração para além da espessura murária. Portanto, também dessa perspectiva, Mendelsohn extrai a terceira dimensão e, mesmo que a loja permaneça no piso térreo do antigo edifício vizinho, uma cobertura suspensa, amarrada ao elemento cilíndrico, a vincula à temática moderna.

6. Também em relação aos edifícios comerciais de Mendelsohn, sugerimos a leitura do texto de Regina Stephan, "Department Stores in Berlim, Breslau, Chemnitz Duisburg, Nuremberg, Oslo e Stuttgart, 1924-1932", incluso na mesma coletânea citada anteriormente, pp.72-109, em que a autora aborda, um a um, os edifícios que tornaram Mendelsohn um dos arquitetos de maior sucesso na década de vinte, projetando para clientes particulares, independente dos comissionamentos públicos, para grandes projetos habitacionais, assim como seus colegas. Mesmo enfrentando a resistência das autoridades municipais para a aprovação de seus projetos, considerados muito vezes ofensivos por sua linguagem moderna e despojada, Mendelsohn operou em especificar aquilo que para ele consistia um tipo arquitetônico que exigia ao mesmo tempo integração urbana, funcionalidade e economia, técnicas construtivas modernas que diminuíssem os prazos construtivos e fornecessem ao edifício um caráter inovador, além de um alto nível de apelo mercadológico que poderia ser alcançado pelas novas técnicas de iluminação, que enfatizavam partes do conjunto, em geral as escadas, "a seu modo, as lojas de departamento tornaram-se tão expressivas que os próprios edifícios tornaram-se sinônimos para as companhias, seus nomes dispostos em grandes letras nas fachadas. Os edifícios falavam por si".

7. A atividade profissional de Mendelsohn iniciou-se em Allenstein, sua cidade natal, quando ainda estudante projetou uma capela funerária realizada em 1911. Em 1927 ele projetou o cemitério que, mais tarde, em 1938, foi destruído pelos nazistas.

Figs. 112 e 113. Erich Mendelsohn, fábrica de chapéus Friedrich Steinberg, Herrmann e Cia, Luckenwalde, 1921-1923.

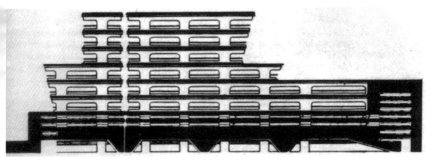

Fig. 114. Erich Mendelsohn, projeto de edifício na Kemperplatz, 1922.

Fig. 115. Erich Mendelsohn, Torre sobre o monte Carmel, Haifa, 1923.

Fig. 116. Erich Mendelsohn, esboço de arranha-céu, EUA.

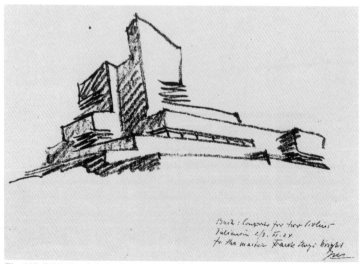

Fig. 117. Erich Mendelsohn, homenagem a F. L. Wright.

Fig. 118. Erich Mendelsohn, sede do "Berliner Tageblatt", Berlim, 1921-1923.

Fig. 119. Richard Neutra, esboço da reforma e ampliação do "Berliner Tageblatt", 1921-1923.

Fig. 120. Erich Mendelsohn, fachada casas geminadas de Charlottenburg, Westend, Berlim, 1922.

Fig. 121. Erich Mendelsohn, detalhe interno, casas geminadas de Charlottenburg, Westend, Berlim, 1922.

Fig. 122. Erich Mendelsohn, aparador, casas geminadas de Charlottenburg, Westend, Berlim, 1922.

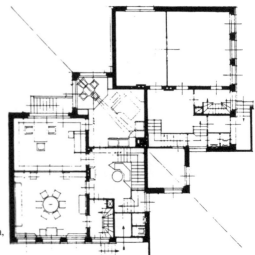

Fig. 123. Erich Mendelsohn, planta, casas geminadas de Charlottenburg, Westend, Berlim, 1922.

Fig. 124. Erich Mendelsohn e Richard Neutra, magazine de sedas Weichmann, Gleiwitz, 1923-1924.
Fig. 125. Erich Mendelsohn, magazine Schoken, Nuremberg, 1925-1926.

Fig. 126. Erich Mendelsohn, magazine de artigos de couro C.A Herpich, Berlim, 1924-1925.

Fig. 127. Erich Mendelsohn, cemitério judaico, Königsberg, 1927.

Fig. 128. Erich Mendelsohn, magazine Cohen Epstein, Duisburg, 1926-1927.

Fig. 129. Erich Mendelsohn, fachada principal, magazine Schoken, Sttutgart, 1926-1928.

Fig. 130. Erich Mendelsohn, Deukon Haus, Berlim, 1927.

180 ARQUITETURA E JUDAÍSMO: MENDELSOHN

Alcançamos assim a obra-prima dos magazines Schocken, de Stuttgart [1926-1928] (fig. 129), anunciada por uma série de esboços surpreendentes nos quais as massas investem em direção ao exterior para depois se recolherem, os corpos se encaixam ou se liberam de seus encastramentos e afirmam, ou mesmo bradam suas inúmeras possibilidades de conformação. A escolha final sintetiza o período colocando em contraste dois "ângulos". O primeiro, que contém a escadaria do magazine, é amplo e fechado, apesar do desequilíbrio intencional devido ao prolongamento da membrana vítrea; o segundo, introvertido e transversal, faz um eco repentino ao primeiro no alto do edifício, alcançado por uma escada lateral. Nesse ponto, supera-se a poética do ângulo no sentido de coagular forças e movimentos para refleti-los no horizonte. O organismo espacial pretende o domínio dos mecanismos volumétricos e plásticos, não mais soluções perspectivas, mas o confronto direto de suas articulações. Estamos no ápice da criatividade mendelsohniana. Durante os tormentos da guerra ele havia compreendido que "a arquitetura é a única expressão tangível de espaço da qual a mente humana é capaz". Contudo, em 1924 encontra Wright e adota sua profecia: "pela primeira vez na história, a arquitetura torna-se completamente arquitetura, espaço em si mesma".

3.3. DO CINEMA UNIVERSUM À COLUMBUSHAUS

De todo complexo Woga [1926-1928, Berlim][8] (figs. 132 e 133) sobre a Kurfürstendamm, o cinema [Universum] (figs. 134-137) é,

---

8. Além do projeto do bairro jardim para a cidade de Haifa, datado de 1923, o complexo Woga, construído entre 1925 e 1931, constitui uma rara oportunidade para Mendelsohn de projetar em escala urbana. Conforme Kathleen James, em "Metropolitan Architecture in Berlim: The Woga Complex and the Universum Cinema", em R. Stephan, *Eric Mendelsohn*, pp. 110-119, o arquiteto faz uso dos conhecimentos adquiridos com seu mestre em Munique, Theodor Fischer, que por sua vez era discípulo de Camillo Sitte, que advogava o abandono do racionalismo clássico em favor de uma perspectiva mais pitoresca para a formação dos espaços urbanos; e mesmo que Mendelsohn tivesse rejeitado a nostalgia de seu mestre pelo vernacular, ele não abandonaria as lições de Fischer acerca da implantação dos edifícios urbanos. O complexo incluía um cinema e um cabaré, com uma pequena rua interna de pequenas lojas terminando em um hotel, com dois longos blocos de apartamentos residenciais ao longo das ruas laterais, projetados para atender a burguesia, visto que se tratava de um empreendimento comercial do qual também participava seu antigo cliente Hans Lachmann Mosse. O cinema Universum foi construído para a projeção dos novos filmes falados da Companhia Cinematográfica de Produção UFA. Criticado inicialmente como uma arquitetura austera, ou de "severa funcionalidade", a partir da Depressão o edifício serviu como modelo arquitetônico, espalhando-se por toda a Europa, principalmente na Inglaterra, e nos EUA, chegando até o Brasil nos projetos de Rino Levi, como vimos anteriormente.

DO EXPRESSIONISMO FUNCIONAL AO FUNCIONALISMO EXPRESSIONISTA 181

com seu espaço interno estreito e alongado e as faixas luminosas do forro convergindo em direção à tela, justamente famoso pela sua dupla funcionalidade – prática e psicológica. Porém a mensagem mais surpreendente, e realmente incrível, é oferecida por algumas variantes da testada que projetam na paisagem urbana imensos tabuleiros ou volumes circulares, trazendo à memória o projeto de Wright, datado de 1947, para um clube esportivo nas colinas de Hollywood. Vinte anos separam as imagens dos dois gênios, sendo que a proposta mendelsohniana não apenas antecipa, mas vai além daquela do mestre americano, que se valeu de uma espinha estrutural para o lançamento de seus ovóides. Nas versões mais avançadas, a idéia do Universum [1926-1928] parece eliminar qualquer apoio estranho para entregar-se completamente ao diálogo entre espaço catapultado e espaço externo devorado. Mensagem essa que ultrapassa também a do próprio museu Guggenheim e, ainda hoje, após quase meio século, pertence ao futuro.

Enquanto Breslavia [magazines Rudolf Petersdorff, 1927] (figs. 139 e 140) leva adiante os temas de Duisburg, uma nova pesquisa se delineia, partindo da central térmica Mosse em Berlim [1928], passando pelo Zôo [1928, Berlim] (fig. 142), o Pavilhão de Colônia [Pavilhão Mosse, na exposição sobre imprensa, 1928] (fig. 141) e as galerias Lafayette [1928, Berlim] (fig. 138), e desembocando no marco fundamental representado pelos magazines Schocken, em Chemnitz [1928-1929] (figs. 143 e 144). Aqui o ângulo não é mais o elemento gerador, visto que a implantação simétrica ditada pelo lote não é contestada. O movimento em terceira dimensão é expresso pelo destaque do corpo central em relação às alas laterais e pelo escalonamento dos três últimos andares. O peso é anulado de duas maneiras: primeiro ao relacionar as alas laterais com a faixa de vitrines do andar térreo, criando assim um U transparente em cujo centro equilibra-se a alternância das faixas horizontais; depois, com o refluxo das cadências sombreadas, isto é, arrematando a ascensão das faixas com um nastro vazio que perspectivamente recai sobre as faixas anteriores. A fachada pode então tornar-se um diafragma sem espessura, arqueada por tênues pressões internas. Tudo é calibrado por dosagens matemáticas, de modo que os cheios e vazios possam ser invertidos: a visão noturna confirma a imagem, mesmo que a imaterialidade surrealista dos feixes luminosos exija o complemento de uma trama estrutural bastante visível.

Existiriam esboços dos magazines de Chemnitz? Poucos e insignificantes. Durante o qüinqüênio de maior sucesso profissional, a Neue Sachlichkeit competiu com o expressionismo e por vezes o superou, provocando quedas de tensão encontráveis em vários episódios, como na Federação Metalúrgica [1929-1930, Berlim] (figs. 148 e 149), no monumental Palácio dos Soviets [1929, Moscou] (fig.

182 ARQUITETURA E JUDAÍSMO: MENDELSOHN

147), na própria casa em Rupernhorn [1929-1930, Berlim][9] (figs. 150 e 151) e no edifício dos Transportes e Viagens de Berlim [1930-1932] (fig. 146). Quando lhe falta a matéria túrgida a ser plasmada, a grafia mendelsohniana torna-se inutilizável, esfumaçando-se, como compensação, em sonhos.

Também são raros os esboços da Columbushaus [1931-1932, Berlim][10], a extrema e talvez maior conquista poética do itinerário alemão. As placas publicitárias, instrumentos arquitetônicos galvanizantes em Stuttgart, quase desaparecidas em Chemnitz, encontram-se aqui relegadas ao alto, fixadas na penúltima faixa cega, adjacentes, em planos ortogonais.

Portanto, o ângulo volta a ser gerador, porém em um contexto ambíguo que não mais se destina à equivalência das fugas perspécticas. De fato, como em Chemnitz a escada finaliza a fachada à esquerda; contudo, esta liberta-se, elevando e contestando as diretrizes centrífugas das faixas, retendo e invertendo seu sentido de modo a reconduzi-las ao ângulo. A ruptura ocorre na outra fachada, longa e arqueada, percebida como um não-finito, isto é, como uma extensão virtual ilimitada. O objetivo desse desequilíbrio é evidenciado pela análise dos esboços, que atestam uma afanosa busca pela configuração angular. Ensaia-se um volume fechado, ponto de partida das fugas, ou mesmo um corpo cilíndrico destacado como em Stuttgart; porém, qualquer hipótese de solução autônoma é descartada em conseqüência do triunfo de uma dinâmica altimé-

9. Ita Heinze Greenberg, a primeira pesquisadora a promover um profundo levantamento da obra de Mendelsohn na Palestina, assina o texto "Success, House and Home", sobre Am Rupenhorn, na coletânea de R. Stephan, pp. 170-181. Leitura obrigatória por sua rica descrição, sempre acompanhada de fontes inéditas, do especial relacionamento do casal Mendelsohn e da própria residência, em seu extremo refinamento que, além de admiração, provocou após a sua publicação na revista Neus Haus-Neue Welt, em 1932, diversas críticas dos arquitetos envolvidos naquele momento com o projeto de habitações sociais e que pretendiam julgar a casa sob o aspecto do política e moralmente correto em um período de instabilidade econômica. Apesar das "patrulhas", a casa foi um ponto de encontro de intelectuais e artistas, como André Gide, Chaim Weizmann, Salmann Schocken, Kurt Blumenfeld e Albert Einstein ou Amédée Ozenfant, responsável também por alguns dos afrescos e que afirma que aquela seria a casa do Goethe moderno.

10. Para Regina Stephan, em "The Metal Worker's Union Building, the Columbushaus, and Other Office Buildings in Berlim", da já citada coletânea, a Columbushaus representa o ponto alto da obra mendelsohnina na Alemanha, e não por acaso sua construção coincide com a de Am Rupenhorn. Em outubro de 1932 o arquiteto instalou seu escritório nesse edifício, porém a fortuna faria com que em março de 1933 ele deixasse a Alemanha para sempre. Conforme expressão de Zevi, a Columbushaus seria assassinada algumas vezes: os nazistas a utilizariam como câmara de tortura da Gestapo, os bombardeiros da Segunda Guerra a danificariam; mesmo assim o edifício foi reconstruído e chegou a ser utilizado como depósito pelo governo da Alemanha Oriental até ser destruído por um incêndio numa revolta operária em junho de 1953. Mendelsohn iria falecer em setembro, alguns meses mais tarde.

DO EXPRESSIONISMO FUNCIONAL AO FUNCIONALISMO EXPRESSIONISTA   183

trica que diferencia as faixas cheias das vazias e, polemizando com a cartilagem de Chemnitz, injeta matéria nas transparências assinalando por uma seqüência de planos, primeiramente lenta, a seguir acelerada e, finalmente, rapidíssima, os tempos da composição. A fachada de Chemnitz havia mortificado a espessura. A Columbushaus a recupera com suas nervuras ascendentes, ritmicamente interrompidas pela horizontalidade das bandas. É impossível estabelecer-se se o movimento dominante é aquele de baixo para cima ou aquele paralelo ao solo. Mendelsohn afirmava que este era seu único edifício vertical; trata-se, porém, de uma verticalidade particularíssima, obtida pela superposição de fugas horizontais cada vez mais intensificadas.

Uma seqüência musical evoca a fachada da Pieve d'Arezzo; porém, nesse caso o partido é traduzido por um significado dinâmico, em uma terceira dimensão que derrota o peso e salta para o infinito sem renunciar a si próprio. Por essa razão, o ângulo não necessita emergir, recolher ou projetar energias. Poder-se-ia afirmar que o edifício como um todo é um ângulo colossal, aberto e ilimitado, de certo modo capaz de tornar-se uma cidade. A arquitetura não mais compreende os espaços internos e externos: transformou-se em espaço.

3.4. A ATIVIDADE ANGLO-PALESTINENSE

Muito se tem falado de uma crise da fantasia mendelsohniana que teria acompanhado a emigração. De um ponto de vista psicológico, seria mais do que justificável: a liberdade européia foi abalada e, com ela, uma vida profissional plena de urgências irrealizadas, tendo que se recomeçar do zero sem saber onde, como e sobretudo o porquê. Uma crise análoga verificou-se com Gropius, Mies e com outros fugitivos. Uma escolha fundamental se impunha: defender com veemência o próprio patrimônio, acreditando ser ele fecundo e provocativo mesmo em um ambiente estranho; ou então assimilar a cultura de um novo país, nela confundir-se, reinterpretando-a. Mies van der Rohe optou pela primeira alternativa, tornando-se um obstinado, permanecendo alemão, imune a qualquer contaminação pelo pragmatismo americano; por oposição, desenvolveu uma excepcional função didática renunciando até ao De Stijl e à dança espacial de Barcelona, e recusando qualquer *styling* empreendeu sem titubeios um programa bastante coerente embora à margem do classicismo, surpreendentemente acompanhado pelo sucesso profissional. Ao contrário, Gropius seguiu a segunda alternativa, associando-se na Inglaterra a Maxwell Fry, e nos Estados Unidos a Marcel Breuer,

Fig. 131. O casal Mendelsohn, Erich e Louise. (Stephan, R., *Eric Mendelsohn*, Nova York, Monacelli, 1999, pp. 173,174, 177, 178).

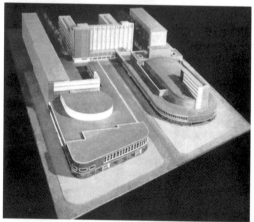

Fig. 132. Erich Mendelsohn, complexo Woga, maquete, 1926-1928.

Fig. 133. Erich Mendelsohn, complexo Woga, blocos residenciais, Berlim, 1926-1928.

Fig. 134-135. Erich Mendelsohn, cine Universum, interior, complexo Woga, Berlim, 1926-1928.

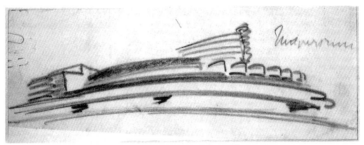

Fig. 136. Erich Mendelsohn, cine Universum, complexo Woga, esboço.

Fig. 137. Erich Mendelsohn, cine Universum, complexo Woga, Berlim, 1926-1928.

Fig. 138. Erich Mendelsohn, projeto para as Galerias Lafayette, Berlim, 1928.
Figs. 139 e 140. Erich Mendelsohn, magazine Rudolf Petersdorff, Breslavia, 1927-1928.

Fig. 141. Erich Mendelsohn, pavilhão para a editora Mosse, exposição da imprensa, Colônia, 1928.

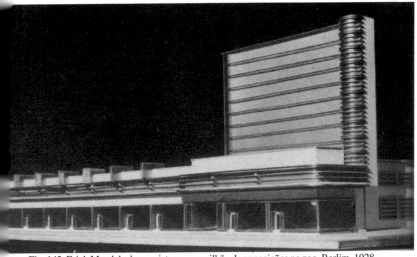

Fig. 142. Erich Mendelsohn, projeto para pavilhão de exposições no zoo, Berlim, 1928.

Fig.143. Erich Mendelsohn, magazine Schocken, Chemnitz, 1928-1929.

Fig. 144. Erich Mendelsohn, magazine Schocken, Chemnitz, maquete.

Fig. 145. fotomontagem com os novos edifícios Schocken.

Fig. 146. Erich Mendelsohn, maquete, edifício Transportes e Viagens, BVG, Berlim, 1929.

Fig. 147. Erich Mendelsohn, maquete, concurso Palácio dos Soviets, Moscou, 1929.

Figs. 148 e 149. Erich Mendelsohn, Federação Metalúrgica Alemã, Berlim, 1929-1930.

Fig. 150. Erich Mendelsohn, Am Rupenhorn residência do arquiteto, fachada do jardim, Berlim, 1929-1930.

Fig. 151. Erich Mendelsohn, residência do arquiteto, vista do sudoeste, Berlim, 1929-1930.

Fig. 152. Erich Mendelsohn, Columbushaus, Berlim, 1931-1932.

Fig. 153. Erich Mendelsohn, Columbushaus, pátio interno, Berlim, 1931-1932.

Fig. 154. Erich Mendelsohn, Columbushaus, plantas andar tipo, 1931-1932.

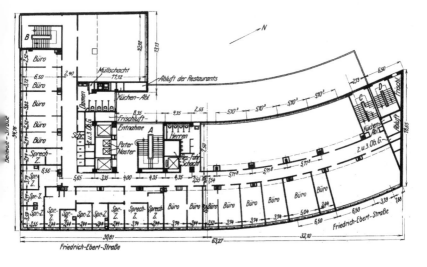

192 ARQUITETURA E JUDAÍSMO: MENDELSOHN

muito mais jovem e sensível às influências locais, e a seguir, a um grupo de alunos americanos que procediam de um modo empírico, embora qualificado, sem uma influência cultural profunda. Para Mendelsohn, como sempre, o dilema apresentou-se em termos mais complexos. Por um lado, a Inglaterra; do outro, a Palestina judaica. Na Grã-Bretanha, a associação com Serge Chermayeff não implicou mudanças. As casas em Chalfont Saint Giles [casa Nimmo, 1934] (fig. 155) e na Church Street londrina [casa Cohen, 1935-1937] (fig. 156), assim como o pavilhão De La Warr em Bexhill-on-Sea [1934-1935] (figs. 158 e 159), reforçam a temática explorada na Alemanha, com uma veemência "expressionista" maior do que aquela revelada no quinqüênio que antecedeu o exílio. Os esboços confirmam: os do hotel em Blackpool [1936, sem a parceria de Chermayeff] lançam em meio à borrasca um modelo que evoca a Columbushaus.

Na Palestina o discurso é radicalmente diferente devido ao clima, à paisagem, aos habitantes, às ressonâncias atávicas e, sobretudo, porque se tratava de conferir uma linguagem ao milenar sonho do retorno. Mendelsohn já havia projetado para a terra de Israel, amadurecendo ao longo dos anos uma possível versão mediterrânea de sua pesquisa quando então surge a oportunidade de testá-la em grande escala. A casa Weizmann em Rehovoth [1936-1937] (figs. 168 e 169), a casa (figs. 160 e 161) e a biblioteca (figs. 163-165) Schocken de Jerusalém [1936-1937], o hospital de Haifa [1937-1938] (figs. 172-179) e principalmente a Universidade Hebraica no Monte Scopus [1936-1938] (figs. 180-182) atestam a conquista dessa nova chave expressiva. No que consistiria? Uma virada ou uma aplicação diferenciada do mesmo impulso criativo?

Não há motivos para postular-se uma rigorosa coerência mendelsohniana, que poderia ser vista quase como desumana considerando-se as atormentadas vicissitudes do homem e do artista após a vitória do nazismo. Se Mendelsohn houvesse se desviado do seu rumo, renegando todo o passado, não haveria nada a objetar: frente à catástrofe da guerra, Le Corbusier recusou-se a permanecer de olhos vendados, apartado da briga, tal como Mies, pois acreditava ser inútil enfrentar a história continuando entrincheirado na racionalidade e, dessa forma, explodindo em Ronchamp a reviver de certo modo, *a posteriori*, a tragédia do expressionismo alemão. Mendelsohn, porém, nunca se afastou do expressionismo iludindo-se nos devaneios da Neue Sachlichkeit; manteve a problemática do tumulto pós-bélico também nos anos de prosperidade e sucesso, mesmo que em versões menos exaltadas. Portanto, a angústia renovada não exigiu eversões lingüísticas. De resto, se carregava consigo o presságio do inaudito extermínio reservado a seu povo, assistiu a um evento lendário: o desenvolvimento do National Home [Lar Nacional Judaico], a profecia de Israel que ressurgia. Para tal evento era necessário oferecer

DO EXPRESSIONISMO FUNCIONAL AO FUNCIONALISMO EXPRESSIONISTA 193

uma arquitetura que não incorresse no erro da busca de empréstimos em vernáculos locais, ou que pudesse, ao contrário, transferir mecanicamente para o Oriente Médio o repertório do racionalismo europeu. Mendelsohn possuía uma profunda consciência das cadências bíblicas; ao construir na Palestina, apreendeu a monumentalidade dos lugares e das circunstâncias. Entretanto, não cedeu à retórica, exceção feita a alguns aspectos da casa Schocken [Jerusalém, 1936-1937] e do Banco de Jerusalém [Banco Anglo Palestinense, 1938-1939] (figs. 170 e 171). Se fosse necessário definir, apenas no plano do léxico e da gramática, a suposta transformação da obra alemã para a palestinense, ela seria resumida como uma substituição das janelas contínuas por seqüências de envazaduras por vezes sintetizadas como pontuações sobre a superfície. A superioridade dos cheios sobre os vazios não admite inércias. Apesar da implantação simétrica, a casa Weizmann [Rehovot, 1936-1937] anima a colina com suas diretrizes horizontais presas ao cilindro que desponta da escada. Se observarmos seus flancos: o domínio sobre a matéria é tal que basta um piscar de olhos para derrotar a gravidade. A universidade do Monte Scopus [Jerusalém, 1936-1938][11] (figs. 180-190) constitui uma obra-prima de enxerto paisagístico imantando o vale, a cidade antiga, o vilarejo árabe, a calha do Jordão e o Mar Morto e registrando estímulos formais de origem muçulmana revigorados por estilemas expressionistas, em especial nos corpos estendidos sobre as escarpas.

"Edifico o país e reconstruo a mim mesmo. Aqui sou camponês e artista", escreve em 1935. Qualquer redundância monumental, conotação simbólica ou sentimental, desaparece na Universidade Agrícola (fig. 191) e nos Laboratórios Wolff de Rehovot [1939-1941] (figs. 192 e 193): obras humildes, quase secretas, que à primeira vista não seriam atribuídas a um mestre do expressionismo. Aqui, a realidade poética e emocionante em si mesma não exige mais que ser reconhecida e descrita. É a nêmesis: o expressionismo humaniza-se

---

11. O complexo da Universidade Hebraica no Monte Scopus, ao qual Zevi se refere, corresponde, conforme a figura 179: (zero) ao cemitério militar inglês; (1) Centro Médico Universidade Hadassah; (2) Escola de Enfermagem Henrietta Szold; (3) Escola Médica Nathan Ratnoff; (4) Instituto de Pesquisas; (5) Jardim Botânico; (6) Museu Botânico e Zoológico; (7) Museu de História Humana; (8) Faculdade de Estudos Hebraicos e Orientais; (9) biblioteca existente (projeto Patrick Geddes); (10) clube universitário com residência de estudantes; (11) escritórios administrativos; (12) Faculdade de Ciência, já construída; (13) anfiteatro de 1925; (14) museu; (15) central elétrica; (16) pavilhão; (17) vista para o Mar Morto; (18) vista para a cidade murada; (19) campos esportivos. Efetivamente, Mendelsohn conseguiu realizar somente o Complexo Médico Hadassah, que após a Guerra da Independência de 1948 ficaria em mãos dos jordanianos, e durante os próximos vinte anos seria abandonado e dilapidado. Somente após a Guerra de 1967 o centro seria reconquistado e completamente restaurado com o cuidado de seguir o mais próximo possível o projeto original.

Fig. 155. Erich Mendelsohn e Serge Chermayeff, casa Nimmo, vista do jardim, 1934.

Fig. 156. Erich Mendelsohn e Serge Chermayeff, casa Cohen, Cherch Street, Londres, vista do jardim, 1935-1936.

Fig. 157. O casal Mendelsohn no exílio.

Fig. 158. Erich Mendelsohn e Serge Chermayeff, pavilhão De La Warr, , escada principal, Bexhill-on-Sea, 1934-1935.

Fig. 159. Erich Mendelsohn e Serge Chermayeff, pavilhão De La Warr, fachada sul, Bexhill-on-Sea, 1934-1935.

Fig. 160. Erich Mendelsohn, casa Schocken, vista do sudoeste com o terraço e jardins, Jerusalém, 1936-1937.

Fig. 161. Erich Mendelsohn, casa Schocken, vista norte, entrada e pergola, Jerusalém, 1936-1937.

Fig. 162. Salman Schocken.

Fig. 163. Erich Mendelsohn, biblioteca Schocken, vista sudeste, Jerusalém, 1937.
Fig. 164. Erich Mendelsohn, biblioteca Schocken, detalhe da fachada, Jerusalém, 1937.
Fig. 165. Erich Mendelsohn, biblioteca Schocken, sala de leitura, Jerusalém, 1937.

Figs. 166 e 167. Louise e Erich Mendesohn, Jerusalém, década de 1930.

Fig. 168. Erich Mendelsohn, casa Weizmann, vista posterior, Haifa, 1936-1937.

Fig. 169. Erich Mendelsohn, casa Weizmann, vista frontal, Haifa, 1936-1937.

Fig. 170. Erich Mendelsohn, Banco Anglo Palestina, fachada frontal, Jerusalém, 1938-1939.

Fig. 171. Erich Mendelsohn, Banco Anglo Palestina, fachada posterior, Jerusalém, 1938-1939.

Fig. 172. Erich Mendelsohn, Hospital Governamental, vista do mar, Haifa, 1937.

Fig. 173. Erich Mendelsohn, Hospital Governamental, implantação geral, Haifa, 1937.

Fig. 174. Erich Mendelsohn, Hospital Governamental, fachada sobre o mar, Haifa, 1937.

Fig. 175. Erich Mendelsohn, Hospital Governamental, Haifa, 1937.

Fig. 176. Erich Mendelsohn, Hospital Govenamental, detalhe de engastamento, Haifa, 1937.

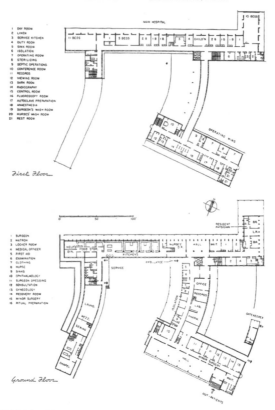

Fig. 177. Erich Mendelsohn, Hospital Governamental, plantas edifício principal e planta paisagística, Haifa, 1937.

Figs. 178 e 179. Erich Mendelsohn, Hospital Governamental, detalhes, Haifa, 1937.

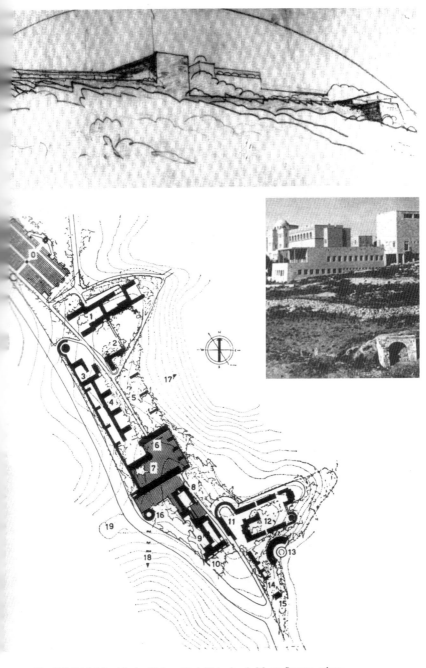

Fig. 180. Erich Mendelsohn, Universidade Hebraica do Monte Scopus, esboço, Jerusalém, 1935.
Fig. 181. Erich Mendelsohn, Universidade Hebraica do Monte Scopus, planimetria geral, Jerusalém, 1936-1938.
Fig. 182. Vista da Universidade Hebraica do Monte Scopus, Jerusalém, início da década dos 40.

Fig. 183. Erich Mendelsohn, maquete Centro Médico Hadassah Monte Scopus, Jerusalem, 1936-1938.

Fig. 184. Erich Mendelsohn, Centro Médico Hadassah, Monte Scopus, Jerusalem, 1936-1938.

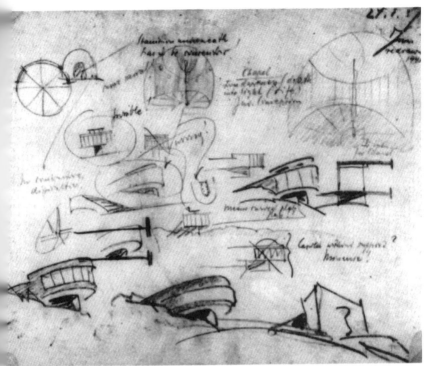

Fig. 185. Erich Mendelsohn, estudo de detalhe, Centro Médic Hadassah, Monte Scopus, Jerusalém, 1936-1938.

Fig. 186. Erich Mendelsohn Centro Médico Hadassah, detalhe, Monte Scopus, Jerusalém 1936-1938.

Fig. 187. Erich Mendelsohn, Escola de Enfermagem Henrietta Szold, Centro Médico Hadassah, detalhe interno.

Fig. 188. Erich Mendelsohn, Centro Médico Hadassah, entrada principal, Monte Scopus, Jerusalém, 1936-1938.

Fig. 189. Erich Mendelsohn, escola de Enfermagem Henrietta Szold, Centro Médico Hadassah, Monte Scopus, Jerusalém, 1936-1938.

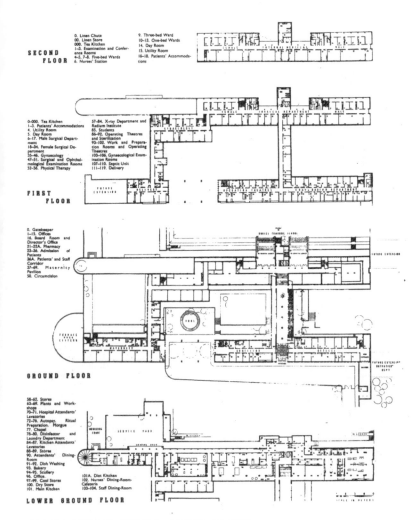

Fig. 190. Erich Mendelsohn, plantas Centro Médico Hadassah, Monte Scopus, Jerusalém, 1936-1938.

Fig. 191. Erich Mendelsohn, Universidade Agrícola, Rehovot, 1939-1941.

Figs. 192-193. Erich Mendelsohn, Laboratório de Pesquisa Daniel Wolff, Instituto Weizmann, Rehovot, 1939-1941.

DO EXPRESSIONISMO FUNCIONAL AO FUNCIONALISMO EXPRESSIONISTA   209

em acentos vibrantes, porém desprovidos do tormento. Na Alemanha, fazia-se necessário extorquir dos conteúdos uma forma ao menos em parte contestatória, investida de uma intencionalidade agressiva capaz de transpor as próprias funções. Ao contrário, neste momento os conteúdos ditam as formas em uma relação de absoluto consenso. Parêntese fugaz, encantado: Mendelsohn despe-se do seu próprio individualismo provocando o advento de uma arte singularíssima, "sem arquiteto", mas jamais anônima, tão personalizada nas coisas e nos comportamentos que se afigura como que nascida de si própria.

3.5. A ATIVIDADE AMERICANA

A verdadeira diáspora deu-se nos Estados Unidos, onde desembarcou em um período dificílimo, poucos meses antes de Pearl Harbour. Em Israel o cotidiano era sempre "algo mais que o cotidiano", mas o *everyday* da sociedade americana é o *everyday* nu, nada mais. O International Style domina, a hibernação miesiana impera: qual seria o papel artístico e cultural que Mendelsohn poderia desenvolver? O neo-expressionismo pictórico ainda não se configurava como um movimento e, como tal, ainda não era aceito; a pop-art ainda estava por vir. O gênio de Wright refulgia no arco de seu poder sem decair, mas em seu entorno não havia lugar para uma segunda personalidade criativa. Um quinquênio de paralisia. Dessa vez, efetivamente reinicia-se do zero, em um ambiente desconhecido e hostil: os projetos para as casas Kaplan [Long Island, 1943] e Winston [Saint Louis, 1945] (fig. 194) adquirem uma "planta livre" na versão americana do International Style, após um trabalhoso processo de adequação. Os esboços imaginários são raros e, de modo geral, insignificantes. A partir de 1946, a retomada polarizada na criação de organismos comunitários judaicos[12]. St. Louis no Missouri, Cleveland em Ohio, Washington, D.C., Baltimore em Maryland, Grand Rapids no Michigan, St. Paul em Minnesota, Dallas no Texas, uma hipótese para Miami, na Flórida: uma série de intervenções através das quais confere uma identidade às minorias religiosas, elevando seus costumes e prestígio, tornando-as, portanto, mais responsáveis por suas atribuições civis. O tema prevê uma sinagoga unificável com o auditorium nos dias das festas, com a escola e os serviços sociais ao redor: para tanto, Mendelsohn ensaia múltiplas interpretações dife-

---

12. O programa dos centros comunitários que possam abrigar diversas atividades, além dos serviços religiosos propriamente ditos, conduzidos na sinagoga, tem origem entre as comunidades reformistas judias alemãs nas primeiras décadas do século. Mendelsohn é responsável pela definição do partido arquitetônico nos diversos centros que projetou nos EUA. Falbel, *op. cit.*

ARQUITETURA E JUDAÍSMO: MENDELSOHN

renciando os programas comportamentais e as conotações simbólicas, laicizando progressivamente a sala do culto. Inicia pela espinha de luz que nasce de dentro do Livro [Arca], em St. Louis [centro comunitário B'nei Emuna, 1946-1950] (figs. 195-197), e pela arca-tenda sob a abóbada celeste de Cleveland [1946-1952] (figs. 198-200); alcançando a equivalência herética entre sinagoga e auditorium em Grand Rapids[13] [centro comunitário Emanu-El, 1948-1951] (figs. 201 e 202), e daí à dualidade de St. Paul [centro comuni-tário Mount Zion, 1950-1954][14] (figs. 203 e 204). Uma história de lutas contra a mentalidade retrógrada dos ortodoxos e dos homens de negócios, com inúmeras derrotas, mas também alguns episódios notáveis a serem registrados, como sempre, através das imagens prefigurativas: observe-se, por exemplo, os esboços piranesianos de St. Louis, de Cleveland ou de St. Paul, nos quais se manifesta nova-mente a atitude antinaturalista do período alemão.

O ciclo dos centros comunitários é precedido pelo Hospital Maimonides [1946-1950] (figs. 205-207) e seguido pela casa Russell [1950-1951] (figs. 208 e 209), ambos em São Francisco, duas obras substancialmente expressionistas, das quais a segunda traduz a linguagem do *Sturm und Drang* em uma nova e alegre ver-são, tingida de ironia e humor, com as namoradeiras das janelas a se destacarem-se da fachada. Aqui, o expressionismo une-se ao *american way of life* da Califórnia. Prelúdio maravilhoso do último ato: o encontro entre o expressionismo e a arquitetura orgânica. Mendelsohn possuía uma intuição clara do alcance desse evento, se isso fosse possível: "esses últimos trabalhos" de Wright – escreve nas cartas citadas no início – estão "próximos de meus primeiros esboços"; "[...] recomeçaria do ponto ao qual me guiaram os pri-meiros esboços"; essa era a perspectiva de um "último período cria-tivo" interrompido repentinamente e entregue ao futuro, assim como o Monumento aos Seis Milhões (fig. 210).

Os expressionistas "verdadeiros" e "puros" – afirma Mittner – são em sua maioria figuras de terceira ou quarta categoria, muitas vezes personalidades estudadas pela crítica, ou então impostas pela propaganda, justamente por serem representantes paradigmáticos

13. Zevi refere-se aqui ao fato de que, no centro comunitário de Grand Rapids, Michigan, Mendelsohn surge com uma terceira solução para o dilema entre o templo exal-tado pela cúpula de Cleveland e o templo prosaicizado de Washington. Em Grand Rapids, Mendelsohn divide o templo perpendicularmente à parede da arca, de modo que durante os dias normais uma parede restringe o espaço do salão onde se procedem aos serviços, sendo retirada nas grandes festas religiosas, ao mesmo tempo em que a arca é levada para o centro da bima, ou altar.

14. Neste caso Zevi faz referência à solução alcançada pelo arquiteto na qual a pe-quena sinagoga e o templo deixam de ser volumes de destaque, compondo, ao contrário, um conjunto edificativo.

DO EXPRESSIONISMO FUNCIONAL AO FUNCIONALISMO EXPRESSIONISTA   211

do expressionismo "verdadeiro" e "puro" [...] se, para alguns, ele teria significado um esforço heróico e desesperado no sentido de construir uma realidade nova e superior, e para outros uma moda superficial e um exercício mal digerido, o expressionismo, sem dúvida, não criou obras-primas absolutas, com exceção talvez apenas do leque das mais belas líricas de Trakl. Como outros movimentos, declarada e unilateralmente bastante revolucionários, o expressionismo foi contaminado por contradições insanáveis que pareciam constituir a sua essência mais profunda, em especial a contradição inerente a toda negação de princípios, que com a própria intransigência teórica radical nega, também na prática, a possibilidade de criar obras de poesia que superem a fase da negatividade.

Pois bem, se esse processo pode ser verificado no âmbito literário, a arquitetura oferece pelo menos uma exceção: da Einsteinturm até a Russell House, Mendelsohn apresentou-se como um poeta expressionista vital. Rejeitou e destroçou todos os códices, zerou léxicos, gramáticas e sintaxes, torna ao caos, para em seguida extrair-lhe uma mensagem nova, capaz de sustentar sua carga revolucionária nas condições mais contraditórias, mesmo no contexto da *affluent society* americana. Do invólucro plástico em estado magmático aos espaços fluidificados na paisagem, *Ewig im Aufruhr* – eternamente em revolta.

Fig. 194. Erich Mendelsohn, esboço, Casa Winston, St. Louis, Missouri, 1945. (Zevi, B. pp. 285, 287).

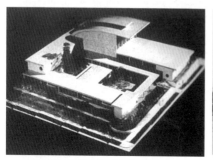

Fig. 195. Erich Mendelsohn, maquete, centro comunitário St. Louis, Missori, 1949-1950.

Fig. 196. Erich Mendelsohn esboço, centro comunitáro St. Louis, Missouri, 1946-1950.

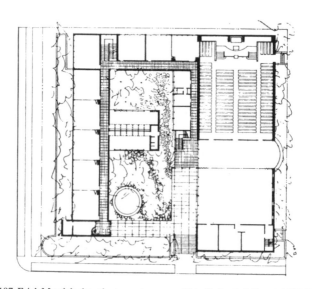

Fig. 197. Erich Mendelsohn, planta, centro comunitário St. Louis, Missori, 1949-1950.

Fig. 198. Erich Mendelsohn, vista aérea, centro comunitário em Cleveland, Ohio (1945-1952).

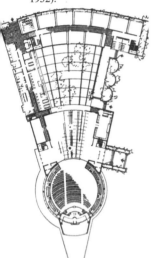

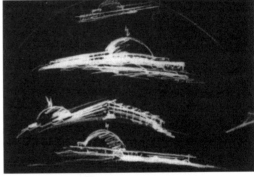

Fig. 199. Erich Mendelsohn, esboços para o centro comunitário em Cleveland, Ohio (1945-1952).

Fig. 200. Erich Mendelsohn, planta da sinagoga, centro comunitário em Cleveland, Ohio (1945-1952).

Fig. 201. Erich Mendelsohn, esboço para o centro comunitário Emanu-El, em Grand Rapids, Michigan (1948-1952).

Fig. 202. Erich Mendelsohn, interior da sinagoga com o espaço totalmente aberto, centro comunitário Emanu-El, Grand Rapids, Michigan, 1948-1952.

Fig. 203. Erich Mendelsohn, vista do conjunto, centro comunitário Monte Sion, em St. Paul, Minnesota (1950-1954).

Fig. 204. Erich Mendelsohn, interior da sinagoga, centro comunitário Monte Sion, em St. Paul, Minnesota (1950-1954).

Fig. 205. Erich Mendelsohn, esboço da fachada principal, Hospital Maimônides, São Francisco, 1946-1950.
Fig. 206. Erich Mendelsohn, fachada principal, Hospital, Maimônides, São Francisco, 1946-1950.

Fig. 207. Erich Mendelsohn, fachada posterior, Hospital Maimônides, São Francisco, 1946-1950. (Zevi, B. pp. 290, 291, 295).

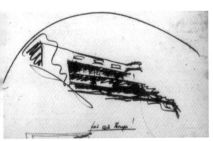

Fig. 208. Erich Mendelsohn, esboço, casa Russell, São Francisco, California, 1950-1951.

Fig. 209. Erich Mendelsohn, detalhe, casa Russell, São Francisco, Califórnia, 1950-1951.

Fig. 210. Erich Mendelsohn, monumento aos seis milhões de mortos, Nova York, 1951-1952.

4. O Ostracismo Crítico

Nasceu com sete anos de atraso para incidir sobre o período que antecedeu à grande guerra, e assim assumir uma liderança nos anos ardentes que a seguiram; faleceu sete anos antes, muito perto de poder oferecer uma alternativa à crise do racionalismo. A aventura mendelsohniana encontra-se longe da historiografia oficial da arquitetura moderna; freqüentemente na contra-mão.

Suas obras e escritos foram acolhidos por diversas revistas, a começar pela holandesa *Wendingen* que, em outubro de 1920, dedicou-lhe um ensaio escrito por J. F. Staal e Oskar Beyer. As monografias são inúmeras, em geral de caráter documental: "Bauten und Skizzen" de 1923, "Das Gesamtschaffer des Architekten" de 1930, às quais podem ser acrescentados os textos "Wright, Dudok, Mendelsohn. An International Evolution", de Hermann Soergel, publicado em 1926, e "Neues Haus, Neue Welt", de 1931, com prefácio de Amédée Ozenfant; a seguir, o rigoroso volume de Arnold Whittick, publicado em Londres em 1940. Portanto, a literatura sobre Mendelsohn é vasta, porém autônoma com respeito à historiografia que orienta e condiciona a cultura entre as duas guerras. Visto com desconfiança pelos expressionistas, foi banido sistematicamente pelos teóricos do racionalismo, conforme podemos verificar revisitando as principais etapas de sua "desfortuna" crítica.

A obra *Der Modern Zweckbau,* escrita por Adolf Behne em 1923, foi editada em 1926 com pouco sucesso, influindo porém sobre a elite arquitetônica pelo fato de Behne, secretário do

218 ARQUITETURA E JUDAÍSMO: MENDELSOHN

Arbeitsrat für Kunst, ter sido um apologista exaltado da utopia expressionista. Abatida a ilusão apocalíptica, ele tentou então lançar uma ponte entre o movimento alemão De Stijl e Le Corbusier: operação útil, mas que sacrificou Mendelsohn. Entre as ilustrações do pequeno volume encontramos, com efeito, a fábrica de chapéus de Luckenwalde e a fábrica têxtil de Wustegiersdorf: ausência da Einsteinturm! O texto afirma, de passagem, que Mendelsohn foi influenciado por Van de Velde, Olbrich e Finsterlin, insistindo na afinidade com este último justamente no que se refere aos esboços da torre. Behne elogia o desenho de Hans Scharoun para o Chicago Tribune sem mesmo notar que se tratava de uma medíocre reprodução mendelsohniana; ele se detém longamente sobre Hugo Häring; inserindo ainda o projeto de W.A. Hablik, de 1920, para um palácio de exposições em Itzenoe. Todavia, visto que o livro constitui o ato de constrição de um expressionista que se bandeou para o funcionalismo, alguém tinha que pagar, sendo que a escolha recaiu sobre Mendelsohn.

Mais objetivo, Gustav Adolf Platz, em *Die Baukunst der Neuesten Zeit* de 1930, documenta as maiores obras mendelsohnianas; contudo, essa ótima enciclopédia não apresenta ângulos críticos e, portanto, seu reconhecimento tem implicações culturais modestas. Também de 1930 é o livreto de M. Malkiel-Jurmounsky, *Les tendances de l'architecture contemporain*, no qual Mendelsohn é citado em uma única frase, infelizmente insensata:

> D'ailleurs une partie des oeuvres de ses constructeurs (Poelzig, Höger etc.), comme de selles de P. Behrens et de Erich Mendelsohn, servent déjà de transition vers la seconde tendance tout à fait radicale de l'architecture allemande[1],

ou seja, é a tendência, supérfluo ressaltar, da Bauhaus.

Em 1932 aconteceu em Nova York a grande exposição *Modern Architecture*, montada por Henry-Russell Hitchcock Jr. e Philip Johnson para o Museum of Modern Art. Tratava-se de uma manifestação grandiosa que assinalava o triunfo do movimento europeu nos Estados Unidos, determinando na consciência do público o que deveria ser entendido como "arquitetura moderna" e quais as personalidades inseridas, ou não, nesse movimento. Pois bem, Mendelsohn não se encontrava presente. Conforme o catálogo:

> em arquitetura, o expressionismo levou a uma exuberante reação contra a relativa inibição de 1910. Os arquitetos incorreram em curvas arbitrárias, zigue-zagues e decorações fantasiosas, rompendo toda disciplina formal, tradicional ou estrutural.

---

1. "Além de que uma parte das obras desses construtores (Poelzig, Höger etc), assim como as de P.Berehns e Erich Mendelsohn, já apresentam uma transição em direção a uma segunda tendência mais radical da arquitetura alemã."

O OSTRACISMO CRÍTICO

Tal afirmação era exemplificada com obras de Hans Poelzig, Otto Bartning e de Erich Mendelsohn do período do imediato pós-guerra até 1924. Desse modo, impedia-se o acesso de Mendelsohn à cultura americana, que sofreria fortemente pela sua ausência. A exposição individual, já tardia, de 1941, no Museum of Modern Art, não foi suficiente para preencher essa lacuna, mesmo porque coincidiu com Pearl Harbour, e a pesquisa wrightiana foi isolada com relação à geração dos mestres racionalistas, não tendo tido meios para vincular-se à corrente do neo-expressionismo abstrato. Observe-se que entre os arquitetos enviados à mostra também se encontrava Richard Neutra, cujas quatro casas na Berlim-Zehlendorf, de 1922, e os apartamentos em Los Angeles, Califórnia, de 1927, nada mais são do que variações mendelsohnianas[2].

O caso de Nikolaus Pevsner merece reflexão à parte. Em *Pioneers of the Modern Movement, from William Morris to Walter Gropius,* de 1936, ele não poderia reconhecer Mendelsohn visto que sua história encerrava-se com o pavilhão de Gropius e Meyer da exposição da Werkbund, de 1914 em Colônia. Entretanto, detendo-se nesse evento, mesmo após ter citado a obra de Poelzig, ele parecia sugerir que de 1914 em diante a *Sachlichkeit* teria mantido seu domínio sem contestação: postulava um desenvolvimento linear ao inferir que o racionalismo houvesse se estendido no pós-guerra, imune a incertezas e crises. Essa era exatamente a sua convicção, confessada com sua habitual franqueza, em 1967, na apresentação da edição inglesa da coletânea *Eric Mendelsohn: Letters of an Architect,* composta por Oskar Beyer em 1961. Com uma sutil ironia, ele escreve:

> Mais de uma vez nos últimos anos fui acusado por não ter sequer mencionado o nome de Eric Mendelsohn em meu livro. O motivo é um pouco complexo, e uma justificativa se faz necessária. A meu ver, todo o *Pioneers* poderia ser reescrito, e sem dúvida o será em breve, por alguém da nova geração para quem o movimento moderno tenha um significado diametralmente oposto àquilo que significou para mim [...]. O livro encerra-se em 1914; para mim estava claro que o êxito dos esforços daqueles pioneiros, de Morris até Gropius, o estilo que os americanos chamaram de "International Modern", era um dado assumido, que daquele momento em diante teria se difundido onde quer que fosse, sem contestações. Mas, ao contrário, foi contestado: Ronchamp e a Philharmonie de Berlim de Hans Scharoun lhe fazem total oposição. Ora, Le Corbusier, sensacional em todas as fases de sua carreira, homem de eterna juventude, e Scharoun, apesar de ter alcançado seu espetacular sucesso somente agora, pertencem à geração de Mendelsohn. Por essa razão, a história como espero que será reescrita, começará a partir dos arquitetos vitorianos, seu corajoso domínio sobre os estilos, as plantas obscuras e as fachadas intrincadas; a seguir,

---

2. Vale lembrar que Neutra foi associado de Mendelsohn no projeto para o concurso do Centro Comercial de Haifa, em 1923. Embora tenha recebido o primeiro prêmio, o projeto não foi executado e Neutra utilizou a metade que lhe cabia para financiar a sua viagem para os EUA, onde acabou fixando-se definitivamente.

220 ARQUITETURA E JUDAÍSMO: MENDELSOHN

definirá o Art Nouveau, o primeiro ápice alcançado, e Gaudí o ápice de tal ápice; deplorará o racionalismo dos meus Pioneers e seguirá em direção ao segundo ápice, o expressionismo de 1917-1923, ou seja, a Escola de Amsterdã, apresentando seguramente a Torre de Einstein de Mendelsohn e ainda o Goetheanum de Steiner. Depois condenará a reação contra a liberdade pessoal e criativa por parte daqueles que como Gropius e Mies van der Rohe retornaram ao racionalismo, encerrando-se com o expressionismo reafirmado em Ronchamp, e assim por diante. Ronchamp foi completada em 1953. Mendelsohn faleceu naquele mesmo ano. Se tivesse vivido outros dez anos, poderia ter se tornado uma das figuras centrais da arquitetura mundial, e não por conta da Columbushaus mas pelos esboços de sua juventude e pela Torre de Einstein [...]. Uma história da arquitetura moderna escrita com esse espírito ofereceria uma lógica incontestável, malgrado minhas ressalvas.

Pevsner é um estudioso coerente, refratário às modas. Mesmo que o próprio Mendelsohn houvesse declarado, nos últimos anos de sua vida, que gostaria de retornar às experiências da juventude, mesmo deplorando sem piedade os edifícios construídos por Mies para o Illinois Institute of Technology ("morreram como Júlio César [...] encarcerados e acadêmicos, um rígido sistema de princípios que, rapidamente e sem dor, destruíra as esperanças de uma humanidade livre"), Pevsner avalia positivamente apenas as obras aparentemente coerentes com o racionalismo. Ele encerra o ensaio analisando o Hospital de São Francisco:

Não um retorno às urgências tempestuosas de 1914, mas ao contrário, um 1930 maravilhosamente humanizado. Permanecem ainda as longas faixas horizontais, as galerias se apresentam abertas, porém pontuadas por balcões côncavos, apurados em função dos frágeis elementos verticais das balaustradas. Nada de sensacional, nenhuma demonstração dinâmica, mas uma arquitetura feliz e tranqüila; esse, a meu ver, é o testamento de Mendelsohn.

Tributo sincero e emocionado de um historiador que não pôde captar a originalidade expressionista.

Walter Curt Behrendt afigura-se como que dotado de uma sensibilidade bastante flexível para compreender Mendelsohn. Apesar disso, o *Modern Building: Its Nature, Problems and Forms* de 1937, inclui entre suas ilustrações apenas o pavilhão De La Warr, de Bexhill-on-Sea, projetado juntamente com Chermayeff [1934-1935]. Inicialmente, o juízo sobre Mendelsohn não parece negativo:

Na Torre de Einstein operou de modo espetacular uma espécie de síntese entre Poelzig e Van de Velde. Mais tarde, os numerosos encargos que recebeu de comerciantes e industriais lhe impuseram uma disciplina, que o conduziu, felizmente, para fora do beco escuro do expressionismo.

Contudo, poucas páginas depois, temendo haver sido muito generoso, Behrendt precisa:

Após haver cedido em sua juventude às tentações do expressionismo, empreendeu – com o objetivo de desenvolver seu talento – longas viagens de estudos pela Holanda, berço

O OSTRACISMO CRÍTICO

da construção moderna, e pelos Estados Unidos, pátria de Frank Lloyd Wright e terra-mãe das construções em larga escala, absorvendo também as idéias do cubismo. Os diferentes estímulos foram minuciosamente selecionados e então assimilados às suas concepções, permitindo ao final o amadurecimento de um estilo próprio. Entretanto, tais concepções eram impulsos da urgência de auto-expressão, e sendo assim seu estilo foi eloqüente nos efeitos, pleno de poder declamatório, com uma forma, ela própria, densa de movimento expressivo. Mesmo apresentando uma clara preferência pelos materiais e pelas técnicas modernas, esse estilo individual não é realmente adequado ao espírito do tempo, já que mantém resíduos românticos em demasia, e ostenta elementos excessivamente sugestivos.

Um passo para frente e dois para trás, para estar *à la page* com "o espírito do tempo". Behrendt escrevia na América, como imigrante vindo da Alemanha após o advento do nazismo: nem mesmo o desmoronamento da República de Weimar o havia convencido a ampliar o panorama da arquitetura européia para além do racionalismo. Ele compreende Wright e a tendência orgânica, mas não admite o expressionismo.

Se J. M. Richards, no pequeno volume intitulado *An Introduction to Modern Architecture,* de 1940, não possui espaço suficiente para se deter sobre Mendelsohn, limitando-se a comentar o pavilhão de Bexhill-on-Sea, o caso de Siegfried Giedion é absolutamente anormal e clamoroso. O tratado *Space, Time and Architecture* é publicado em 1941, recebendo de imediato um indescritível e amplamente merecido sucesso. Todavia, justamente pelo enorme peso cultural que exerce no mundo, a: 'acunas afiguram-se maiores. No extenso índice dos nomes, o de Mendelsohn nem sequer é mencionado. O fermento pós-bélico na Alemanha é liquidado em poucas linhas no capítulo dedicado a Gropius e à escola alemã:

O expressionismo teve seus inícios antes da guerra, continuando seu desenvolvimento durante o conflito e alcançando seu apogeu nos anos que se seguiram à guerra. O movimento formula de modo eloqüente os lamentos de uma humanidade maltratada e denuncia uma situação trágica. Porém, persiste uma diferença fundamental entre o expressionismo e outros movimentos como o cubismo, futurismo e similares. Os desabafos faustianos contra um mundo adverso e o clamor de uma humanidade ultrajada não são capazes de criar novas regras de ação. Permanecem como fatos transitórios – por mais emocionados que possam parecer – e não como fatos substanciais. Os demais movimentos traziam em si um espírito construtivo. Não pranteavam uma época desequilibrada, apontavam o caminho da liberdade: em meio ao caos, encontravam modelos ocultos para uma nova vida. O expressionismo não podia ser salutar, nem oferecer qualquer benefício à arquitetura. Todavia, influenciou quase todos aqueles que na Alemanha atuavam no campo das artes. Homens que mais tarde se empenharam no estudo do habitat, entregaram-se a um misticismo de moldes românticos, sonhando castelos encantados a elevarem-se no topo do *Monte Rosa.* Outros construíram torres de concreto flácidas como gelatinas.

Uma clara alusão à Einsteinturm.

Space, Time and Architecture teve numerosas edições: Giedion acrescentou ao texto original capítulos dedicados a Alvar Aalto, Mies van der Rohe, Jörn Utzon. Ostentava indiferença às críticas

222 ARQUITETURA E JUDAÍSMO: MENDELSOHN

que lhe eram dirigidas, mas levou-as em consideração, e ao longo dos anos o volume foi se tornando cada vez mais denso e completo. Entretanto, em relação às figuras de Antonio Gaudí e Erich Mendelsohn manteve silêncio até o fim. Foi como contraste aos efeitos distorcidos desse livro, excelente sob vários aspectos, que surgiram *Verso un'Architettura Orgânica*, em 1945, e *Storia dell' Architettura Moderna*, em 1950. Em ambos os ensaios, publicados pela Einaudi, Mendelsohn ocupa pela primeira vez o posto que lhe cabe no quadro europeu do período do entre-guerras. Na Itália, em 1952, ainda foi publicado o estudo de Mario Federico Roggero, *Il Contributo di Mendelsohn all'Evoluzione dell'Architettura Moderna*, para o qual o próprio arquiteto contribuiu de São Francisco, onde então residia.

Essa é a historiografia essencial referente a Mendelsohn até 1953, ano de seu falecimento. Sobre a literatura que se seguiu bastará fornecer algumas pinceladas, antes de enfrentar o problema da revalorização do expressionismo. Gillo Dorfles que, em 1950, havia trazido Mendelsohn à tona para sustentar a tese de um "Barroco na arquitetura moderna", afirmava quatro anos mais tarde, em sua *L'Architettura Moderna*, que:

> Enquanto muitos arquitetos souberam superar a poética expressionista, Mendelsohn, ao contrário, permaneceu como seu prisioneiro: a turgidez peculiar, a sensualidade, a profetização (que pode ser percebida tanto em seus últimos templos americanos quanto nos primeiros projetos, como o do Palácio dos Soviet datado de 1929) sempre estiveram presentes; em toda a sua obra pode-se distinguir a peculiar marca "romântico-teutônica" característica de seu estilo e cuja raiz remonta ao Jügendstil e à Secessão. Porém, enquanto na Torre de Potsdam e na Fábrica de Chapéus o expressionismo lhe havia rendido novas descobertas plásticas e construtivas, nas obras do período americano, assim como no Hospital Maimonides o uso que faz do concreto retoma enfim os cânones do funcionalismo mais aceito do International Style.

Torna-se bastante difícil compreender qual é o objetivo da crítica em relação a Mendelsohn: ter "permanecido prisioneiro" do expressionismo, não é bom; se, ao contrário, abraça o International Style, também não. Dorfles prossegue:

> Qual seria a posição que caberia a Mendelsohn definitivamente no panorama da nova arquitetura? Entre os "pais" de uma nova arte, Mendelsohn representa aquele a quem devemos a confirmação de um "renascimento plástico" da arquitetura. Nos distantes anos de seus esboços fantásticos, Mendelsohn pressentiu justamente a necessidade e a urgência de encontrar uma linha construtiva que rompesse a rigidez estática do trilito, e ao mesmo tempo pudesse reconquistar o espaço, moldando-o no interior dos próprios volumes do edifício. Assim, Mendelsohn encontra-se entre os primeiros a desenvolver em suas construções uma visão tridimensional do espaço, no qual a constante integração entre plantas e cortes advém da concepção unitária do edifício concebido como um sistema monolítico e indivisível.

Exato, e não é pouco.

O OSTRACISMO CRÍTICO

No livro *Theory and Design in the First Machine Age*, de 1960[3], Reyner Banham observa inicialmente que:

A fábrica de Mendelsohn em Luckenwalde e os edifícios agrícolas de Häring em Gut Garkau favoreceram, nos primeiros anos da década de vinte, o advento de uma arquitetura extraordinariamente sem preconceitos em sua postura frente aos materiais e os programas; o uso da madeira nos exteriores, em perspectivas de ousadas formas escultóricas, e o uso de portadas em concreto aparente em ambas as obras, aliado à notável planta em forma de ferradura de Gut Garkau, sugerem um método projetual que poderia ter enriquecido enormemente a arquitetura de 1920-1930.

Contudo, no capítulo "Expressionism: Amsterdam and Berlim", o autor, combinando o fenômeno holandês e o alemão em um único julgamento, procede a uma total condenação:

Seria fácil demais interpretar as várias tendências anti-racionalistas existentes entre 1914-23 como uma revolta contra a corrente principal do desenvolvimento, ou como uma "escola" coerente, uma alternativa ao estilo internacional emergente. Embora a arquitetura do século XX tenha sido, sem dúvida, depauperada, no plano formal, pela falência dessas tendências, parece que a resoluta redução a um repertório particular de soluções formais e estruturais, como ocorreu no início dos anos vinte, foi uma fase necessária como autodisciplina e depuração cerebral antes que o desenvolvimento pudesse ser retomado. Seria melhor considerar a *Wendingen* e a arquitetura expressionista como manifestações tardias de atitudes projetuais características da arquitetura européia antes de 1914, e cada vez mais inaceitáveis no terreno formal após 1918.

"Seria melhor" a fim de simplificar a história; porém, sob essa perspectiva, torna-se impossível compreender Mendelsohn. Banham bem sabe que o expressionismo alemão apresenta origens e diretivas bem distintas da Escola de Amsterdã, cujo estilo "do século XX em sua tonalidade desenfreadamente eclética no vocabulário, mas do século XIX em sua fraseologia", concerne mais à "manipulação física do edifício durante a construção do que às decisões intelectuais tomadas de antemão" pecando, portanto, especialmente entre os seguidores de Michel de Klerk e Piet Kramer, por um "fachadismo" decorativo. Por que então identificar Mendelsohn com os romanticismos tentadores de Amsterdã? O equívoco nasce do fato de que, logo após a mostra berlinense de 1919, na Galeria Paul Cassirer, H. T. Wijdeveld, diretor da revista *Wendingen*, órgão da Escola de Amsterdã, publica um número especial sobre Mendelsohn. O sucesso da publicação fez com que o arquiteto fosse convidado a dar conferências na Holanda em 1919 e novamente em 1923, quando pôde observar a situação provocada pelo choque frontal, inconciliável, entre o grupo de Amsterdã e o movimento De Stijl. Obviamente, Mendelsohn não podia subscrever o programa neoplástico de Theo

---

3. Reyner Banham, *Teoria e Design na Primeira Era da Máquina*, São Paulo, Perspectiva, 1979, p. 123.

van Doesburg ou o purismo de J. J. P. Oud e não pretendia envolver-se na corrente representada pela *Wendingen*, que buscava no jovem alemão um aliado para legitimar suas posições reacionárias. Antes, considerações ideológicas à parte, ele sentiu-se mais próximo de Oud do que de de Klerk ou Kramer.

Sua atitude revela-se intensamente na carta datada de 19 de agosto de 1923, que Banham cita somente em parte:

> Eu compreendo a clamorosa revolta de Roterdã contra os irmãos de Amsterdã [...] Amsterdã atraiçoa: abandona novas descobertas, homenageando fatos irrelevantes, exagerados, emocionais, românticos, e perdendo-se nas matizadas inépcias modernas. Somente aquilo que for simples pode ser percebido pela coletividade; o que for individualista tornar-se-á, no fim das contas, insignificante [...]. Oud é funcional, para usar os termos de Gropius. No entanto, Amsterdã é dinâmica. Uma síntese das duas tendências pode ser imaginada, porém não na Holanda. A primeira coloca a razão acima de tudo – a percepção através da análise. A segunda, a irracionalidade – a percepção através da visão. A Roterdã analítica nega a visão. A Amsterdã visionária não compreende a objetividade analítica. É certo que a função é o elemento primário da arquitetura, mas sem as integrações sensuais ela permanece mera construção. Logo, mais do que nunca, aposto no meu programa de reconciliação. Ambas as tendências são necessárias devendo ser fundidas. Se Amsterdã der um passo em direção a razão, e Roterdã não se deixar congelar, ainda poderão encontrar a concórdia. De outra forma serão destruídas: Roterdã provoca um frio mortal nas veias. Amsterdã incendeia por seu dinamismo.

Uma profecia irrepreensível do consumo iminente tanto da Escola de Amsterdã como do De Stijl; todavia, uma preferência clara mesmo que com reservas pelo De Stijl. Por conseguinte as viagens à Holanda servem para mostrar como um "expressionista por indução" (assim como foi apresentado aos leitores da *Wendingen*) poderia ser estranho e hostil à cosmética de Amsterdã.

Reyner Banham retorna à questão do expressionismo em 1962, em seu *Guide to Modern Architecture*. Ele observa primeiramente o classicismo substancial de muitos dos pioneiros:

> Na Alemanha, Peter Behrens, um dos pais do movimento moderno, continuava a impor engenhosamente funções industriais em construções, que no seu conjunto ainda se apresentavam como templos dóricos; na França, Auguste Perret, outro mestre, fazia uso do concreto armado para criar uma arquitetura de colunas e vigas inteiramente clássica, tanto no sentimento quanto nos seus diversos detalhes. Esse persistente classicismo que os pais deixaram como herança aos mestres da geração que os sucedeu não poderia ser desprezado; constituiu um código de honra aceito tacitamente, que manteve coesa a arquitetura moderna em sua adolescência, determinando suas escolhas formais, da mesma forma que o gentleman se encontra na base do conceito inglês de elegância.

Entretanto, Banham acrescenta:

> Enquanto o uniforme do adolescente era guardado, o preconceito clássico operou de modo a estrangular a primeira colheita de formas verdadeiramente originais que o movimento produziu. De 1912 a 1922 – do depósito de Hans Poelzig, em Posen, à fábrica de chapéus de Mendelsohn, em Luckenwalde –, floresceu nos países de língua alemã a escola

O OSTRACISMO CRÍTICO

dos assim chamados expressionistas, que buscaram sinceramente novas formas para as novas funções. A última obra importante dessa tendência, o complexo agrícola de Hugo Häring, em Gut Garkau, foi rapidamente relegada ao limbo pelos conformistas do período da adolescência sob o rótulo de "romântico", porém ele elevar-se-ia novamente com força e autoridade, como profecia do que deveria sobrevir à arquitetura moderna nos anos cinqüenta: poderia quase apresentar-se como uma obra madura de Alvar Aalto.

Com Banham entramos nos anos sessenta, que conhecem a revalorização do expressionismo. Encerrando aqui o excurso bibliográfico, devemos indagar sobre os eventos que a determinaram. Entretanto, tal reabilitação não implicou automaticamente uma compreensão plena da contribuição mendelsohniana. Ao contrário. Durante o longo período da "desfortuna" crítica, Mendelsohn encontrou numerosos paladinos; basta lembrar de Edoardo Persico na Itália, que desde 1932 elogia sua obra, citando com generosidade seu pensamento no início da célebre conferência "Profezia dell´Architettura" de 1935. Todavia, mesmo nos anos sessenta abundam os difamadores. O caso de Vincent Scully Jr., um dos historiadores anti-Giedion que ampliaram o campo interpretativo da arquitetura moderna para além do construtivismo e das teorias visuais de exegese racionalista, é típico. No seu texto, "Modern Architecture", de 1961, Scully exalta Antoni Gaudí, particularmente pela casa Milá de Barcelona: "é como um recife transpassado pelo mar, a sua face entalhada na rocha é lisa e carcomida pela água, e dela pendem algas marinhas metálicas, janelas a perfuram como se fossem olhos".

Poder-se-ia inferir que Scully possuiria uma sensibilidade inclinada a compreender ao menos a Torre de Einstein, única obra mendelsohniana por ele lembrada. Ao invés disso, escreve:

A Torre é mecanicamente fluida, porém não se encontra em movimento e portanto, nada significa, enquanto as formas de Gaudí, como as melhores do Art Nouveau, são invadidas pela ação da natureza e por isso de algum modo são reais,

parecendo assim esquivar-se do sentido, tanto do Art Nouveau, quanto do expressionismo. Deve-se observar que no ano precedente, em 1960, havia sido publicada nos Estados Unidos uma breve, porém correta monografia sobre Mendelsohn, com curadoria de Wolf von Eckardt. Na *Enciclopedia Universale dell´Arte*, publicada entre 1958 e 1967, encontramos os verbetes "Le Corbusier", "Gropius", "Mies van der Rohe", e mesmo "Aalto", mas não encontramos o verbete "Mendelsohn".

Entre as principais iniciativas que contribuíram para a recuperação do expressionismo arquitetônico, quatro delas assumem um significado particularmente relevante:

• No mês de maio de 1962 o Departamento de História da Arte e Arqueologia e a Biblioteca de Arquitetura Avery, da Universidade de

226 ARQUITETURA E JUDAÍSMO: MENDELSOHN

Columbia, organizam em Nova York um simpósio sobre o tema: *From the Novembergruppe to the Ciam*, isto é, sobre o decênio 1918-1928. O encontro é presidido por Henry-Russel Hitchcock, com a assistência de Henry Millon e do comitê promotor, do qual fazem parte Philip Johnson, Adolf Placzek e George Collins. No relatório preliminar, Hitchcock afirma:

> Por muito tempo, o estudo da história da arquitetura moderna foi bastante tendencioso, sendo que a maioria dos livros mais difundidos sobre o tema consistem, na verdade, muito mais em discursos fundamentados em posições críticas apriorísticas do que relatos objetivos sobre o que ocorreu realmente. Neste momento, nos encontramos distantes dos anos vinte, e é tempo de reexaminar os acontecimentos daquele período crítico [...] reexaminar as lendas herdadas e os objetivos, reconsiderando esses objetivos enquanto concretizados e talvez ainda pelo que poderiam ter sido.

O debate foi assistemático e confuso, mas vívido e estimulante. Na busca inútil por uma matriz do expressionismo, falou-se sobre tudo, citando uma infinidade de nomes, Novalis e Büchner, Alban Berg e Schönberg, Rudolf Steiner e Paul Scheerbart, Nietzsche, Gauguin, Munch, Van Gogh. Foram propostos doze sinônimos: "romantismo", "romantismo da máquina", "arquitetura fantástica", "arquitetura visionária", "arquitetura *parlante*", "simbolismo", "simbolismo litúrgico", "funcionalismo simbólico", "futurismo", "emocionalismo", "sensualismo", "arquitetura utopista". Com a imediata aprovação de Sibyl Mohely-Nagy, Hitchcok insinuou: "Talvez o expressionismo não tenha sido um movimento orquestrado, mas uma coleção de respostas individuais". Todavia, quais seriam as obras contidas no expressionismo? As mais disparatadas hipóteses foram aventadas: as primeiras igrejas de Dominikus Böhm, a igreja de Klint em Copenhague, a de Barry Byrne em Tulsa, Oklahoma, o Hotel Imperial de Wright em Tóquio, os arranha-céus goticizantes de Raymond Hood. Entre intervenções mais ou menos improvisadas, colhemos algumas indicações:

> Como classificar a Torre de Einstein, de Mendelsohn, que parece ser um monumento-chave? Seria derivada do *Jügendstil*, da plasticidade fluente de Van de Velde, ou então o "movimento" do edifício teria sido sugerido pelo expressionismo e pela nova astrofísica? A transformação das ciências, desde a botânica do século XIX à física do século XX, teria trazido consigo a transformação automática e quase inconscientemente dos estilos, ou seu significado? (Walter Creese).

> O que se passou desde o fim dos anos cinqüenta em diante encontra diversos paralelos nas formas expressionistas de 1918-1923 (George Collins).

> Não posso aceitar a idéia de que se trate de um *revival*: o expressionismo nunca morreu completamente. Entrou na clandestinidade para depois ressurgir. Aalto não conhecia de Klerk antes de construir a Casa de Cultura. No início dos anos trinta havia a obra de Le Corbusier,

O OSTRACISMO CRÍTICO 227

logo depois algumas obras na América Latina, como por exemplo as igrejas de cobertura parabólica de Enrique de la Mora [Enrique del Moral], que remontam a 1939 (Hitchcock).

O que poderíamos chamar de expressionista? Seria a Filarmônica de Scharoun expressionista? Seria Ronchamp expressionista? Com certeza, o termo International Style já foi abolido. Surge um interesse renovado pelas primeiras obras de Poelzig para Hamburgo e Amsterdã; aos olhos dos ecléticos, a corrente Gaudí-de Klerk assume enfim uma importância maior que o International Style dos anos vinte (Johnson).

Atualmente, podemos construir aquilo que eles haviam imaginado. Enquanto Mendelsohn não pôde erigir a sua Torre como gostaria, nós podemos realizar quase tudo. Duas tendências se apresentam: a ênfase estrutural em invólucros fantasiosos e o uso simbólico dos materiais (Robert Stern).

Seria a pintura expressionista antiarquitetônica e anti-social? A arquitetura expressionista nas suas versões radicais seria tão personalizada a ponto de se tornar antiarquitetônica? (Peter Sereny).

Dado que os esboços de Mendelsohn dizem respeito a fábricas de automóveis, estúdios cinematográficos etc. [...], e buscam exprimir ou simbolizar através dos contornos dinâmicos a função desses edifícios, o termo "funcionalismo simbólico" poderia afigurar-se como uma boa alternativa para o expressionismo (Collins).

O simpósio da Universidade de Columbia não foi capaz de aclarar o significado da arquitetura expressionista e, menos ainda, a linguagem mendelsohniana. Inflacionando o termo e decontextualizando-o com relação à sua raiz histórica, legitimou tudo aquilo que não poderia encontrar seu lugar na Neue Sachlichkeit, até então soberana: a capela de Le Corbusier em Ronchamp, a Casa da Cultura de Aalto em Helsinque, o Teatro de Ópera de Utzon em Sidney, os trabalhos de Bruce Goff, o terminal Twa de Eero Saarinen, a residência Endless de Friedrich Kiesler, as esculturas habitáveis de André Bloc [Bloch]; e naturalmente o ecletismo americano em todas as suas nuances. Foi uma maneira de libertar-se do complexo de culpa wrightiano: sem distinguir entre uma arquitetura expressionista e uma arquitetura orgânica, todos os fenômenos anti-racionalistas foram referidos ao remoto e nebuloso movimento alemão.

Essa interpretação desbordada do expressionismo estendeu-se pela cultura anglo-saxônica. Na Grã-Bretanha o doutrinarismo racionalista jamais prevaleceu, graças à postura pragmática da revista *The Architectural Review*. O volume de Bruno Taut, *Die Neue Baukunst in Europa und Amerika,* de 1929, muito pouco generoso para com Mendelsohn, foi traduzido pelo *The Studio.* Em 1930, teve notável sucesso o livro de Sheldon Cheney, *The New World Architecture*, que ilustra amplamente a atividade mendelsohniana. Em 1950, Arnold Whittick publicava o primeiro volume do *European Architecture in the Twentieth Century,* conferindo o justo reconhecimento ao artista cuja biografia havia escrito dez anos antes.

228 ARQUITETURA E JUDAÍSMO: MENDELSOHN

Um artigo de Banham publicado na *The Architectural Review*, em agosto de 1954, serviu para chamar as atenções sobre Mendelsohn, mesmo sustentando a discutível tese de uma determinante influência da arquitetura holandesa em sua linguagem. Finalmente, em 1966 sai à luz o ensaio de Dennis Sharp, *Modern Architecture and Expressionism* que, partindo de Nietzsche e Kierkegaard e passando por Behrens, Poelzig, Bruno Taut, Finsterlin, Mendelsohn, a Escola de Amsterdã e Rudolf Steiner, chega a Ronchamp. A abordagem, mesmo desconsiderando Gaudí, peca pela megalomania; todavia, no seu conjunto, o livro é útil e estimulante.

Como vimos, o simpósio da Universidade de Columbia foi presidido por Henry-Russell Hitchcock, que em 1932 havia excluído Mendelsohn da famosa exposição do Museum of Modern Art. Suas intervenções assumem o tom de expiação. Por outro lado, desde 1958, no ensaio "Architecture. Nineteenth and Twentieth Centuries", ele já havia sentido a urgência de retificar seu julgamento. Confrontando a Torre de Einstein com a casa Milá de Gaudí, ele observa: "As imagens que Mendelsohn distorcia seguindo os princípios do expressionismo descendem do universo das máquinas e não, como em Gaudí, do mundo das plantas e dos animais" após haver afirmado que: "a Torre de Einstein não teve influência, pelo menos na arquitetura. Contudo, outros edifícios realizados por Mendelsohn nos anos seguintes foram bastante admirados e amplamente imitados, tanto na Alemanha como no exterior", ele, de certo modo, se retrata pois compreende que o mestre nunca renegou o expressionismo. E acrescenta:

Os vários magazines Schocken e o negócio Petersdorf em Breslavia são certamente mais interessantes e vitais que as novas residências e vilas suburbanas construídas na França, sem falar nos bairros alemães projetados pelos arquitetos que aderiram mecanicamente à nova tendência racionalista [...] apresentando o doutrinarismo típico dos neófitos. Quando, na Columbushaus de Berlim, finalmente ele assumiu uma disciplina própria, Mendelsohn foi capaz de manter grande parte de sua primitiva vitalidade. Aqui encontramo-nos frente a um edifício comercial – quase um pequeno arranha-céu – verdadeiramente paradigmático, como nenhum outro que qualquer um dos quatro leaders jamais teve a possibilidade de concretizar durante os anos vinte.

Os quatro líderes eram Gropius, Le Corbusier, Mies e Oud. Nenhum deles havia criado uma Columbushaus, admite Hitchcock. Era como se afirmasse: em 1932 Philip Johnson e eu estávamos errados, fomos injustos.

A segunda iniciativa diz respeito à sistemática publicação, ao longo de vinte e cinco edições, de maio de 1962 a outubro de 1964, dos esboços de Mendelsohn na revista *L'Architettura – Cronache e Storia*, a qual em setembro de 1963, por ocasião do décimo aniversário de falecimento do mestre, dedicou um número especial, duplo, a seus edifícios. Tratava-se de uma revelação cultural de responsabili-

O OSTRACISMO CRÍTICO

dade: durante mais de dois anos, mês a mês, o público internacional da revista foi bombardeado por imagens mendelsohnianas, em sua maioria inéditas. De várias partes do mundo, historiadores e críticos dos mais qualificados exprimiam o seu consenso, identificando nesse movimento uma orientação luminosa para a pesquisa contemporânea. Lewis Mumford escreveu:

Estou feliz por ver que os esboços de Mendelsohn estão sendo publicados. Esse arquiteto foi injustamente esquecido durante trinta anos. Assim como Wright, ele era um homem arrogante e – pecado ainda maior nos anos vinte – um profissional durante um período no qual os outros "grandes" dispunham de muito pouco trabalho. Naturalmente ele foi excluído de seu círculo de iniciados. Porém o tempo passa e logo ficará evidente que Mendelsohn e Hugo Häring foram os grandes espíritos criativos da Alemanha naquela época.

No que concerne à Itália, lembramos ainda o ensaio *L'Architettura dell'Espressionismo*, de Vittorio Gregotti, publicado no número 254 da *Casabella-Continuità*, embora com apenas uma nota a respeito de Mendelsohn, e ainda a tradução da monografia de Arnold Whittick, com curadoria de Pierluigi Giordani, em 1960.

• O XXVII Maio Musical de Florença, em 1964, é dedicado ao expressionismo e, a partir dele, se reexumam e desenterram todas as manifestações, do *Wozzeck* de Alban Berg a *O Nariz,* de Dimitri Sciostakovic [Shostakovich]. Coincidentemente, é publicado o precioso resumo de Paolo Chiarini, *Caos e Geometria,* do qual retiramos numerosos argumentos, e o rigoroso estudo de Ladislao Mittner sobre literatura, *L'Espressionismo fra l'Impressionismo e la Neue Sachlichkeit: Fratture e Continuità,* reeditado em 1965 com o título *L'Espressionismo.*

A mostra arquitetônica foi preparada por Giovanni Klaus Koeing no Palazzo Strozzi, compreendendo a coleção de esboços denominada *Die glaeserne Kette*, descoberta por Oswald Mathias Ungers. O artigo introdutório à Mostra é de uma clareza exemplar, Koenig limita drasticamente a importância dos arquitetos visionários:

Com tais princípios, a arquitetura viria a ser uma superarquitetura, ou então, com certeza uma antiarquitetura. E, portanto, a arquitetura expressionista, um importante instrumento de expressão para o espetáculo e a cenografia teatral e cinematográfica, não poderia ser traduzida na sua condição arquitetônica sem graves prejuízos para a funcionalidade da própria obra. De fato, as paredes e os arcos distorcidos projetados por Poelzig para as cenas do Golem, de Wegener, são extraordinários quando vistos em cena, porém essa arquitetura protestatória não poderia transformar-se em um testemunho positivo, uma construção de pedra e não mais de papel machê, que pudesse revelar um espaço útil para uma comunidade feliz, feliz por ocupá-lo por tanto tempo [...]. Quando Bruno Taut propõe, em seus desenhos transpassar com arcos colossais o cume do Resegone ou nivelar em terraços os montes ao redor de Lugano, de modo a arquitetar a natureza sem outra função além daquela de humanizar a paisagem alpina, é claro que seus desenhos são

230 ARQUITETURA E JUDAÍSMO: MENDELSOHN

meras fantasias[4]. Da mesma forma, as catedrais suspensas de Krayl e de Goesch, também são tecnicamente irrealizáveis.

Koenig desbastava sem piedade as fileiras dos arquitetos assim chamados expressionistas, expulsando todos aqueles que haviam tomado de empréstimo do movimento somente alguns estilemas formais:

As arquiteturas de Wilhelm Kreis e Fritz Höger, como alguns interiores de Peter Behrens, mantêm ao lado de seu caráter formal genericamente expressionista, um quê de neogótico e de *Liberty* ao mesmo tempo, por isso não se sabe ao certo se esses últimos estão diluindo a expressão ou, se ao contrário – e provavelmente é exatamente assim – não seja um grão de pimenta expressionista a dar sabor a alimentos fundamentalmente acadêmicos, mesmo que da altíssima qualidade da herança schinkeliana. Mesmo nos melhores exemplares, como a Chilehaus de Höger em Hamburgo, ainda hoje perfeitamente conservada, o movimento planimétrico rico em sinuosas curvas e contracurvas não alcança a essência dos espaços internos, os quais estão bem longe de serem fragmentados e retorcidos. A correspondência gaudiana entre interior e exterior não existe, e, portanto, o conteúdo da obra é o tradicional, tradicionalmente burguês, sem apresentar as características da hiper expressividade, de uma exposição instigante e dramática típicas de todas as obras musicais, literárias, pictóricas e plásticas do expressionismo.

Salvam-se da condenação somente Poelzig e Mendelsohn, sendo que o primeiro está sujeito a fortíssimas reservas:

Poelzig encontrou na bagagem figurativa expressionista a seiva necessária à sua segunda juventude e, mesmo não renunciando à solidez estereométrica "romana" que lhe era congenial, enriqueceu seu vocabulário de formas e vínculos espaciais nas trocas com o expressionismo. Os resultados são curiosamente incomuns: na Grosses Schauspilhaus de Berlim, agora que as estalactites de madeira foram desmanteladas e substituídas pelos retratos de Marx, Engels, Lênin e outros iguais, surge a sólida estrutura da qual se falava, dando a entender claramente que o expressionismo de Poelzig seria mais "invólucro" que outra coisa.

Resta, portanto, Mendelsohn, a única autêntica encarnação do expressionismo arquitetônico:

Mendelsohn constitui a exceção. A sua Einsteinturm de Berlim-Potsdam de 1919-1921 é no seu todo verdadeiramente expressionista, constituindo talvez o único edifício realizado que pode ser catalogado integralmente como tal; e pelo fato de que por algum tempo se acreditou que havia sido destruído, seu achado é quase uma redescoberta. É o feliz testemunho da inalienabilidade de alguns monumentos bastante importantes, que precisamente pela sua contínua vitalidade puderam conservar-se até nossos dias. Na verdade, tanto os nazistas como os russos planejaram por diversas vezes a destruição da torre, sem nunca terem a coragem de fazê-lo. Recordamos que a Einsteinturm apresenta um espaço interno particular: é uma máquina carenada, cujo formato original deve-se à combinação

4. Os esboços de Bruno Taut e seus manifestos, assim como de outros expressionistas como Finsterlin, Luckhardt e Behne, podem ser encontrados no verbete acerca do expressionismo da antologia de M. De Benedetti e A. Pracchi, *Antologia dell'Architettura*, pp. 240-291.

O OSTRACISMO CRÍTICO

inédita de um telescópio vertical e um espectroscópio horizontal semi-enterrado, que deve ser protegido das vibrações externas com uma maciça carenagem de cimento. Por isso, e como foi revelado pela sua perfeita conservação, essa obra constitui ao mesmo tempo o edifício-máquina mais funcional dentre os demais edifícios (na realidade, semidestruídos e decadentes) considerados "racionais", como a Bauhaus de Gropius ou o Centrosoyus moscovita de Le Corbusier.

Uma compreensão assim penetrante e premente do expressionismo não se verifica no volume de Franco Borsi e do próprio Koenig, *Architettura dell'Espressionismo*, publicado em 1966, todavia uma contribuição de grande valor pela riqueza de informações.

A sessão do Encontro Internacional de Estudos sobre o Expressionismo, na qual se discutiu o tema da arquitetura, assistiu ao conflito entre duas tendências: uma sustentada pelo alemão Ungers, inclinada a desvalorizar aquela experiência; a outra, personificada pelos italianos, decidida a reivindicar a sua atualidade. Vale a pena determo-nos sobre esse confronto polêmico.

Segundo Ungers,

devemos nos perguntar em primeiro lugar se o termo "expressionismo", que tem origem na pintura, pode ser aplicado com segurança em relação à arquitetura, e se é possível, portanto, falar de arquitetura expressionista [...]. O princípio da arte expressionista, de pretender a dissolução da matéria na visibilidade pura, não era aplicável *tout court* à arquitetura, e isto porque a arquitetura, por sua natureza, está ligada muito mais que as outras artes à matéria, ao escopo utilitário, à estática da construção. Essa exigência de uma "visibilidade pura" não pode ser satisfeita pela arquitetura se nos limitarmos exclusivamente ao projeto, ou seja, à idéia formal. A arquitetura não é capaz de traduzir todas as tonalidades da psique, só podendo alcançar a expressão pura quando não se concretiza, permanecendo como uma interpretação da realidade, isto é, ilusão. É justo referir-se à arquitetura expressionista se nos limitarmos a projetos mais ou menos visionários e utópicos.

Ungers cita a seguir várias declarações de grupos expressionistas – paradoxal é aquela assinada por Gropius, na introdução ao catálogo da Mostra de Arquitetos Incógnitos que tem lugar em Berlim, em abril de 1919:

Não existe arquitetura em nossos dias, pois o revestimento de estruturas de utilidade prática, como estações, escritórios, habitações etc., mediante o uso de formas agradáveis, não é arquitetura [...]. A arte de construir é a expressão cristalina do pensamento mais nobre da humanidade, de sua fé, de sua religião [...]. O ato da graça da fantasia é mais importante do que qualquer habilidade técnica –,

elencando as utopias elaboradas naqueles anos: transformações visionárias de zonas terrestres e naturezas de paisagens montanhosas, o mundo coberto de esmaltes e brilhos, a casa de vidro "cintilante como um diamante, símbolo da paz d'alma mais pura, e de religiosidade cósmica", caminhos verdes, vermelhos, amarelos, azuis, mulheres azuis, homens vermelhos, velhos verdes.

232 ARQUITETURA E JUDAÍSMO: MENDELSOHN

As idéias, os projetos e as realizações da arquitetura expressionista não se permitem reconduzir a princípios formais, mas a um sentimento moral-religioso de aversão a qualquer barreira imposta contra a crença em uma unidade superior do universo. Como centro do desejo criativo não se encontra a forma, mas o *ethos* (que não raras vezes se transforma em *pathos*). A procura pela dissolução da forma, justificável na pintura, leva no caso da arquitetura à negação dos elementos gramaticais, do volume e do espaço e, portanto, ao rompimento do conceito tradicional de arquitetura [...] a arquitetura se torna luz, água, fogo, terra, sol, cristal, cosmos – ou seja, expressão pura [...]. Eis então uma cadeia conceitual: o vidro, negação da opacidade da matéria, é o símbolo do infinito; o cristal é o símbolo da luz; a luz é o símbolo da pureza; a cor é o símbolo da alegria de viver. Donde: casas de vidro – palácio de cristal – coroamento fulgurante das cidades – abóbada estelar – arquitetura cósmica entre astros e planetas [...]. A utopia expressionista da realização do paraíso em terra foi o *leitmotiv* de todo o movimento, tanto na arte como na política. Todavia, o construir não é uma utopia, é conflito, superação de contrastes, domínio da forma sobre a necessidade. Os sonhos de transformar a face do globo terrestre mediante o trabalho comunitário e fraternal, de erigir uma arquitetura-soma-de-todas-as-artes e assim por diante, pertencem a uma esfera irreal que irrompeu ardentemente após a Primeira Guerra Mundial, mas que logo se apagou.

Para Ungers, como vimos em uma citação anterior, nenhum edifício poderia ser expressionista, nem mesmo a Einsteinturm. O termo deveria ser reservado às abstrações, das significativas até as mais absurdas, ou à *Phantastische Architektur*, título do volume de Ulrich Conrads e Hans G. Sperlich publicado em 1960.

A tese contrária individuava na componente expressionista a linha vital de toda a arquitetura moderna.

Costuma-se repetir que a arquitetura não é uma arte "pura", que deve levar em conta as exigências práticas, não podendo exprimir estados de ânimo individuais como o amor, o medo, a tristeza, o desespero, ou a nostalgia. Para aqueles que são incapazes de interpretá-la – como é o caso freqüente de arquitetos ou historiadores da arte – a arquitetura é muda: o expressionismo arquitetônico torna-se então um fenômeno não só detestável, mas "impossível", uma instância veleidosa, de ordem psicopática ou literária, um capricho formalista. Contra as personalidades prepotentes do expressionismo erguem-se as ideologias do trabalho em grupo, da suposta objetividade racionalista e da funcionalidade "pura" e anônima. Contra a liberdade e a fadiga em vivê-la, eleva-se, mortificante, o sistema acadêmico. Porém, aquele que sabe interpretar a arquitetura reconhece sentimentos individuais e motos interiores mesmo nas curvas mais delicadas, evidenciados que são pelo confronto contínuo e pelo dissídio com a realidade. O momento do protesto, o ato de ruptura, o anticonformismo, constituem, também na arquitetura, o certificado da cidadania expressionista. E visto que o protesto caracteriza toda a arte moderna, mesmo quando evasiva e lúdica, aquele que souber interpretar a arquitetura, poderá discernir um coeficiente expressionista em qualquer espírito moderno autenticamente criativo.

Quando teria tido início e quando teria terminado?

O expressionismo é um parâmetro permanente da arquitetura moderna, desaparece e reaparece constantemente ao longo da história e na vida de qualquer arquiteto. Surge bem antes dos célebres desenhos de Erich Mendelsohn e da sua Torre de Einstein; basta lembrar de Antonio Gaudí, ressurgindo quando todos já haviam decretado sua morte, como atesta a Capela de Ronchamp, de Le Corbusier. Por experiências expressionistas passam Wright,

O OSTRACISMO CRÍTICO   233

Mies van der Rohe, Gropius; para Wright elas permanecem fundamentais. Existe um expressionismo juvenil, como o de Gropius e Mies; um expressionismo senil, como o de Le Corbusier; um expressionismo duradouro, como o de Mendelsohn e Scharoun. Mesmo na Itália, um país tão pouco incidente na história da arquitetura moderna, o fenômeno é sintomático; observe-se a igreja da Autostrada Del Sole, de Giovanni Michelucci. Entretanto, o processo é muito mais amplo e ramificado: para vencer a hibernação racionalista e o conformismo acadêmico que dele deriva, recorre-se necessariamente ao expressionismo. A operação é freqüentemente mediata e indireta, não por isso menos explícita. A influência wrightiana na Europa, após tanto a Primeira como a Segunda Guerra Mundial, pode ser interpretada sob uma perspectiva expressionista. Várias das tendências que afloraram durante os últimos anos – o brutalismo, a arquitetura "espontânea", os edifícios que parecem ter sido construídos com terra e barro, as "esculturas habitáveis", os totens ocos – nada mais são do que substitutos mais ou menos equívocos e deformados de uma permanente exigência, reprimida e explosiva: o expressionismo.

Em um discurso tão apaixonado é certo haver o perigo de incorrer num erro metodológico:

Instituir para o expressionismo uma categoria acima da história significaria confirmar posições anacronistas. Todavia, a experiência expressionista expôs novas perspectivas críticas também com relação ao passado. O valor revolucionário dos desenhos de Michelângelo para as fortificações florentinas de 1529 não havia sido reconhecido pelos historiadores, cuja sensibilidade fundamentava-se no Renascimento, no maneirismo e no barroco. Para revelar a extraordinária dimensão criativa desses desenhos foi necessária uma percepção filtrada pelo expressionismo com as suas cadências informais extremas. Essa nova perspectiva crítica, que muitas vezes perturba nossos juízos a respeito dos monumentos antigos, constitui uma herança não menos importante do expressionismo arquitetônico.

Quais seriam os motivos que fariam o expressionismo entrar em crise, para renascer a seguir?

As razões são duas. Primeiramente os homens, os artistas, e mesmo os grandes arquitetos, se cansam. O consumo da postura contestatória é rápido. Poucos são capazes de resistir, em particular nos períodos de prosperidade quando é fácil ceder à preguiça, à indolência e ao sucesso. A auto-indulgência corrói, especialmente se for tecnologicamente sofisticada. A ela cedeu Galileu, mesmo continuando a criar; cedeu Michelângelo após as fortificações, mesmo edificando o Campidoglio, o Palácio Farnese, São Pedro e Porta Pia, mesmo elaborando o não-finito; cedeu Mies van der Rohe, mesmo construindo o Seagram Building; cedeu Gropius na Embaixada Americana de Atenas, assim como no edifício Pan-Am de Nova Iorque. Até mesmo Alvar Aalto: ao ímpeto expressionista do Pavilhão Finlandês na Exposição de Nova Iorque, em 1939, e nos dormitórios do MIT em Cambridge, Mass., ele segue a involução marcada pelo palácio Enso-Gutzeit em Helsinque. Os homens se cansam, o poder se esgota e corrompe; tal regra envolve tanto Victor Horta como J .J. P. Oud. Subsistem algumas exceções: aquela soberana do gênio de Wright e a vital de Le Corbusier. A segunda causa das recorrentes crises expressionistas diz respeito à dificuldade de se manter uma tensão eversiva, após a vitória. Os revolucionários das barricadas são bem mais numerosos que os revolucionários com capacidade de governar. O expressionismo arquitetônico protestou contra as poéticas e as didáticas acadêmicas, tradicionais e modernas, mas não soube formular uma poética própria e, portanto, uma didática. Fato mais grave: não elaborou uma proposta urbanística. O seu desejo libertário, ofensivo no plano individual, apresentava-se como defensivo, ou consolatório, frente aos problemas sociais.

234   ARQUITETURA E JUDAÍSMO: MENDELSOHN

O itinerário foi interrompido. Permanece, por fim, uma valência não utilizada do expressionismo que ainda devemos explorar; uma herança viva, premente, que diz respeito aos problemas essenciais e não às soluções mecanicistas, aos comportamentos humanos e não às formas edilícias.

Uma advertência contra as veleidades generalizantes:

É necessário distinguir entre os fermentos expressionistas autênticos, registrados na atividade rebelde de muitos jovens europeus e americanos, e os sintomas expressionistas derivados da inquietude resultante do consumo do funcionalismo. Assim como a fadiga pode encontrar abrigo no racionalismo, também pode induzir à evasão sob formas pseudo-expressionistas. As vicissitudes de Eero Saarinem foram amplamente condicionadas pelo segundo tipo de fadiga.

O relatório concluía com uma análise da herança expressionista:

Em que consiste, portanto, a herança positiva do expressionismo arquitetônico? Em um convite à transgressão da caixa edilícia, o invólucro estático que aprisiona e paralisa as funções humanas; em uma declaração de independência com relação à régua T, à geometria e à estereometria elementares; em uma atitude que avalie os conteúdos comportamentais em detrimento dos continentes e que, por essa razão, plasme espaços inéditos, conectando-os segundo as fluências correspondentes, revestindo-os sem preconceitos formais, sem sufocar o organismo arquitetônico, sem encerrá-lo em uma definição anelástica. O expressionismo responde às exigências atuais da técnica e da tecnologia: as estruturas em forma de cascas ou membranas e os produtos plásticos estampados não podem ser integrados às poéticas derivadas do cubismo. A propósito de Félix Candela e por vezes Pier Luigi Nervi, fala-se em "engenharia escultural": pois bem, se essa engenharia pretende tornar-se arquitetura, decerto não pode abraçar o sistema em trilito ou laminar do purismo, do neoplasticismo, do construtivismo, devendo antes de mais nada reportar-se ao expressionismo. Por paradoxal que pareça, o expressionismo é muito mais racional que o racionalismo, mais funcional que o funcionalismo. Tudo na arquitetura racional é lógico, com exceção da hipótese inicial, a invenção do programa construtivo na substância espacial. Inversamente, no expressionismo tudo pode parecer irracional se for julgado a partir do exterior, porém seu empenho no reexame das hipóteses de trabalho é racional. O caminho do racionalismo encontra-se bloqueado; os protagonistas de 1920-1930 devoraram a si próprios; os padrões urbanísticos e construtivos e as técnicas da pré-fabricação sujeitam a arquitetura a um retrocesso de cem anos. O expressionismo, ao contrário, pode apresentar um futuro. Se não se limitar a ser uma arte de consolação ou protesto solitário, o expressionismo possui os instrumentos e o vigor para enfrentar os problemas contemporâneos. Trata-se de coragem, de otimismo rebelde.

No encontro florentino, a tese italiana termina por prevalecer. De fato, foi aprovada uma declaração na qual se reivindicou a atualidade do expressionismo, o significado de sua carga moral e humana, a validade de sua atitude contestadora e subversiva. Afirmou-se também que a longa e obstinada conjuração de silêncio, com danos para o expressionismo, faz com que se repitam, com menos intensidade e à distância de cinqüenta anos, pesquisas e experimentos já amplamente aprofundados e aprovados. Em outras palavras, verifica-se um analfabetismo de retorno, com desperdícios de energia ab-

O OSTRACISMO CRÍTICO

surdos que nos colocam frente a um neo-expressionismo epidérmico e formalista que denuncia para a ignorância dos textos históricos. O convite para uma nova reflexão a respeito de Mendelsohn encontrava-se acentuado implicitamente.

• Finalmente, em 1968, por iniciativa de Julius Posener e sob os auspícios do Verein Deutsches Bauzentrum e.v. e da Akademie der Künste, inaugurou-se em Berlim uma grande exposição da obra mendelsohniana. É a nêmesis: Mendelsohn retornou à Alemanha. Em junho do ano anterior, as tropas israelenses haviam libertado os edifícios da Universidade Hebraica construídos no Monte Scopus, testemunho ardente de um sonho bíblico ainda não realizado: desertas por vinte anos, talhadas sobre a colina que domina Jerusalém, o vale do Jordão e o Mar Morto, as construções mantinham uma tensão acusadora, como se o espírito inquieto e provocativo de Mendelsohn não houvesse serenado. Então, finda a Guerra dos Seis Dias, o mestre foi celebrado no país natal. Evento traumático, uma provocação.

A desfortuna crítica do expressionismo é quase inacreditável. Os alemães suprimiram-no em três momentos: entre 1925 e 1933, os racionalistas procuraram obliterar a arte que documentava o desespero e as esperanças do pós-guerra; de 1933 até o segundo conflito mundial, os nazistas apagaram seus rastros na moldura de uma campanha criminosa contra as "degenerações" artísticas; e finalmente, após a última guerra, não houve meios de recuperar o expressionismo, indicador de todas as culpas nacionais, e a Alemanha lançou-se à aventura neo-racionalista adaptada à ideologia do milagre econômico. Hans Scharoun teve uma atividade intensa, porém sua influência permaneceu confinada a um círculo de alunos bastante restrito, influindo talvez mais no exterior do que em sua própria pátria. Quanto aos estudos históricos, foram encetados numerosas e competentes pesquisas acerca da arquitetura expressionista, graças sobretudo a O. M. Ungers e Jürgen Joedicke, de quem lembramos tanto a obra *Geschichte der Modernem Architektur*, de 1958 como *Für eine lebendige Baukunst*, de 1965. Todavia, o interesse ficou concentrado na figura menos conhecida de Hugo Häring e focalizado na filologia e na pesquisa de arquivo mais do que na exegese operativa. Em suma, o expressionismo foi contemplado pelo estudo de suas fontes e desenvolvimentos, não obstante cerceado de seu espírito, a partir de uma perspectiva remota, como se fora um episódio já desprovido de qualquer atualidade. Tanto quanto Brecht, Mendelsohn infundia medo, encarnava a consciência cativa de uma nação, evocava o espectro de Paul Goesch, esterilizado e depois eliminado no campo nazista de Hartheim, no Danúbio, em 6 de julho de 1940. Além disso, a exposição berlinense evocava a mostra de 1919 na Galeria Cassirer, lan-

236 ARQUITETURA E JUDAÍSMO: MENDELSOHN

çando uma ponte entre o primeiro e o segundo pós-guerra alemães e estimulando a manifestação dos jovens que, um pouco mais tarde, na inauguração do gélido museu "racionalista" de Mies van der Rohe sobre a Potsdamerstrasse, exigiam em altos brados a reedificação, sobre o canal Landwehr do monumento em homenagem a Karl Liebknecht e Rosa de Luxemburgo, monumento miesiano porém "expressionista", erguido em 1926 e destruído a seguir pela tirania.

Neste ponto encerra-se o itinerário da fortuna histórica de Mendelsohn, que oferece uma alternativa à edilícia consumista pela proposição de uma utopia – utopia concretizada em um grandioso ciclo de obras e, por isso mesmo, perfeitamente realizável. Após o interminável exílio e o cruel ostracismo, o mestre retorna assim ao circuito dos debates internacionais acerca do futuro da arquitetura.

5. A Herança Mendelsohniana

Sua mensagem está impregnada de valores inutilizados ou mesmo incompreendidos. A herança mendelsohniana transpõe a do expressionismo – todavia tão densa de incitações – sem, no entanto, exaurir-se, como vimos no quadro da reação geral frente ao International Style que se manifestou a partir dos anos cinqüenta. Um *revival* expressionista pode, provisoriamente, preencher uma lacuna ou uma crise lingüística; entretanto, o legado de Mendelsohn torna-se ativo e provocador mesmo nas condições culturais dos anos oitenta, de modo que podemos destacá-lo nos seguintes níveis:

• SUBVERSÃO AO CÓDICE. Ato esse, mais do que semiológico, humano. Raramente assistimos na história a uma rejeição tão radical às convenções lexicais e sintáticas. Não há paralelo com os demais mestres da mesma geração, que transgrediram as regras acadêmicas elaborando novas regras de matriz cubista. Em Ronchamp, Le Corbusier combate o sistema Beaux-Arts com armas Beaux-Arts, sessão áurea e Modulor; Gropius, após várias incertezas, acolheu o método do De Stijl, mesmo que apondo-o sobre volumes isolados; Mies van der Rohe o amplia na fluidez de espaços canalizados, alcançando um estágio lírico extremo; enquanto J. J. P. Oud dissolveu sua mecanicidade através de uma visão estereométrica puritana. Afinal, sabemos que Schinkel, Behrens, Wright, Hoffmann e Perret constituem referências sólidas para os quatro protagonistas do racionalismo. Mendelsohn não possui ascendentes: a influência de Van de Velde e de

Olbrich é absolutamente extrínseca; a influência fundamental de Wright justifica-se em um campo mais conceitual e psicológico do que expressivo. Em tais condições, rejeitar o códice significa arriscar tudo, inclusive a própria identidade arquitetônica. Mendelsohn a coloca em jogo sem medos e reservas. Recusa "ser falado pela língua", seja ela a adquirida ou outras que a substituam: ela quer falar por si mesma. Além disso, seu desafio é especificamente arquitetônico. Os expressionistas "imaginários" apontam em direção a conteúdos anômalos e absurdos, destroem montanhas, despejam no mar cidades inteiras, desatinam através de paisagens fabulosas ofuscadas por cúpulas de cristal, declaram coisas paradoxais, exóticas, espectrais e demoníacas, porém numa *langue* comum, ou então limitam-se a minar a sintaxe tradicional com bombas alógicas, confiando, dessa maneira, na deformação paroxística dos meios comunicativos. Mendelsohn está disposto a falar até de coisas simples porque sabe transmutá-las em *paroles* inéditas; não se evade do mundo como Finsterlin, nem o prende às custas de pesadas renúncias, como Bruno Taut. Para encontrar analogias em sua atitude, é necessário retornar aos maiores arquitetos do passado: Brunelleschi, Michelângelo, Borromini; ou então aos inícios da Idade Moderna, com Wright, Horta, Gaudí, Olbrich. Todavia, sob o perfil semiológico, qualquer comparação mostra-se equivocada, pois a ruptura de um códice se faz distorcendo e tornando-o sintaticamente acéfalo, como aconteceu com Michelângelo e Borromini, ou ainda instaurando um novo códice, ao modo de Brunelleschi e Horta. A anulação completa das articulações e dos nexos, para além do códice e contra qualquer outra alternativa, é própria da *koiné* ideológica expressionista, que visa a não adjetivação, inclusive a não substantivação: é a *Stilgeschichte* especialmente conveniente em um clima existencial desesperado, niilista, visceral e alienado, bastante afastado do pioneirismo wrightiano, do hedonismo olbrichiano, do misticismo gaudiano. Mendelsohn mergulha no esfacelo, participa obsessivamente do processo desintegrador da língua dominante; entretanto, seu anticonformismo é acompanhado pela convicção de que, daquele processo, deveria nascer uma civilização nova, amadurecida pela sondagem comprometida com múltiplas hipóteses. Desatenta às expectativas da sociedade na qual atua, ao mesmo tempo ela determina outras novas, assim como novos significados, funções e comportamentos *autres*. Não acredita que a falência apocalíptica seja a solução única para a contestação expressionista, desdenha a hipnose do negativo com todo vazio e veleidades que esta pode trazer. Como conseqüência, Mendelsohn evita dois antídotos imediatos ao códice oficial: o infantilismo, a redução da densidade semântica à mera onomatopéia, a estágios precedentes à forma gramatical; bem como a recuperação de tradições longínquas, compensatórias daquelas vizinhas, porém

A HERANÇA MENDELSOHNIANA

revogadas. Evita o primitivismo balbuciante que a retomada dos temas góticos e barrocos registrou nos estilemas de Gaudí, Olbrich, Perret, assim como nos historicismos pós-racionalistas. A coragem de experimentar a crise do códice sem atenuantes e evasões num futuro impossível ou num passado expiado qualifica duplamente a heresia mendelsohniana, ao nível do significado e do significante, na estrutura orgânica dos conteúdos e das formas.

• O ESPAÇO-AMBIENTE ANTINATURALISTA. Os expressionistas são criticados por não terem tido a capacidade de elaborar uma poética urbanística; mesmo os projetos de Mendelsohn para complexos edilícios, praças e bairros, não indicam novos caminhos. Esta questão, no entanto, deve ser aprofundada: é necessário compreender a razão pela qual o desinteresse urbanístico não excluiu uma sensibilidade penetrante em relação à paisagem, tanto natural como urbana. É sabido que Mendelsohn, antes de esboçar um edifício, caminhava durante horas pelo local a ele destinado, observando cada elemento, absorvendo suas características, as vistas privilegiadas, as rupturas panorâmicas, os condicionamentos físico-psicológicos; projetados no inconsciente, esses dados ressurgem em seguida em imagens que esposam a terra, soldando-se a ela, como se por vezes brotassem ao desenredarem-se do substrato informe. A ligação com o solo é permanentemente um vínculo de altíssima tensão, uma plataforma de lançamento para a conquista da autonomia plástica e, portanto, da possibilidade de sugar, eletrizar a atmosfera. A secreta convicção de Mendelsohn é que, com um gesto arquitetônico, pode-se recuperar todo um cenário ao lhe conferir novos significados. Para entender a sua atualidade, merece ser recordada uma luminosa declaração de Robert Rauschenberg: "A pintura está relacionada com a arte e com a vida. Nem uma nem a outra podem ser criadas ex-novo. Eu procuro atuar no vazio existente entre as duas". De acordo com essa idéia, a arte diz respeito "à arte pela arte" no sentido de fuga consolatória, sendo que a vida pertence à realidade caótica, desordenada, aos obstáculos, ao rumor semântico. O pintor ou o arquiteto podem se refugiar em seu próprio limbo, criando visões impecáveis, abstratas, rigorosamente racionais; ou podem voltar-se para os escombros, o bruto, o *kitsch*, o fragmento sórdido, os farrapos, os *objets trouvés,* confiando na eficácia de uma reportagem. De um lado os desenhos imaculados de Pier Mondrian, reverberados nos esboços límpidos das *Siedlungen,* que quase são destruídos ao serem ocupados; do outro, a *pop-art*, a música concreta, a aceitação de um mundo desprezado. Entre os dois extremos resta um vazio, que Rauschenberg cobre com uma pincelada, Mendelsohn com um gesto arquitetônico. Ambos, mesmo distantes, evitam as superestruturas teóricas, desejam superar a incomunicabilidade entre arte e vida, sem pretender

240 ARQUITETURA E JUDAÍSMO: MENDELSOHN

hibernar esta última em meio a um projeto estático; porém dela não abdicam, muito pelo contrário: intervêm com presenças intensas, capazes de imprimir uma pulsação existencial mesmo aos rumores semânticos. Mendelsohn não traça planos reguladores? Michelângelo e Borromini também não. Eles não acreditam na "cidade ideal" ou no "bairro modelo", nas formas rígidas, classificáveis, impostas do alto, ou no "plano fechado" e suas regras amalgamadoras e repressivas. A própria natureza não pode se constituir em tabu a ser respeitado acriticamente: "o impressionista é um homem rebaixado a gramofone do mundo externo", havia escrito Bahr em 1916; Mendelsohn é imune a qualquer sugestão do tipo campestre, assim como ao romantismo dos vernáculos popularescos; mesmo na presença dos bíblicos cenários palestinos não renuncia a criar um espaço-ambiente, coagulando na obra moderna as potencialidades naturais para, a seguir, descarregá-las novamente em seu redor. Um diálogo sempre aberto, flexível entre o dar e o receber, relativista. Atualmente se discute os princípios da indeterminação, da contingência, da imperfeição orgânica e da probabilidade, que mesmo na arte suplantaram os antigos ideais platônicos, utilizando-os como argumentos para o debate sobre a era eletrônica e o computador. Pois bem, ao freqüentar Einstein e seus colaboradores, Mendelsohn pôde tomar consciência dessas novas dimensões não codificáveis trinta anos antes da crise racionalista. Mesmo em termos urbanísticos, ele opunha a participação emotiva dos usuários à análise e à lógica no interior da mensagem.

• A VISÃO ANTICUBIFORME. Mendelsohn não trabalhou nas *Siedlungen* por não tolerar seus padrões, a montagem de células habitacionais, uniformes, alinhadas vizinhas umas às outras, formando um volume compacto, uma caixa. A sua polêmica contra a inércia cúbica é confrontável somente com a de Wright, se bem que realizada mediante outros meios e com objetivos diversos. É claro: romper o bloco classicista, envolto em si próprio, desnudar suas cavidades, pondo-as em contato com os espaços externos, faz parte do programa de todo o movimento moderno, dedicado à superação da visão tridimensional e à perspectiva de gênese renascentista. Todavia, enquanto Le Corbusier, Gropius, Mies e Oud descarnificam esse mesmo bloco para derrotar a massa até reduzir seu invólucro a um paralelepípedo vítreo, Mendelsohn compreendia que, mesmo um cubo de cristal pode ser "maciço", estéril, estático, fechado. Por isso não rejeitou, mas fluidificou a matéria, extraindo dela formas novas, aderentes aos novos conteúdos; não rejeitou o bloco por temor à sua gravidade, vitalizando-o mediante tensões explosivas, exasperadas ao seu grau máximo, no fio do diapasão. Com tal método, ele se esquivou não somente da gramática e da sintaxe tradicionais, como também do

A HERANÇA MENDELSOHNIANA 241

motivo gerador que as subentende: a proporção. Essa é a questão fundamental. Os racionalistas, após haverem destruído o códice acadêmico, são obrigados a proporcionar seus prismas, equilibrando as dissonâncias e as dessimetrias; devendo recorrer, ainda uma vez, ao resíduo acadêmico. Mendelsohn não; veja-se a Columbushaus, a poética do não-finito. Dessacraliza o paralelepípedo porque destrói desde as bases o modo de conceber e fazer a arquitetura. Apesar de tudo, os expoentes da Neue Sachlichkeit, visaram produzir um novo noumeno arquitetônico; Mendelsohn constituía um fenômeno sempre em elaboração: interrupto, receptivo a sondagens, experimentos, inventários de novas realidades e verificações formais. A dissolução da harmonia e do contraponto clássicos por parte da música atonal e da técnica "serial", respondem à mesma urgência. Mendelsohn multiplicou as variantes, as "fugas" de alternativas, deixando a solução última em suspenso até o final, e mesmo essa não dependendo de uma escolha apodíctica, que elimine as demais hipóteses mas, ao contrário, que pareça encerrá-las em si mesma. A funcionalidade se integra assim à máxima riqueza semântica, a uma polissemia elevadíssima, pois que a própria genética da imagem impede a sua cristalização; libertando-se dos grilhões dos sistemas proporcionais, o processo idealizador não mais vem congelado em um resultado finito e imutável. A linha dinâmica de Horta, Van de Velde e Olbrich, em resumo aquela da Art Nouveau, havia ferido o paralelepípedo, arabescando-o com tatuagens flechadas. Os racionalistas atrofiaram suas paredes, reduzindo-as a diafragmas transparentes para expor somente ossos e fibras. Contudo, mesmo um cadáver apresenta ossos e fibras e, portanto, sob todos os aspectos, Mendelsohn se recusou a trabalhar sobre um corpo edilício estático: ele o coloca em movimento e, destronando o cânone da proporção, ele o tornou incessantemente gestual.

• A DEFESA DA TERCEIRA DIMENSÃO. Este seria talvez o aspecto mais problemático e atual da herança mendelsohniana. A insistência no bloco e na realidade do material não equivaleria a um afastamento da poética espaço-temporal da arquitetura moderna, baseada, como se afirma, na "quarta dimensão"? A tridimensionalidade não implicaria a persistência de uma visão perspectiva, a hierarquia das paredes envoltórias, a fachada principal privilegiada em relação às laterais secundárias e à descuidada fachada posterior? É preciso dissipar essas suspeitas estabelecendo um confronto direto com o De Stijl, o movimento mais comprometido, principalmente pelas pesquisas desenvolvidas por Theo van Doesburg, em oferecer uma gramática e uma sintaxe à ideologia espaço-temporal. Conquistar a terceira dimensão: este é o objetivo ao qual o De Stijl responde decompondo a caixa edilícia como se fosse um castelo de cartas. Todos

242 ARQUITETURA E JUDAÍSMO: MENDELSOHN

os elementos são reduzidos a placas, e o objeto – plástico no caso de van Doesburg ou uma poltrona de Rietveld – é a seguir reconstituído ao se remontar as placas, sem no entanto fundi-las novamente. O máximo de cuidado para com os ângulos a fim de evitar que as membranas, dispostas em planos distintos, modifiquem a tridimensionalidade; qualquer dispositivo que preserve e acentue a autonomia das placas é legítimo; acima de tudo, o contraste entre os materiais e as cores. Essa constitui, em resumo, a poética do De Stijl, ainda hoje válida através de numerosas versões. Qual seria o custo da operação? Para realizar a quarta dimensão destrói-se a terceira, desmaterializando e achatando seus componentes em planos bidimensionais. Por mais que Mies tenha explorado suas virtudes espaciais no Pavilhão de Barcelona, a mecanicidade do procedimento é tal que provoca um consumo imediato: a decomposição e o remonte sugerem uma pequena brincadeira, mais adequada à escala de um móvel do que um edifício. Os decênios passaram: o De Stijl entrou em crise. Após a Segunda Guerra Mundial, quando a tendência "informal" aniquilou as pesquisas abstrativas, escarnificadoras, derivadas do cubismo, recuperando os valores materiais e gestuais, os arquitetos permaneceram perplexos e desconcertados. Alguns críticos, mesmo que *à la page,* se apressaram a teorizar o fim da espaço-temporalidade e o retorno à visão estática da arquitetura; além de seus próprios méritos, a sorte improvisada de Louis Kahn é também conseqüência dessa involução. Gosto masoquista e suicida, prazer em se superar retrocedendo, recompondo o antigo volume renascentista sob uma cosmética pseudomoderna. O único mestre europeu que se opôs à dissipação é Le Corbusier, que registrou o desgaste dos códices racionalistas denunciando-os no anátema dramático de Ronchamp, unindo-se indiretamente ao expressionismo e reapresentando a hipótese mendelsohniana: a implantação espaço-temporal, a quarta dimensão, sem contudo prescindir da terceira, sem medo do bloco plástico. Para tais hipóteses, a mensagem de Mendelsohn mostra-se ainda hoje profética ao indicar um caminho que remonta a Michelângelo, Borromini, Neumann, porém sob a perspectiva da ciência contemporânea, do princípio da indeterminação. Frente ao dilema entre a fidelidade às poéticas espaço-temporais do racionalismo e o *revival* da tridimensionalidade acadêmica, os arquitetos podem realizar uma escolha distinta, tal como foi apontada por Wright, por Mendelsohn e por Le Corbusier em suas últimas obras – a quarta dimensão, uma força ativa, um passo adiante, à frente da terceira.

Mesmo sob este ponto de vista, os esboços mendelsohnianos assumem um valor didático pungente. Na experimentação repetitiva, na busca contínua por alternativas, faz-se presente, sem dúvida, um método de decompor e recompor o real. Porém substancialmente diferente daquele utilizado pelos movimentos derivados do cubismo:

A HERANÇA MENDELSOHNIANA 243

sem entregar-se à dissecação gramatical e sintática; mantendo e transformando a estrutura global da imagem sempre mais inteligível. Ao propor modelos estruturais autogenéticos, ao contrário de "tipos" deduzidos, Mendelsohn apresenta uma via atualíssima para a arquitetura. Além do que, suas expressões monumentais são desprovidas do simbolismo fácil que se individue tanto no cone, como na espiral e no cubo, metáforas de sentimentos como ascensão, dinamicidade ou paralisação. O significante associa-se indissoluvelmente ao significado, e por conseqüência qualquer elemento geométrico ou antigeométrico, faixas curvas a projetarem expurgos em lavas, coloca-se, em última análise, como fator liberatório de convenções inertes e repressivas, isto é, como estímulo para uma relação público-arquitetura distinta. Isso acontece com Wright, com Le Corbusier após Ronchamp, e sistematicamente com Mendelsohn, sendo impossível classificar seus princípios e estilemas; a extraordinária variedade dos signos, a pluralidade das conjunções, dos sintagmas, das hipotaxes, os encastramentos sempre mutáveis entre o eixo da simultaneidade e o da sucessão, justificam-se no quadro de uma estrutura arquitetônica ditada pelo projeto de novos comportamentos humanos.

Até aqui o discurso semiológico. Entretanto, a atualidade de Mendelsohn diz respeito também à atitude existencial como um todo, ao mundo e à história.

Anos oitenta: período afluente, pleno de contradições, perdas, injustiças, dor, raiva. De um lado, a face perfeita e gerencial do neocapitalismo; do outro, aquela grotesca da contestação que visa descarregar todas as neuroses individuais em uma revolta coletiva. Em termos estéticos, de um lado uma arte consumista, de mero espelhamento, um racionalismo mercantilizado, pago para arranjar volumes pré-fabricados que entorpecem o público com uma profusão de sistemas tecnológicos; de outro, uma arte desgostosa, vomitando tédio ou, na melhor das hipóteses, esquivando-se na utopia. Em tal estado de indiferença, tudo se consome e tudo se recupera; a arte já não mais é importante e sua morte cessa de ser apenas um espectro brandido por intelectuais inclinados ao macabro.

Quadro arrasador e, todavia, angustiante, no qual Mendelsohn talvez fosse o único entre os mestres de sua geração que poderia exercer alguma incidência. Os racionalistas jamais o poderiam – lembrando-se a parábola do mesmo Mies van der Rohe –; sua mensagem havia sido corrompida e adulterada pela decodificação neocapitalista. Os expressionistas? Tampouco: o "grito d'alma", as esbórnias de um *pathos* exasperado e de um anarquismo boêmio, a embriaguez declamatória, o abuso verbal, a escrita pletórica, as redundâncias psicológicas constituiram uma arma revolucionária no famélico primeiro pós-guerra alemão; contudo, em nossos dias mos-

244 ARQUITETURA E JUDAÍSMO: MENDELSOHN

tram-se inadequadas mesmo quando se trata de representar posições contestatórias. Exauridos num contexto provinciano encontram-se o New Empiricism escandinavo, o Bay Region Style californiano e os esforços neo-realísticos da "arquitetura espontânea". Sem dúvida, permanece firme a gigantesca figura de Wright que tudo abrange, incluso o vigoroso expressionismo; porém ela talvez seja demasiadamente épica para ser ouvida em um período de crise e, de resto, se a sua arquitetura pertence ao amanhã, a cultura oitocentista que a fundamenta já se encontra irremediavelmente datada.

E dessa forma, Erich Mendelsohn vive a tragédia existencial, talvez mais do que qualquer outro, mas sem exibicionismos. Não tem necessidade de celebrar a gangrena e os horrores: sofre na primeira pessoa, na estrutura atávica e em sua própria história, as torpezas e os delitos. Ávido pelo absoluto e pelo eterno, ele não se deixa cair no misticismo. Para ele, enfileirar-se junto aos "justos" não é questão de escolha: ele pertence aos justos e, como sua gente perseguida e ofendida, mantém, mesmo nas horas mais aviltantes, o transporte messiânico. Porém, o sonho não paralisa a ação e a intervenção não implica a inibição dos sonhos. Por isso, ele encarna a utopia metódica, raríssima por ser adversa a qualquer idolatria. Expressionista, rejeita o rótulo e os mitos do movimento; funcionalista, descarta o tecnicismo e o abstratismo figurativo. Revolucionando a arquitetura, sabe muito bem que não irá modificar o mundo; mas também reconhece que a revolução das estruturas pode ser falsificada. Por isso, detesta a demagogia do artista-demiurgo e a do artista despersonalizado pelo populismo. Figura antipática, desagradável, embaraçosa e insuportável àqueles muitos que, fanaticamente devotos aos ídolos, logo estarão dispostos a jogá-los na fogueira.

Me encontro profundamente aflito. Todo o meu trabalho e os esforços realizados não nos trouxeram qualquer segurança para os anos que virão; anos que gostaríamos de passar cumprindo um ideal, até o fim de uma vida que se desenrolou organicamente segundo essa aspiração,

escreveu em sua última carta à esposa, em 19 de julho de 1953. Trajetória solitária e discordante, truncada poucos meses depois, logo quando maturava a urgência de retomar as explorações da juventude. Não obstante, um itinerário aberto, cujos valores encontram-se à disposição daqueles que não esperam a segurança da vida.

Índice Remissivo

A

Aalto, Alvar, 221, 226, 227, 233
Adler, Dankman, 64, 97
Adorno, Theodor, 15,15n,18,30, 33, 33n, 41, 45, 60
Agnon, Shmuel Josef, 14
Alberti, Leon Battista, 156
Anderson, Stanford, 104
Ando, Tadao, 74
Arafat, Yasser, 53
Arbeitsrat für Kunst, 102, 129, 154, 157, 218
Argan, Giulio Carlo, 27, 39, 51, 124, 128
Aronson, Shlomo, 68
Art Nouveau, 96, 158, 220, 225, 241

B

Babel, Isaak Emmanuilovic, 14
Bach, Johann Sebastian, 16
Bahr, Hermann, 101, 240
Banco Anglo Palestina, Jerusalém, 193, 199 (fig.170-171)

Banham, Reyner, 223-225, 227
Bartning, Otto, 94, 103, 111, 119 (fig. 39-41), 219
Bassani, Giorgio, 12, 14
Bauer, Bruno, 37
Bauhaus, 128, 218
BBPR (Banfi, Belgiojoso, Peressutti, Rogers), 67, 87 (fig. 22)
Becker, casa, 158, 162 (fig. 97)
Behne, Adolf, 154
Behrendt, Walter Curt, 220-221
Behnisch, Gunter, 74
Behrens, Peter, 94-98, 103-110, 125-126, 148-149, 105-109 (fig.3-18), 218, 224, 228, 230, 237
Begin, Menachem, 54
Bellow, Saul, 14, 60, 64
Benjamin, Walter, 60
Berg, Alban, 226, 229
Berg, Max, 96-97
Berlage, Hendrik Petrus, 98
Berliner Tageblatt, 171, 175 (fig.118-119)

Beyer, Oskar, 93, 217, 219
Blackpool, hotel, 192
Blau Reiter, 96
Bloch, André, 227
Bloch, Ernst, 17
Böhm, Dominikus, 226
Boman, Thorlief, 21
Borromini, Francesco, 20, 156, 238, 240, 242
Borsi, Franco, 231
Bourgeois, Victor, 98
Bramante, 95
Brecht, E. Berthold F., 235
Breuer, Marcel, 183
Brod, Max, 18, 22, 156
Brunelleschi, 156, 238
Buber, Martin, 156
Büchner, Georg, 226
Buonarroti, Michelângelo, 20, 233, 238, 240, 242
Byrne, Barry, 226

C
Caine, Uri, 77, 80
Cage, John, 66
Calatrava, Santiago, 74
Candela, Felix, 234
Cassirer, Paul, galeria, 223, 235
Castro, Angelo de, 67
Centros Comunitários, 209
    Cleveland, 210, 213 (fig. 198-200)
    Grand Rapids, 210, 213 (fig.201-202)
    St. Louis, 210, 212 (fig.195-197)
    St. Paul, 210, 214 (fig. 203-204)
Chagall, Marc, 13, 14, 18, 26 (fig.3), 43, 61
Cheney, Sheldon, 227
Chermayeff, Serge, 67, 192, 220
Chiarini, Paolo, 99, 101, 229
Clube Náutico, Lago Wansee, 172

Cohen, casa, 192, 194 (fig.156)
Cohen-Epstein, magazines, Duisburg, 161, 171-172, 178 (fig.128)
Collins, George, 226, 227
Columbushaus, 182, 183, 191 (fig.152-154), 220, 228, 241
Conrads, Ulrich, 232
Corbusier, Le, 63, 65, 78, 95-96, 98, 126, 128, 155-157, 192, 218-219, 226-228, 231-233, 237, 240, 242-243
Creese, Walter, 226
Croce, Benedetto, 58, 59

D
Däubler, Theodor, 102
Debenedetti, Giacomo, 29-30, 32-33
De La Warr, pavilhão, 192, 195 (fig.158-159), 220, 221
De Micheli, Mario, 16-17
De Stijl, 65, 95, 98, 111, 126-128, 156, 161, 183, 218, 223-224, 237, 241-242
Deukon Haus, 172, 179 (fig.130)
Döblin, Alfred, 156
Doecker, Richard, 98
Doesburg, Theo van, 95, 224, 241-242
Dorfles, Gillo, 222
Dreyfuss, Alfred, 33

E
Eckardt, Wolf von, 225
Edschmid, Kasimir, 147, 153
Einstein, Albert, 10, 18, 22, 60, 61, 62, 93, 97, 159, 220, 240
Einstein, torre (Einsteinturm), 158, 159, 160, 166-170 (fig. 105-111), 211, 218, 220-222, 222, 225-228, 230, 232
Eisenman, Peter, 64-66, 68, 74, 79 (fig. 14)
Engels, Friederich, 37, 230

ÍNDICE REMISSIVO

Escola de Amsterdã, 223-224, 228

Esprit Nouveau, 111

F

Federação Metalúrgica, Berlim, 181, 189 (fig. 148-149)

Filon, 8

Finsterlin, Hermann, 94, 103, 125, 129, 145-149, 151 (fig 91-92); 152 (fig.92-95), 154-156, 218, 228, 238

Fiorentino, Mario, 67, 87 (fig. 24)

Frank, Josef, 98

Freud, Sigmund, 10, 16, 18, 60-62, 93

Freundlich, Erwin F., 97-98, 149

Fry, Maxwell 183

G

Galilei, Galileu, 233

Garnier, Tony, 96

Gaudi, Antonio, 220, 222, 225, 227-228, 232, 238-239

Gauguin, Paul, 226

Gehry, Frank O., 64, 66, 68, 74, 79, 80, 85 (fig.19)

Gide, André, 182n

Gideon, Siegfried, 221

Giordani, Pierluigi, 229

Goesch, Paul, 111, 116 (fig.32-33), 124, 230, 235

Goethe, Johann Wolfgang, 16

Goff, Bruce, 67, 78, 227

Goldberg, Bertrand, 67, 88 (fig. 25)

Goldman, Nahum, 9-10, 57-58

Goldsmith, Myron, 67,

Goll, Ivan (Isaac Lang), 100, 153

Gramsci, Antonio, 37-38, 52

Greogorovius, Ferdinand, 28

Gregotti, Vittorio, 229

Gropius, Walter, 63, 94-95, 98, 125, 128, 136 (fig. 68-70), 137 (fig.71), 149, 154, 156, 183, 219-221, 224, 228, 231, 233, 237, 240

H

Hablik, Wenzel August, 111, 117 (fig. 34), 124, 218

Haifa, Hospital, 192, 200-202 (fig. 172-179)

Haifa, torre sobre o Carmel, 161, 174 (fig.115)

Halprin, Lawrence, 67-68, 79

Häring, Hugo, 94, 98, 103, 125-127,129, 134 (fig. 62-64); 135 (fig. 65-67), 145, 148, 154, 156, 218, 223, 225, 229, 235

Hatvani, Paul, 100

Hecker, Zvi,, 64, 66, 68, 79-80, 84 (fig. 18)

Herpich, peleteria, Berlim, 172, 177 (fig.126)

Hertzl, Theodor, 9

Heschel, Abraham Joshua,, 9, 11, 22, 79

Hilberseimer, Ludwing, 98, 126

Hitchcock, Henry-Russel, 218, 226, 227, 228

Hitler, Adolf, 35

Hoetger, Berhard, 103, 111,116 (fig. 31)

Hoff, Robert van't, 95

Hoffman, E. Th., 237

Hoffman, Joseph, 96, 97

Hofman, Hans, 33

Höger, Johannes Friedrich (Fritz), 103, 111, 115 (fig.30), 125, 218, 230

Hood, Raymond, 226

Horta, Victor, 233, 238, 241

Hospital Hadassa, Monte Scopus, Jerusalém, 204-207 (fig.183-190)

Hospital Maimonides, São Francisco, 210, 214-215 (fig.205-207), 220, 222

Husserl, Edmund, 156

J
Jawlensky, Alexei von, 157
Joedicke, Jürgen, 235
Johansen, John, 78
Johnson, Philip, 65, 218, 226-228
Jügendstil, 222, 226

K
Kadishman, Menashe, 61
Kafka, Franz, 10, 12-14, 17-18, 60, 77, 156
Kahn, Albert, 67
Kahn, Louis, 67, 86 (fig 21), 242
Kandinsky, Wassili, 96, 157
Kaplan, casa, Long Island, 209
Karmi, Dov, 67
Karmi, Ram, 68
Kautsky, Karl, 37
Kayser, Hans, 100-101, 153
Kemperplantz, projeto, 160, 173 (fig. 114)
Kiesler, Frederick, 67, 87 (fig. 23), 227
Kierkegaard, 228
Klee, Paul, 96, 157
Klerk, Michel de, 161, 223-224, 226-227
Klint, Kaare, 226
Koening, Giovanni Klaus, 128, 147, 229, 230, 231
Kokoschka, Oskar, 99
Königsberg, cemitério judaico, 172, 178 (fig. 127)
Kramer, Pieter, 161, 223-224
Krayl,Carl, 111, 117 (fig.35), 124
Kreis, Wilhelm, 230
Kurtz, 100

L
Labò, Giorgio, 27-29, 39
Lafayette, galerias, projeto, 181, 186 (fig.138)

Lattes, Dante, 3
Lenin, Nicolaj, 37, 52, 230
Léon, Abram, 37
Leonhardt, 100
Levinas, Emanuel, 75
Libeskind, Daniel, 64, 66, 68, 77, 79-80, 83 (fig 15-17)
Liebermann, Daniel, 67
Liebknecht, Karl, 236
Luckenwalde, fábrica de chapéus Friederich Steinberg, Herrmann & C., 160, 173 (fig. 112-113), 218, 222, 223, 224
Luckhardt, Hans, 103, 111, 120 (fig. 42,44), 121 (fig.46), 122 (fig.47-49), 125, 145-147, 154
Luckhardt, Wassili, 103, 111, 120 (fig. 43,44), 121:(45-46), 122 (fig.47-49), 145, 154
Lurçat, Andre, 98
Luxemburgo, Rosa, 236

M
Mackintosh, Charles Rennie, 96
Mahler, Gustav, 17, 77, 80
Mailer, Norman, 64
Maillart, Robert, 96
Maimonides, 8
Malamud, Bernard, 14
Malkiel – Jurmounsky, M 218
Mansfeld, Alfred,68
Mao Tse-tung ,35
Marc, Franz, 96, 101, 157
Marx, Eleonor, 37
Marx, Karl, 16, 36-37, 52, 230
Mattei, Gianfranco, 27
May, Ernst 98
Meier, Richard, 64-65, 68, 74, 79, 82 (fig.13)
Mendelsohn, Erich, 10, 20, 60, 63, 67, 80, 184 (fig.131), 198 (fig. 167)
Mendelsohn, Esther, 158
Mendelsohn, Louise Maas, 184

(fig.131), 198 (fig. 166)
Meyer, Adolf, 95, 219
Michelstaedter, Carlo, 7
Michelucci, Giovanni, 78, 147, 233
Mies van der Rohe, Ludwig, 63, 65, 95, 98, 102, 126, 128, 140 (fig.76-79), 155, 156, 183, 192, 220-221, 228, 233, 236-237, 240, 242-243
Miller, Arthur, 64
Millon, Henry, 226
Mittner, Ladislao, 154, 211, 229
Modigliani, Amedeo, 12
Mohely-Nagy, Sibyl, 226
Mondrian, Piet, 239
Monumento aos seis milhões, 210, 216 (fig. 210)
Moral, Enrique del, 227
Morante, Elsa, 30-33
Morris, William, 219
Mosse, central térmica, 181
Mosse, pavilhão, 181, 186 (fig. 141)
Muhsam, Erich, 100
Mumford, Lewis, 229
Munch, Edvard, 226
Museu da Diáspora (Beth Hatfusoth), 57-58

N
Nervi, Pier, Luigi, 234
Neufeld, Joseph, 68
Neumann, Alfred, 66-67, 242
Neue Sachlichkeit, 99, 154, 181, 192, 227, 241
Neutra, Richard, 67, 86 (fig. 20), 149, 159, 219
Nietzsche, 100, 226, 228
Nimmo, casa, Chalfont Saint Giles, 192, 194 (fig. 155)
Nixon, Richard, 35
Noé, 21
Novalis (Friederich Leopold von Hardenberg), 226

Novembergruppe, 94-95, 98, 102

O
Olbrich, Joseph Maria, 96-97, 157, 218, 238-239, 241
Oud, J.J.P., 63, 95, 98, 126, 155-156, 161, 124, 228, 233, 237, 240
Ozenfant, Amédeé, 95, 217

P
Pagani, Herbert, 57
Palacio dos Soviets, 182, 189 (fig. 147)
Palladio, Andrea, 156
Pasternak, Boris Leonidovic, 14
Pechstein, Max, 102, 103 (fig. 2)
Perret, August, 224, 237, 239
Persico, Edoardo, 3, 225
Pevsner, Nikolaus, 219-220
Picard, 147
Pietila, Reima, 78
Pinthus, Kurt, 102
Placzek, Adolf, 226
Platz, Gustav Adolf, 218
Poelzig, Hans, 94, 97-98, 103, 110-111, 112 (fig. 19-22), 113 (fig. 23-26), 114 (fig.27-28), 115 (fig.29), 125, 148-149, 218-220, 224, 227-230
Posener, Julius, 93, 235
Potok, Chaim, 64
Proust, Marcel, 14

R
Rading, Adolf, 98
Rauschenberg, Robert, 239
Rechter, Zeev, 67
Rechter, Yacov, 67
Repke-Kühn, 147
Ricci, Leonardo, 78
Richards, J.M., 221
Rietveld, Gerri, 98, 242
Rilke, Rainer Maria, 16
Ring, 157

Schönberg, Arnold, 10, 17-18, 22, 60-62, 93, 156, 226
Schreyer, 100
Schubert, Franz, 16
Scully Jr., Vincent, 225
Segall, Lazar, 16, 18
Seidler, Harry, 67
Sereni, Enzo, 34
Sereny, Peter, 227
Sharon, Arieh, 67
Sharon, Eldar, 66, 68
Sharp, Dennis, 228
Shostakovitch, Dimitri, 229
Simeone, rabino (Rabino Shimon Ben Johai), 11
Singer, I. B., 64
Skidmore, Owings & Merrill, 67
Smith, Norris Kelly, 21-22
Soergel, Hermann, 217
Sonnino, Arieh, 68
Soranno, Antonio, 27
Sorge, Reinhard, 156
Soutine, Chaim, 10, 12, 16, 18, 24 (fig. 1), 60
Sperlich, Hans G., 232
Spinosa, Baruch, 8
Staal, J. F., 217
Stalin, J. V., 35, 37
Stam, Mart, 98
Steiner, George, 15, 45,
Steiner, Rudolf, 125, 139 (fig.74-75), 220, 226, 228
Stern, Robert, 67, 227
Sternfeld, Ruth e Walter, 161, 172
Sturm und Drang, 126, 157, 210
Sullivan, Louis Henry, 64, 97
Secessão Vienense, 96, 222
Svevo, Italo, 14

T
Tarantelli, Maria Cristina, 73,
Taut, Bruno, 94, 98, 102-103, 111, 111n, 123, 124-125,

Rogers, Ernesto Natan, 67, 87 (fig 22)
Rogers, Richards, 67, 90 (fig 27)
Roggero, Mario F., 222
Rosselli, Carlo, 60-61
Roth, Philip, 14, 64
Rudolf Petersdorff, magazines, Breslavia, 181, 186 (fig.139-140), 228
Rupernhorn, casa Mendelsohn, 182, 190 (fig.150-151)
Russel, casa, São Francisco, 210-211, 215 (fig. 208-209)
Rutelli, Francesco, 73

S
Saarinen, Eero, 78, 227, 233
Saba, Umberto, 14
Safdie, Moshe, 67, 78, 89 (fig 26)
Safran, Alexandre, 11
Salinger, Jerome David, 14, 64
Sant'Elia, Antonio, 96
Sartre, Jean Paul, 32, 32n, 59
Scharoun, Hans, 78, 94, 98, 125, 127, 128-129, 141 (fig. 80-82), 142:(83-85), 143:(86-89), 144:(90-91), 145, 147-148, 218, 219, 226, 233, 235
Scheebart, Paul, 123, 124, 226
Schein, Ionel, 67
Schinkel, Karl Friedrich, 237
Schneck, Adolf, 98
Schoken, biblioteca, Jerusalem, 192, 197 (fig.163-165)
Schoken, casa, Jerusalem, 192-193, 196 (fig.160-161)
Schoken, magazines, 228
 Chemnitz, 181-183, 187 (fig.143-144)
 Nuremberg, 172, 172 (fig. 125)
 Stuttgart, 161, 179 (fig.129), 180, 182
Schoken, Salman, 196 (fig.162)

ÍNDICE REMISSIVO

128n, 130 (fig. 50-52), 131 (fig. 53-57), 132:(58-59), 133:(60-61),145, 149, 154-155, 227-229, 238

Taut, Max, 98, 103, 111, 117 (fig. 36-37), 118 (fig.38), 125, 145, 147

Tedeschi, Eugenio Gentili, 67

Terragni, Giuseppe, 65

Toaff, Elio, 75

Trakl, George, 211

Transportes e viagens, edifício, Berlim, 182, 188 (fig.146)

V

Van Gogh, Vincent, 226

Velde, Henry van de, 96, 97, 158, 218, 220, 226, 237, 241

Vittorini, Elio, 28

U

Ungers, Oswald Mathias, 124-125, 156, 229, 231-232, 235

Universidade Hebraica de Jerusalém, Monte Scopus, 192, 193, 203 (fig. 180-182), 204-206 (fig.180-190), 235

Universidade Agrícola, Rehovot, 193, 208 (fig.191)

Universum, cinema, Berlim, 180, 181, 185 (fig.134-137)

Utzon, Jörn, 78

W

Wagner, Martim, 133 (fig. 60-61)

Wagner, Otto, 96

Wegener, Paul, 229

Weichman, fábrica de seda, 172, 177 (fig.124)

Weizmann, casa, 192-193, 198 (fig.168-169)

Werfel, Franz, 14, 18, 156

Whittick, Arnold, 217, 227, 229

Wijdeveld, Theo, 102, 223

Winston, casa, Saint Louis, 209

Woga, complexo, Berlim, 180, 181, 184 (fig. 132-133)

Wolff, laboratório, Rechovot, 193, 208 (fig.192-193)

Wright, Frank Lloyd, 21-22, 64-67, 80, 93, 97, 126, 149, 157, 161, 180, 181, 209-210, 221, 226, 229, 232-233, 237-238, 240, 242-244

Wright, Frank Lloyd, projeto monolito, 161, 174 (fig.117)

Wüstegiersdorf, indústria textil Meyer-Kauffmann, 218

Z

Zadkine, Ossip, 14, 25 (fig 2)

Zoo, pavilhão de exposições, Berlim, 181, 187 (fig. 142)

Zweig, Arnold, 156

Zweig, Stefan, 14, 18, 156

ARQUITETURA NA PERSPECTIVA

Quadro da Arquitetura no Brasil
Nestor Goulart Reis Filho (D018)
Bauhaus: Novarquitetura
Walter Gropius (D047)
Morada Paulista
Luís Saia (D063)
A Arte na Era da Máquina
Maxwell Fry (D071)
Cozinhas, Etc.
Carlos A. C. Lemos (D094)
Vila Rica
Sylvio de Vasconcellos (D100)
Território da Arquitetura
Vittorio Gregotti (D111)
Teoria e Projeto na Primeira Era da Máquina
Reyner Banham (D113)
Arquitetura, Industrialização e Desenvolvimento
Paulo J. V. Bruna (D135)
A Construção do Sentido na Arquitetura
J. Teixeira Coelho Netto (D144)
Arquitetura Italiana em São Paulo
Anita Salmoni e Emma Debenedetti (D173)

A Cidade e o Arquiteto
Leonardo Benevolo (D190)
Crise das Matrizes Espaciais
Fábio Duarte (D287)
Por Uma Arquitetura
Le Corbusier (E027)
Espaço da Arquitetura
Evaldo Coutinho (E059)
Arquitetura Pós-Industrial
Raffaele Raja (E118)
Nos Jardins de Burle Marx
Jacques Leenhardt (E150)
A Casa Subjetiva
Ludmila de Lima Brandão (E181)
Judaísmo e Arquitetura
Bruno Zevi (E187)
História da Arquitetura Moderna
Leonardo Benevolo (LSC)
Arquitetura Contemporânea no Brasil
Yves Bruand (LSC)
História da Cidade
Leonardo Benevolo (LSC)

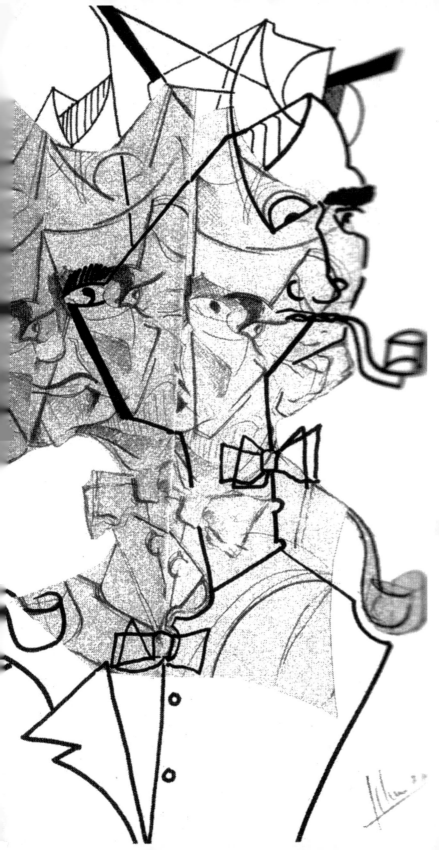

ESCOLAS PROFISSIONAIS SALESIANAS
Rua Dom Bosco, 441 – Mooca – 03105-020 São Paulo - SP
Fone: (11) 3277-3211 Fax: (11) 3271-5637
www.editorasalesiana.com.br